ドゥルーズ＝ガタリにおける政治と国家

ドゥルーズ＝ガタリにおける政治と国家
国家・戦争・資本主義

ギヨーム・シベルタン＝ブラン
上尾真道・堀千晶 訳

書肆心水

Guillaume SIBERTIN-BLANC
POLITIQUE ET ÉTAT CHEZ DELEUZE ET GUATTARI
Essai sur le matérialisme historico-machinique

This book is published in Japan by arrangement with
PRESSES UNIVERSITAIRES DE FRANCE
through le Bureau des Copyrights Français, Tokyo.

目次

ドゥルーズ＝ガタリにおける政治と国家

国家・戦争・資本主義

凡例

・書籍・雑誌・芸術作品などのタイトルは『　』で示す。
・《　》は「　」で示す。
・イタリック体による強調は傍点で示す。
・（　）は原文どおりに使用する。
・大文字で始まる語は〈　〉で示す。
・訳者による補足説明には〔　〕を用いる。
・原語の併記が理解の助けとなると思われる場合、そのアルファベット綴りを、訳語の後の（　）内に示す。
・引用については、既訳を参照できるところは利用し、必要に応じて適宜、新たに訳出する。

導入

ドゥルーズ＝ガタリの政治思想はひどくないがしろにされている。ときにいわゆるミクロ政治的アプローチのために後回しにされている。ときに言及されたかと思えば、フーコー、ネグリ、ランシエールなど同時代の思想家のために頼まれてもいない思弁を補う役を担わされている。別のときには奇妙な外挿法ではぐらかされている。ドゥルーズの著作の形而上的、ノエシス的、存在論的言表に政治的含意が読み取られる一方で、近代政治思想の集中と分裂の中心をなす鍵シニフィアンについての二人の命題は、いっさい考慮に入れられないのだ。もちろん彼らに公正であろうとすれば、言説の取り締まりを訴えて、もろもろの言表を言説的国境へと追い払い、「形而上学」、「美学」、「政治」のおのおのの管轄へ帰そうとすることなどあってはならない。彼らこそ、いつもそれらの輪郭を攪乱しようとしてきたのだから。ただし、言説を脱コード化したために、マクロ政治的な問題が、主体性のミクロ政治学、マルチチュードの終末論、分け前なき者たちの密漁といった名目のもと、奇跡の蒸発を遂げたかのごとく提起すらされなくなるのであれば、やはりこの省略について考え直すべきであろう。

もっともあきらかなことは、この省略のせいで、ある圧倒的な事実が一切取り上げられずにいるということである。つまりドゥルーズ＝ガタリの共著では、直接的に、明示的に、すなわちはっきり画定可能な一群のテクストのなかに特定できるような仕方で、現代政治思想の核心問題のいくつかの再検討作業が行われているのである。国家－形式、主権の問い、暴力と法の関係という問い、諸々の国民（ネーション）形成体の歴史的発展、またそれら組織体が人民・マイノリティ・自律・主権性といった諸概念のあいだに開いた再結合の歴史的発展、経済過程と社会権力・国家権力構造との関係、戦争の問い、地理経済学と地政学との込み入った関係など。明白な抹消の痕跡から見れば、ある面で問題なのは、フェリックス・ガタリの理論的、政治的、制度的な理路とそれがドゥルーズの仕事に与えた影響とが、哲学研究において執拗に抑圧されているという事態である。[1] だがこの抑圧は、たんに学問領域の境界のせいで、大学業界でも他の分析領野でも著者二人の知名度のあいだに偏りがあるために生じているのではない。もっと根本的な次元で――少なくとも本書で特に二冊の『資本主義と分裂症』[2] を読んでいくにあたってそうしたアプローチを取る――問題なのは、この抑圧は別の、やはりしつこい抑圧に裏打ちされている、ということである。すなわち、当時の政治的立場を理論と実践において定義しており、だからこそ概念的労働という種別的手段によりそこへ介入することが重要であった、問題系の領野の抑圧である。さて望むと望まざるとにかかわらず、ドゥルーズ＝ガタリが政治思想の地平でぶつかり、様々に批判と発明を繰り出し再検討を試みた問題の大半は、いくつかの特定の言説形成体に由来していた。その最たるものこそマルクス主義であり、その理論言語と政治文法が、抵抗と解放のための闘争をいい表し、表象し、問題提起する仕方の中心だった。だがこれまでドゥルーズ＝ガタリにおいて、また別の意味ではフーコーにおいても、探されてきたのはマルクス主義のオルタナティヴである。その追跡は、それなりに辛抱強く、一連の置換を通じて行われてきた。マルクスからニーチェへ。「ヘーゲル＝マルクス主義」の動的否定性から「差異の哲学」へ。他律と分割的同一性の弁証法から、主体性のミクロ政治へ。この操作は、一九六〇年代から一九七〇年代の転回以降に現れたもので、ときに著者たち自身も、著作の主題からいささかはみ出しつつ意思表示を行うとき、その有効性を認めている。一九八〇年から九〇年代の受容期になると、これが体系化されてしまうのだが、しかしそのときニーチェ－マルクス、あるいは差異－弁証法の二者択一は、教科書的な練習問題になってしまい、その理論－政治的争点はいよいよ効力を失ってしまった。

むしろ最近イザベル・ガロが、この哲学的－政治的シークエンスを扱った著作で提示した作業仮説を採用すべきだろう。[3]この著作は、ちょうど数年前から戦後フランス哲学に兆候的読解を施そうとして開始された試みを支持するものであった。すなわち、それら哲学を、一九六〇―七〇年代のイデオロギー－政治的な脱構築・再構築という極めて問題提起的な領野に再登録しようとする試みである。そのとき中心的にかかわるのが、（遠回しに仄めかされるような時にさえ、いや、おそらくそのような時こそ）諸々のマルクス主義との関係である。[4]これらの仕事は共通して、マルクス主義が当時さしかかっていた「危機」を考慮に入れている。ただし、そこでも踏まえられているとおり、この診断はしばしばマルクス主義それじたいの名ですでに述べられていた。また、その診断は、ある意味でマルクス主義の歴史と共存しており、マルクス主義が大衆の組織化や運動に領有されることで変形したり、動員される情況や闘争を受けて分割したりすることと不可分であった。本書に特にかかわる情況にかんしては、とりわけつぎの点を考慮すべきである。もし危機があったとすれば、それは、以下の三つがもつれ合う複雑な運動と切り離すことができない。西ヨーロッパの労働者運動とその組織化の歴史、また社会国家の諸構造が可能にした新たな闘争形式の発展（その闘争が社会国家を標的にするときでさえ）、さらに、六八年五月以降の十年に非難の的となった広汎な脱政治化傾向である。[5] この最後の傾向は一方で、共産主義運動内部での政治実践と理論実践の隔たりを広げた。それによりマルクス主義の、ときに分裂も辞さないほどの批判的な自己言及（マルクス主義的なマルクス主義批判）は、徐々に難しくなっていった。他方では、そのかわりに哲学領野が急速に「超政治化」したが、そこには避けがたく両義的な効果がともなっていた。「哲学の政治」のための実験空間が開かれ、（経済学批判も含む）マルクス主義的批判を部分的にマルクス主義用語から離れて問題化する様々な新様式が発明された。しかしそれと引き換えに、戦略や組織化、政治－イデオロギー的諸問題については放棄もやむなしとされ、ややもすれば、結局こうした哲学政治は脱政治化した哲学実践にすり替わりかねなかった。[6]

ガロが提案するこの考察の枠組みに私は完全に同意するものの、諸々の結論については異なるどころか対極のものさえある。したがってそこから察するに、同一の作業仮説の上でも、様々な対照的な解釈がいまだ開かれたままなのである。諸々のテクストについての解釈。それらテクストの情況的意義の両価性の解釈。その後でそれらについてまちまちになされた領有についての解釈。今日それらが不意にオルタナティヴとして再活性化されることについての解釈。ゆえに合意と論争の余地も開かれており、そこに本書はひとつの貢献を行いたい。本書で提案する読解方針にかかわる意見の違いをはっきりさせておこう。この違いは、先ほどのうち「情況下の」読解からくる意味にかかわっている。ドゥルーズ＝ガタリの理論的共同生産を、これを可能にした歴史的、社会的、政治的、知的な文脈に置き直すこと。また返す刀で、彼らがおのれの介入に与えた形式と目標を解明すること。そうすることで、もちろん第一には、彼らが提示した諸命題から距離をとりつつ、それらの操作性を問う手段が手に入る。すなわち連続性と断絶、同一化と脱同一化との見分けがつかない当時の情況から、われわれがなにを引き継いだか、分析するための仮説が揃うだろう。しかし、より種別的に『資本主義と分裂症』の二冊を隔てる時代に留まるならば、ふたつの情況の融合によってなにが回折されてくるのか、問うことになろう。この融合により、時代を一義的に年代化することはうまくいかなくなる。さらに現在のわれわれは、そのためにおそろしく複雑となった光を受け取ることになろう。[7] この難点は交差配列という語でいい表せる。一方でこのふたつの著作は、歴史的推移の兆候として読める。第一巻から第二巻にかけての移動をあきらかにすれば、そこでの差異に照らしてこの推移をも解明できるのである。ただ奇妙にもこれまでそこに読み取られてきたのは、フォーディズム時代を諸矛盾の決定項とみなすたぐいの、哲学的な資本主義解釈であった。そうした解釈では、経済学批判のプログラムは諦められ、また経済‐政治システムは、西洋諸国の自国中心的な成長の時代に都合のいいように理想化されていた。システミックな危機も階級闘争もついに取り去られたとされ、さらには、このシステムを包括的に問いに付すための対抗ヘゲモニーの構成も事前に無効化されるほどだ、とされたのだ。これとは反対に、「世界公理系」としての資本という仮説は、一九七二年以来、このような「ケインズ＝フォーディズム」のシークエンスが危機に陥っていることをはっきりと示し、世界規模の資本主義力能に対する新たなシステム批判を呼びかけるものであった。そこから現れる国家‐形式の理論は、あきらかに、ケインズ的社会資本主義国家を脱理想化する操作として構築されている。さらに、そこから開始されるマルクスの著作群の読み直しでは、以下の問題につぎつぎと焦点が当てられていった。拡大された蓄積と利潤率低下（この傾向は六〇年代末以来再び強まっている）の「内在的な限界」（*immanenten Schranken*）の問題、過剰生産による恐慌とそれがまといつつある新たな貨幣経済の形式、そして冷戦や国民解放闘争を通じた、国際分業や不平等交換、搾取・支配の「ポスト植民地」様式の変形である。ここでさらに、そのものとしては象徴的でない幾つかの日付を象徴的に取り上げてみよう。石油危機、そして金兌換停止による交換市場の規制緩和（『アンチ・オイディプス』出版の一年後）から、アメリカ中央銀行が資本可動性の制限を撤廃し将来三十年の金融グローバリゼーションの操縦桿を手放した「金融クーデター」（『千のプラトー』出版の一年前）に至るまでのあいだに、[8] ドゥルーズ＝ガタリの分析は、経済学批判プログラムの概念的再翻訳作業を進めながら、新自由主義の急襲について記録している。当時すでに新自由主義は、第二次世界大戦に由来する階級間妥協の切り崩しの試みを展開しており、前代未聞の「内的周辺化」と組み合わせることで、世界資本主義の「中心部」への獰猛な本源的蓄積の技法を再活性化させていた。[9]

　しかし問題は、たんにこの二人の著者が、同時代の資本主義形成体の生成変化について示した先見の明をあらためて評価することではない。むしろ驚くべきは、これらの大傾向が、ガタリ＝ドゥルーズの思想の舞台上で、かつて第一次大戦後のヨーロッパ大陸で国民国家形式の体系化によって提起された諸問題に再び火をつけていることである。ときにそれははっきりと主題の形をとるが、しかしほとんどは間接的にモチーフや事例として言及されている。「永続的制度」（H・アーレント）としてのマイノリティの身分の相関的「発明」。経済危機・金融危機・政治危機の連鎖。階級や外国人へ向けられるレイシズムの大衆規模での激化。ナショナリズム勢力や帝国主義勢力と主権の激発的融合。共産主義組織の弾圧、そしてヨーロッパのファシズム化を阻止しようとする労働運動の失敗。「ファシズム的解決」の世界戦争機械への登りつめ。したがって、ドゥルーズ＝ガタリの政治思想は厄介な事後性に貫かれている。まるで彼らが資本主義の最も破壊的で「非経済的」ベクトルを前面において分析するとき、資本主義の突然変異が、その相関項として、一九七〇年代の真んなかに戦間期ヨーロッパの情況という亡霊を「蘇らせるかのようなのだ。おそらくこのことが、ドゥルーズ＝ガタリのマクロ政治思想の、最も示唆に富んだ向性（トロピズム）をなしている。ならばこう問わねばならない。この思想をその当時、「時代錯誤」にしたこの情況は、むしろまさに時代錯誤のゆえに逆説的に、われわれの時代にこの思想を届けるための役に立っているのではないだろうか、と。

本書で提案する『資本主義と分裂症』の読み筋は、この「戦間期向性（トロピズム）」に光をあてようとするものである。その読解を導くのは、政治空間における暴力の場をめぐる問いだ。よりはっきり述べるなら、政治的衝突が暴力の非政治的次元へ転落し、葛藤の可能性じたいが抹消されるような、極限化への上昇の道をめぐる問いである。さて、それらの道は、ドゥルーズ＝ガタリでは断じて多数的であり、力能諸形式の多元論哲学へと帰するものであり、そのつど政治化と「非政治化」の種別的弁証法か、敵対の生成変化における暴力の無制限化の様々な様相に訴える。そのうち分析された主な三つの力能に、本書の計画は対応している。一．国家の力能。私はこれに、「原‐暴力」の表現のもと、国家‐形式とその「諸装置」の構造そのものに書き込まれた主権的暴力の無制限化というガタリ＝ドゥルーズの発想を結びつける。二．戦争の力能。これは、「外‐暴力」として、外在的戦争機械の無制限‐生成変化に結び付けられる。国家がこれを横領するのは部分的でしかなく、むしろ国家が自分の力能をそこに従属させることすらあり得る。三．資本主義的力能。私はこれを、「内‐暴力」の表現で、あらゆる外部ないし「外生性」を破壊する世界‐経済の力動によって種別的にもたらされる、暴力の無制限化の道と関連づける。こうして少しずつ、極限的暴力への上昇線の全体像を素描することで、ドゥルーズ＝ガタリのマクロ政治学を、政治破壊の系譜学的道の多元理論として示すことになろう。

同時に、この三つの局面はドゥルーズ＝ガタリが自分たちの作業仮説としたものに相当する。「〈原国家〉」仮説、「遊牧的戦争機械」仮説、「公理系」としての資本の働きという仮説である。したがって、一方で私は、これらの仮説が検討された対話と論争の地平と、それらの互いの配置関係を可能にする概念装置をあらためて描き出すよう努めた。この地平と装置は、私の考えでは、『千のプラトー』の一二、一三プラトーで構築された「機械状プロセス」のカテゴリー表——その要点のまとめは、五四二から五四五頁〔邦訳下巻・一七五—一七九頁〕にある[10]——に、その統一的な、あるいは少なくとも最もバランスのとれた定式化を見出す。これが部分的には、本書が提案する読み方、またそこで特権化された対話者の選択理由、つまり焦点と盲点の理由である。対話者とはすなわち史的唯物論だ（そこには史的唯物論の批判的詰問者も含意される。たとえばピエール・クラストルがガタリ＝ドゥルーズの国家理論において占める位置からもわかるだろう）。ともかくこれが、ガタリ＝ドゥルーズのマクロ政治学をその哲学的、認識論的、政治的期待から命名するにあたり、「機械状－史的唯物論」なる表現を提案し採用する理由である。どんな名付けとも同じく、これには単純化の危険がともなう。これにともなう偏りよりも、どうかこの表現が意味し、議論に提供せんとするその代価に目を向けていただきたい。他方、同時に「〈原国家〉」、「遊牧的戦争機械」、「資本主義公理系」といった概念の仮説的価値を考慮に入れつつ、私は、注釈の余白でエティエンヌ・バリバールやデヴィッド・ハーヴェイなどの同時代的著者や、特にクラウゼヴィッツやカール・シュミットなど「反時代的」著者との比較を試み、三つ組の仮説を働かすにふさわしい討論の舞台を描きだすよう試みた。この点について本質的な仕事は今後なされるだろう。本書ではたんに、幾つかの土台を設定することでこの舞台を開くことだけを心がけた。

本書は二〇〇二年から二〇〇六年のあいだにリール第三大学でピエール・マシュレーの指導のもと行った博士学位研究の成果をもとにしている。この成果のうちいくつかは、すでに *Deleuze et l'Anti-Œdipe. La production du désir*〔未邦訳『ドゥルーズと「アンチ・オイディプス」――欲望の生産』〕（PUF, 2010）で発表した。本著作はその続編にあたる。ドゥルーズ＝ガタリの国家理論をめぐる第一部は、雑誌 *Revista de Antropologia Social dos Alunos do PPGAS – UFSCar*（São Carlos, 2011）で最初にまとめられた。これは同じく雑誌 *Monokl*（Istanbul, 2012）にて英語およびトルコ語で公表されている。第二部は、「戦争機械」のテーマにかんする以下のふたつの予備作業をもとにしたが、ただし本書のために修正・改稿を行っている。ひとつは«Mécanismes guerriers et généalogie de la guerre : l'hypothèse de la 'machine de guerre' de Deleuze et Guattari»〔「戦士のメカニズムと戦争の系譜学――ドゥルーズ＝ガタリの「戦争機械」仮説」〕であり、もうひとつは«The War Machine, the Formula and the Hypothesis : Deleuze and Guattari as Readers of Clausewitz»〔「戦争機械、定式と仮説――クラウゼヴィッツを読むドゥルーズ＝ガタリ」〕である。前者は雑誌 *Asterion* の二〇〇五年九月号、後者は雑誌 *Theory and Event* の特集号 *Deleuze and War*（B. Evans & L. Guillaume 監修、Johns Hopkins University Press）が初出である。第三部の結論となるテーゼのスケッチは以下の二ヶ所で行った。«Deleuze et les minorités : quelle 'politique'?»〔「ドゥルーズとマイノリティ――いかなる「政治」か」〕, in *Cités*, n° 40, 2009.（英訳«Politicising Deleuzian Thought, or, Minority's Position Within Marxism», in D. Jain (ed), *Deleuze Studies*, Edinburgh University Press, Vol. 3, n° suppl., déc. 2009). « D'une conjoncture l'autre : Guattari et Deleuze après-coup », *Actuel Marx*, n° 52 : *Deleuze/Guattari*, 2nd sem. 2012.

本書をピエール・マシュレーに捧ぐ。感謝と真心を込めて。

第一部　原-暴力——国家という前提

第一章　史的唯物論と国家－形式の分裂分析

ドゥルーズ＝ガタリの共著には国家の問いが出没する。その姿は少なくとも謎めいたもので、また論証の枠組みも普通ではない。一九七二年、『アンチ・オイディプス』第三章にて道徳と資本主義の長大な系譜を追うさなか、不意に、「専制君主制」社会機械とそれに対応する国家の検証が始まる。「専制国家」、「アジア的国家」、「起源の国家」、〈原国家〉、「頭脳的理念性」。「あらゆる国家がそれであろうと願い欲望するもののモデル」[1]としての客観的、理念的パラダイム。宣教師やレヴァントの旅人たち、ムガル帝国の客人たちの物語によって育まれた、古い「東洋学の（オリエンタリスト）」イメジュリーを操りながら、これらの決まり文句はひとつの多義性を蘇らせている。それは『アンチ・オイディプス』にしばしば見出されるばかりではない。国家をめぐるドゥルーズ＝ガタリの思想全般を横切っている。ちょうど言表行為のふたつの体制のあいだの不可識別閾のように。歴史的実証性の分析が問題なのか。それともエクリチュールやイメージに訴えながら、歴史が欲望される仕方、いや欲望的備給のもとで構成的に妄想される仕方をわれわれに垣間見せ、感じさせんとしているのだろうか――ただし「分裂分析」の原理的テーゼを追いかければ、欲望的備給は、社会的ないし構造的な実定性におとらず客観的規定にかかわるものだが。われわれが目下読んでいるのは、マルクスの『資本主義的生産に先行する諸形態』の延長なのか。あるいはフロイトの『人間モーゼと一神教』の変奏なのだろうか。エンゲルスの『家族、私有財産および国家の起源』の書き直しだろうか。それとも『トーテムとタブー』の新たな異本であろうか。パリンプセスト〔書かれていた字を消して新たな字が上書きされた羊皮紙写本〕が重ねられ、一次資料と対話相手は倍増し、論証的スタイルと活写法とが互いを入れ子状に咥え込む。こうして上記の二択は結局、決定できなくなるのだが、それじたいがすでに、〈原国家〉仮説、および社会的諸形成体の歴史のなかでのその生成変化の分析の目標を示す指標である。歴史的客観性から、明白な「主観的」あるいは「心的」欲望の平面を分離することが拒否されるのだ。両項の相互的な外在性を前提とする内面化や投射の関係に代えて、社会的形成体と欲望的形成体とによる歴史的現実の共-構成、共-生産の関係が置かれるのである。こうして、この仮説は国家-形式の理論へと至る。この理論は、国家-形式の効果・効能の諸様式を、社会的生産と無意識的生産の双方において同時にあきらかにすることを目指すのだ。したがって、この形式は、権力装置と欲望の超個体的措定とを結合する。複雑な制度システムと集団的主体化のシステムとを結合するのである。

　問題はこれらふたつの面の絡み合いを、国家を諸社会の物質的生成変化のうちで捉える人類学的・歴史的アプローチと、集団幻想[2]としての〈原国家〉を扱う分裂分析的アプローチとが相互に干渉し合う点において理解することである。〈原国家〉、つまり「あらゆる国家がそれであろうと願い欲望するもののモデル」であるが、また国家の諸主体の欲望でもあり、「国家の欲望の欲望」[3]の主体化でもある。まずは主権性の問いを再検討せねばならない。主権性についてドゥルーズ＝ガタリが提示しているひとつの定式は、社会－制度と無意識の双方が分かち難く結びついた次元で、主権権力の構成がいかなる型の服従をもたらすのか、考えることを可能にしている。彼らは、そうした権力表象を支える制度的・象徴的組織化をめぐる問いを、その権力審級が実行する要求・表象・情動の集合化形式の検証と結びつける。その点で彼らの国家現象の分析は、ライヒ流のフロイト＝マルクス主義や、『集団心理学と自我分析』のフロイトとの討論をその土台としているばかりか、さらにはスピノザの『神学政治論』へと連なってもいる。その極め付けの点が「起源的国家」の概念の構築である。「起源的国家」は、無意識の超個体的生産における権力奪取の操作子であり、諸々の集団的同一化の規制、また社会的諸個人の主体化様式の規制が行われる幻想シナリオを再組織する。それゆえ、この操作子がもたらす事後性の効果、すなわち歴史を通じたその絶え間なき「回帰」が、つぎのことを理解可能にしてくれる。一体なにが、法学、政治学も、社会学、心理学のアプローチをも行き詰まらせる非合理性の岩盤をなしているかを。すなわち国家暴力が、国家の抑圧的権力の社会的・経済的・政治的機能性をあきらかに超出する時、また国家の係官や代表たちの主体的指向性をあきらかに超出する時、どんな激発的あるいは「超－制度的」形式がこの暴力を飾るのかを。この原－暴力をこそ、国家－形式に内在的なパラノイアというドゥルーズ＝ガタリのテーゼが説明することになろう。

とはいえドゥルーズ＝ガタリは、国家現象を心理化しようとしているのではない。また、国家権力の変形体および国家装置を、社会関係と集団的闘争の弁証法のなかで史的かつ唯物論的に描く代わりに、政治現象の応用精神分析をやろうとしているわけでもない。欲望の内在的概念に照らしていえば、国家が欲望の内的「コンプレクス」になる場合には、分裂分析の第一テーゼに従って、欲望そのものがひとつの生産となっているはずなのだ。つまり経済的・政治的関係に内在的であり、さらにはその関係を支える歴史‐世界的な集団的同一化にも内在的であるような生産である。『アンチ・オイディプス』に特有な（スイ・ゲネリス）フロイト＝マルクス主義、あるいは実のところ奇妙なラカン＝アルチュセール主義は、いまだマルクス主義のひとつなのだ。[4] もちろん異端派マルクス主義である。すなわち、この本での国家理論にまつわる根本的な理論的決定は、この理論‐政治的潮流が残した困難によって規定されており、ドゥルーズ＝ガタリこそがこの潮流の諸項をずらそうと試みている、というのである。それゆえ、まずつぎの点を示すことから始めよう。彼らは、国家理論の唯物論的な鋳直しとそれに固有のアポリアから出発することで、その物質的諸装置に対し過剰な国家‐形式という問題を立てている（第一章）。この討論を経て、国家‐形式の理論が幻想としての国家についての理論を必ず包含する理由があきらかになる。ひるがえって、そこからは国家についての理論の幻想的局面がおのずと導かれる。すなわち理論的エクリチュールじたいの限界‐局面である。とはいえ、こうしたねじれのせいで、社会体のなかの国家機能の解明を諦める必要はない。それどころか、そこから、近代国民国家という条件のもと、生産と資本蓄積の様式における国家の位置をあらためて検証することに向き直ることになろう。一九七二年の『アンチ・オイディプス』第三章から、一九八〇年の『千のプラトー』の第一二、第一三プラトーに至るあいだに、〈原国家〉仮説は、国家装置（「捕獲装置」）という新たな概念と関連させられることになる（第二章）。本書第一部では、こうした筋でいくつかの切片をなぞり直すことで、国家現象の唯物論的‐歴史的アプローチの中心、また〈原国家〉の分裂分析的仮説の中心にあるのは暴力の問いであること、すなわち国家装置、国家権力が孕む暴力のエコノミーをめぐる問いであることをあきらかにしていきたい。

国家の起源におけるアポリア——不可能な発生と見つからない始まり

ドゥルーズ＝ガタリの国家理論の特異さは、まず国家をひとつの「理論」の対象にする可能性それじたいを問うことがその根底にあるところだ。「理論」とはここで、理解にかかわる諸々の操作を、少なくとも権利上は支配している概念実践のことをいう。その証拠に、『アンチ・オイディプス』にせよ、第一三プラトー（「BC七〇〇〇年――捕獲装置」）にせよ、こうした理論が取る形式は根本的にアポリア的である。このアポリアは様々な形をとる。各形式はそれぞれにつながっており、毎回、特定の対話者がそこに呼び出される。まずこのアポリアは、国家の起源という人類学的－歴史的問題にかかわっている。そこでは民族学や考古学と対話を続けることで、この問題そのものの脱構築が指揮される。民族学でも考古学でも、独立した権力装置が、そもそもそれを含んでいなかった社会形成体のうちに出現するための条件という問題が、それぞれの仕方で立てられている。さてこの対話によると、起源の問題を単純に経験論的に解決しようとすることは、二重に行き詰まる。国家－形式の発生がそこでは不可能であること、さらにその歴史的な始まりは特定できないことがあきらかとなるのだ。国家の起源の問題は、還元不能な「神秘」の上で行き詰まる。ピエール・クラストルが見ていたとおり、この神秘の裏面として、国家という閾の乗り越えをめぐる発生論的ないし進化論的説明は常にトートロジーに陥る。それゆえ国家の起源のアポリアは、哲学的で思弁的な平面へとずらされる。つまり、このアポリアは国家の物質性、あるいはより正確に述べれば、物質的装置に国家－形式を同一視することの不可能性にかかわっているのだ。一方でドゥルーズ＝ガタリは、社会－経済的な条件から出発して国家を説明する必然性を手放さない。そうした条件のみが、具体的な歴史的形成体の個々の違いや、様々な社会の生成変化における変形過程の複数性を説明することができるのだ。しかし他方で、国家の登場を進化論的に説明することのアポリアのせいで問わざるをえなくなるのが、国家－形式がおのれを前提し、また自身の制度装置の物質的条件をみずから「生産する」運動の実効性という問題である。起源のアポリアが最初につまずくのが、人類学的で歴史的な実証性の平面においてであり、国家の発生や出現にかんする説明がつかないという「見かけ上の神秘」のせいであるなら、続くつまずきは、哲学的決定の平面におけるもの、国家の観念論的概念と唯物論的概念把握のあいだの決定不能な関係にかんするものである。すなわちこの「見かけ」じたいの実質性を考えるふたつの背反的な仕方、国家の上演（*Darstellung*）すなわち「見かけ上の客観的運動」を理解するためのふたつの背反的な仕方のあいだの決定不能な関係である。

このふたつのアポリアのうち、前者をもう一度簡単に検討しよう。国家の起源という問題の脱構築がなされるのは、まず「家族制生産様式」[5]をめぐるマーシャル・サーリンズの経済人類学の仕事を手がかりにすることによって、つぎに「祓いのけメカニズム」というクラストルの人類学的-政治的なテーゼの読み直しによってである。後者はすなわち、血統的社会の諸制度が、一種の「予感」すなわち暗黙の社会学的志向性のおかげで前もって、社会体から独立した権力機関を構築することを阻むメカニズムである[6]。さて経済的であれ政治的であれ、国家形成の進化論的解釈の試みは欠点を抱えている。生産諸力の発展や、原始的制度の政治機能の差異化から出発するのでは、独占者たる国家のストック、および国家装置の登場が説明できないのだ。マルクスやゴードン・チャイルドにならい、国家ストックの構成が可能となるにはそれに先立つコミューンの生産諸力の発展があったのだと想定しても、人類学者はこう反論するだろう。いわゆる原始社会の多くに、そうした生産諸力およびその技術的手段の発展や政治的差異化を避けようとする積極的な関心が、下部構造と直結した形で認められるのだ、と。このような配慮は、先祖返り的な伝統の重みを表すのではない。あるいは、慢性的欠乏として表れ、埋め合わせには生計の綿密な調査が必要な無能力を示すのでもない。これが証言しているのは、拒絶の諸社会におけるある種の「豊かさ」である。労働の拒絶、剰余労働の拒絶。余剰がないのは、技術設備を発展できなかったり、環境的障害を取り除くことができなかったりするせいではいささかもない。反対に、この不在は肯定的対象であり、社会的に価値を与えられ、そのものとして主観的に表明されもする。というのも、どの集団も、自分たちの活動に強制や苦労といった意味を一切結びつけてはおらず、自然の太っ腹さへの「信頼」を口にするからである。また生産活動に捧げる時間の不規則性や、厳密な制限という点で、量的に表現されることもある。白人が持ち込んだ技術革新が利益となるのは、等しい労働時間で生産を増大するためにではなく、同じ生産に対して労働時間を削減するためである。他方、剰余労働なしに獲得される余剰は直接的に消費される。「祭宴、歓待の宴、異邦人の到来などの機会に[7]」政治的ないし宗教的な目的のために消尽されるのだ。こうした状況を歴史的進化の基底としての「原始コミューン」という理論的虚構と一致させるなら、ストックという類的な決定作用のもとで国家を可能にすると想定された下部構造的決定論に問題が生じる。物質的に見ると、ある国家は必ず生産諸力の発展を想定している。この発展を条件に、ひとつの非生産的な装置が再生産される。国家は、この「独立した」装置を通じて、資本化可能な剰余生産物を構成する。この装置により、人員（官吏や司祭……）、貴族階級、専門家集団（戦士、職人、商人）を維持することが国家にとって可能となり、ひいては、剰余生産物の独占的領有に応じて社会関係や政治機能の差別化が生じてくる。しかし、こうした生産様式・蓄積様式の整備は、「家族制生産」の条件から出発するなら、どうやって通時的に考えることができるだろうか。というのも「家族制生産」は、サーリンズがいうとおり、剰余労働も余剰もない「消費のための生産」である以上、そうした整備を不可能にしてしまうのだから。

一方、クラストルはそれについてひとつのテーゼを引き出している。すなわち、進化論的説明の行き詰まりを取り除くのは、経済的基盤の発展に先立つ政治的差別化のみである、と。そこでは、ひとつの強制的権力の自律化がその条件となる。この権力は、おのれを生み出した社会野へと一方的に自分を押し付けることができ、そこで社会的生産性を「ブロック解除」する。つまり生産活動は、集団内の直接的な必要を集合的に評価することから自由となった生産体制に組み入れられるのだ。この意味で「経済」は国家を前提する。政治的差別化によって、コードの外部、また集団の生の再生産メカニズムに対する外部に設えられた権力審級が実体化されるのでなければ、生産そのものは、集団的な「望ましさ」を得ることはできず、生産諸力や生産手段の発展に社会的な価値が与えられることもないのだ。また、「国なき」と誤って名づけられる社会も、むしろ国家を祓いのける制度メカニズムによって特徴づけられている。クラストルがトゥピの族長制と戦争制度を分析しながら書いているように、「国家を拒絶する」社会も、「経済を拒絶する」社会も、サーリンズが経済的平面で実行するのと相似の転覆を政治的平面で実行している。原始社会における国家の不在は、もはや否定や剥奪を通じて説明されるのではない。この不在は、組織化や差別化の弱さや欠如に由来するのではない。反対にこの不在を説明するのは、社会体から自律した権力装置の形成を無効化するための社会的・制度的な戦略なのだ。ひるがえって、国家の登場をその「元-歴史（プロト）」から見て問うことは、さらなる行き詰まりを迎えるだろう。クラストルがいうように、この問いは毎回、国家の起源という還元不能な「神秘」にぶつかるのである。

さてドゥルーズ＝ガタリは、こうしたアポリアを解決しようとするのではなく、強めるため、いや、あまつさえラディカル化するために、クラストルの定式に依拠する。クラストルにおいても、「起源の神秘」はじっさい、進化論的問題設定を踏まえたままであった。彼は国家なき社会に基づいて、国家の登場の形式的で、いわば超越論的な不可能性を論証したが、同時に、原始コミューンの自足制から巨大なリヴァイアサンへ向かうように、こうした社会がやがて国家へ移行するとする一般的図式に頼ったままである。社会が国家を不可能にするのだが、国家は社会からやってくるほかない……それゆえクラストルが唱えるのは、奇妙にも進化なき進化論となる。国家を必ず一撃で生み出す、発展なき発生。「いっそう奇跡的あるいは怪物的な出現[8]」という、理由なき神秘。こうした図式を無効化することこそ、ドゥルーズ＝ガタリが、考古学的研究を参照する所以である。それら研究は逆説的にも、時間軸上の連続に対する一時停止のために利用されている。のちにわれわれは、そこから国家現象のトポロジー的アプローチが生じることの意義について確認したい。しかしまずは、進化論的前提を相手にしよう。これまでもずっとそれを退けてきたはずの人類学者にさえ、まだしつこく残っているこの進化論的前提を、ドゥルーズ＝ガタリはどう切り抜けるのか。限界への移行によってである。「ありとあらゆるシステムや国家が見え隠れする地平線上、しばしば忘却のヴェールに覆われたところで、アジアだけでなく、アフリカでも、アメリカでも、ギリシャでも、ローマでも、いたるところで考古学者はこのアジア的形成体を発見している。記憶の果ての〈原国家〉が、新石器時代以降、それどころかおそらくそれ以前から存在した。（……）これら新石器時代の国家の起源は、これまでずっと止むことなく時間軸を遡らせられてきた。（……）ほとんど旧石器時代の帝国が想定される……[9]」。重要なのは、「時間軸を遡らせる」ことではなく、そのように、ずっと止むことなくやってきたという動的な事実の方だ。問題は、事実上の始まり（ある時、あるところに最初の国家が現れたのでなければならない……）を探求するまっとうな試みに異議を唱えることではなく、むしろ、この探求を潜在的な限界へ連れて行こうとする考古学的研究の傾向を告発することである（発見された国家の痕跡の古さがどうであれ、こうした痕跡は、さらにそれに先立つ別の国家形成体へと関連付けられる……）。つまり、痕跡に残らぬ人類という限界である。あたかも国家こそ、痕跡を残す最初の社会－人類学的審級であるかのごとくに。[10] こうして考古学者は、時間的にはますます離れた元（プロト）－都市形成体の遺跡を掘り返しては、たびたび、これら遺跡の出現を新石器時代の始まりのぎりぎりにまで遡らせるような推量にふけり、ついに「ほとんど旧石器時代の」帝国という仮説を立てるのだ。そのとき、問題はもはやたんに事実（デ・ファクト）をめぐるもの（国家の登場の年代的な閾値をずらすという時間量にかんする問題）ではなく、質的で権利（デ・ジュリ）をめぐるものである。進化論的図式ならば、定住や技術発展、農作物備蓄を備えた都市や初期国家構築物の登場こそが先立つはずである。しかし、この推量は、進化論的図式などお構いなしに、国家現象の出現を新石器革命と同時代であるとみなそうとするのだ。そればかりか、農作文明の出現や、都市の出現の閾が超えられた時期までも早めることで、国家現象の出現を定住の条件であるとみなしさえしてしまう。F・ブローデルが、アナトリア半島の著名な遺跡チャタル・ヒュユクから出てきた仮説を参照して、定説に異議を唱えたのは、そうした意味でのことである。定説では農村が「時間的にかならず都市に先行した」とされていた。「いかにも「農村環境が先立ち、生産を進歩させることで都市の存在を可能とした」ばあいが頻繁に見られはした。しかし、都市はかならずしも第二次的生成物とはかぎらなかった。ジェイン・ジェイコブズはある魅力的な書物のなかで、都市は農村に多数住民が定住する以前とはいわぬまでも、少なくともそれと同時に出現すると主張している。たとえば、西暦紀元前六〇〇〇年紀には、エリコおよびチャタル・ヒュユク（小アジア）は都市を成し、その周囲に近代的・先進的ともいえそうな農村を作り出していたのである。どうしてそうなったかというと、おそらく当時は土地がかなり無人で自由な空間をなして広がっており、ほとんど場所を構わず畑地を作りだすことができたからである。一一世紀および一二世紀のヨーロッパにおいても、その状況が再現したとみてよかろう……」[11]。要するに文明の地平線の上に、ストック形式が、生産様式の前提として現れているかのようなのだ。物質的には、生産様式こそがストック形式を条件づけるというのに、である。歴史的、民族学的、考古学的な実証性の限界でこの地平線を占拠するものこそ、まさしくドゥルーズ＝ガタリが〈原国家〉と名付けるものである。「生まれた時にはすでに大人で、一挙に出現する国家、どんな条件にも制約されない〈原国家〉というものを考えなければならなくなる」。どんな条件にも制約されないのは、〈原国家〉が、おのれの条件を自分で生み出すからである。ヘーゲルの言葉でいえば、おのれでおのれの前提を措定するのだ(12)。

〈原国家〉の自己前提運動——国家－形式のアンチノミー的歴史性

こうしたことすべてのうちに、史的唯物論の諸要請の放棄を見出すのは正しくないだろう。国家－形式とその装置の物質性との不可能な同一化というアポリアが説明するのは、反対に、ドゥルーズ＝ガタリの国家理論におけるアジア的生産様式およびアジア的国家というカテゴリーの中心的な重要性である。そしてこれは、このカテゴリーがマルクス主義に向ける困難のまさにそのためである。彼ら二人はこの困難の解決を目論むにあたり、これらカテゴリーから距離をとるのではなく、反対に、これらカテゴリーをかつてなく拡大し、その概念的な意義を変えてしまうのだ。しかし、一九八〇年に国家装置を捕獲装置として主題化することで行き着いたこのヘーゲルへの参照（ドゥルーズが明示的に行うヘーゲルの肯定的参照として珍しいもののひとつ）を、皮肉（イロニー）と捉えるのもやはり誤りであろう（ユーモアなしではないにせよ）。反省というヘーゲル的論理、すなわち概念の客観的運動を、所与の諸条件の否定として、またおのれの前提の措定として規定するこの論理こそが、国家－形式を成立させる「自己前提」構造、あるいは自己想定構造の最も厳密な展示を提供している。[13] まさしくこの意味で、『千のプラトー』は国家を「内部性形式」により定義する。まさに進化論的公準が常にそこで行き詰まる形式である。というのも、進化論的公準は、国家‐形式そのものからは区別される社会的、経済的、軍事的な原因のうちに発展要素を探すからだ。

国家というものは常に同じ成分から構成されているものであり、ヘーゲルの政治哲学にもひとつの真理があるとすれば、それは「あらゆる国家はみずからの内にみずからの実在の本質的諸契機をすべて含んでいる」ということだ。（……）それゆえに国家の起源についての主張はいつも同語反復となる。戦争や戦争機械にかかわる外部的な要因や、私有財産や貨幣などを産み出す内部的要因や、ついには「公的機能」を形成する特殊な要因までもが引っ張り出される。この三つはエンゲルスが〈支配〉に達する三とおりの道筋として主張したものである。だがこの考え方は、問われているものを前提にしてしまっている。戦争が国家を生むといっても、それは相い争う両陣営の少なくとも一方がすでに国家である場合である。そして戦争を組織することが国家の要因となるには、戦争が国家に所属しているときでしかない。（……）同様に、私有制とは国家による公的所有制を前提にし、その編み目を通り抜けて出現するものであり、貨幣は税を前提にしている。国家の存在を与件とする公的機能が、どうして国家より先に存在できるのかは、もっとわかりにくい。こうしていつも、生まれた時にはすでに大人で、一挙に出現する国家、どんな条件にも制約されない〈原国家〉というものを考えなければならなくなる。[14]

さてこの問題は、マルクス主義国家理論の歴史の外にあるのではない。ずっとあったが、ただし症候的にも、論争を引き起こすものとしてあった。すなわち特異的な「アジア的生産様式」（ＭＰＡ）の説明に際して提示されてきたのだ。「アジア的生産様式」は常に史的唯物論の内部に困難をもたらしてきたのである。マルクスが碑文風に導入し、エンゲルスが『家族、私有財産および国家の起源』でさらなる検討をくわえたこのＭＰＡというカテゴリーは、これをずっと禁じていたスターリンの時代が終わった途端に、再び関心の的となる。スターリンが段階理論を公式と定めたせいで中断していた、歴史家、考古学者、中国学者のあいだでのＭＰＡにかんする論戦が再開される。さらに議論は、「社会主義への移行[15]」という喫緊の課題によって活気づいた。プレハーノフが『マルクス主義の根本問題』で主張するように、ＭＰＡとは、マルクスが最終的にモルガンを読んだ後で放棄した脆弱な仮説ではないだろうか。さもなくばまったく正当なひとつの生産様式だろうか。もしくは、一九三一年のレニングラードでの討論で提出されたテーゼにあるように、原始共産主義様式と古代の奴隷制様式とのあいだの「擬似封建制」的な移行形成体だろうか。はたまた、『弁証法的唯物論と史的唯物論』で定められ、その後スターリン主義下ソヴィエトの東洋学者の主流となった解釈にあるように、「奴隷制の発展の最初の相」で「せき止められた」、古代的生産様式の萌芽的形式であろうか。これらの理論問題のうちから等しく聞こえてくるのは諸々の政治的反響であるが、それが特によくわかるのは、カール・ウィットフォーゲルの研究『オリエンタル・デスポティズム』が引き起こした論争であろう。この本はフランスでは一九六四年に出版されたが、そのイデオロギー－政治的立場のために、理論的命題はかなり読み難いものとなっている[16]。そこでウィットフォーゲルはＭＰＡの問いを取り上げるのだが、ある理想型パラダイムに属する歴史的に知られた構成物（「水力国家」）を導入し、このモデルを現代の国家形成体と比較するというアプローチをとった。官僚的権力装置の機能を明確化することで、アジア的生産様式の理解を刷新せんとするこの研究は、古典的マルクス主義の諸前提のあいだに緊張をもたらすことになった。結果として国家装置は、社会的労働の剰余生産物を領有する条件を外から保証する支配審級としてではなく、経済を直接に組織化し、また労働を社会化することで、剰余生産を可能にする生産諸関係を内から条件づけるひとつの力能とみなされることとなった。[17] 水力や都市開発の記念碑的大事業の創始者、税と信用により地代と交換を貨幣化するエージェント、公的力能の監視の元に取引市場を創設する者、萌芽的ないし先進的形態での計画経済の創始者。そんなアジア的国家やその属国はみずから剰余労働を組織し、剰余生産を条件づけて、これを直ちに簒奪する。それ以来、ウィットフォーゲルの研究は、アジア的生産様式を、その枠としての大掛かりな官僚権力装置に関連させることで、国家の道具的概念把握（支配階級の手にある「道具」としての国家）とは異なる視野を開いたのである。すなわちそこには、国家装置が労働力を支配し搾取するにあたり、みずから支配階級、あるいはむしろカーストによる政治－宗教的支配を生み出すさまが示されていたのだ。[18] さらにウィットフォーゲルの著作は、帝国の専制君主的形成体と資本主義国家の近代史とのあいだで、官僚権力を比較・評価しようとしたばかりではない。はっきりとソヴィエトの官僚制も的にしていたのであり、その少なくとも厄介な由来のひとつに国家マルクス主義を挙げたがために、計画経済の支持者たちからの痛烈な批判を被ったのである。「ウィットフォーゲルがつぎのような単純な問いを提起したために、彼に向けられた中傷を想い起こしてほしい。すなわち東洋的専制君主国家のカテゴリーは、現代社会主義国家の地平線という、特別な範例的規定が理由で拒否されたのではないか」[19]。ここでは少なくとも、この「範例的」規定とはどういうものか、この「地平線」の本性とはなにか、という問題は開かれたままである。

この問題のために、『アンチ・オイディプス』第三章で順次提示される三つのタイプの社会形成体は、進化論的理解から外れることになる。ファーガソン、モンテスキュー、また一九世紀の英国人類学者が使用したカテゴリーである「未開人」、「野蛮人」、「文明人」が再び持ち出されているため、一見すると、三段階法則が展開されているようであり、進化の時系列の直線軸上にそれらの段階が並んでいるように見える。しかし、三つのカテゴリーはそれぞれの働きかたを持つのであり（「領土的」ないし血統的社会機械、「専制君主」機械、資本主義機械）、概念的身分も論理的価値も異なっている。したがって、進化の各段階とも、さらには比較社会学的理想型とも同じにみなすことはできない。「原始」型という理想型の統一性は机上のものであるが、理論的には、現実的に異質な（したがって外在的な仕方でしか比較できない）複数の社会を包含している。資本主義型の統一性は、理論的であるのみならず歴史的な統一性、特異的普遍という統一性だ。つまり、おのれの特異性を歴史的な偶然により普遍化する、絶対的に特異的なプロセスという意味である（資本主義生産関係の拡大再生産と、その社会的・地理的基礎の相関的拡張）[20]。しかしドゥルーズ＝ガタリが「専制君主」型に付与する統一性は、まったく別の本性のものである。つまり、あらゆる社会領野に現勢的にせよ、潜勢的にせよ偏在する現実的統一性である。いわゆるアジア的形成体やその属国形成体に、その「最も純粋な条件」[21]が提示されているのだが、それに限らず、国家なき社会にも、近代社会にすらも、あったためしなどない起源が回帰するという逆説的な形式で、あちこちに偏在しているのである[22]。そのため、この型が他のふたつの型と結ぶ関係は、進化論的でも、またたんなる時代確定の問題でもありえない。アジア的生産様式理論に〈原国家〉仮説をつなげることは、むしろ逆説的効果を生み出す。国家というひとつのパラダイムをではなく、国家すべてにかんするパラダイム的契機を概念的に構築することが必要となるのだ。つまり、歴史上のあらゆる国家の客観的次元としての、抽象、理念性、超越の契機である。〈原国家〉の概念はまさにこの次元を指している。それじたいとして与えられたことはなく、ちょうどフロイトにおける原光景と同じく「潜伏」を刻まれてあることを本質とし、それでもなお、歴史上の具体的な国家によってすでに常に再登場させられる、つまり絶えずその前提となっている。したがって問題は、たんに超歴史的な定数を固定することではなく、この定数が歴史的形成体のなかで受け取る時間的構造を解明することである。それは忘却の構造、つまり消失ないし潜伏の構造であり、回帰の構造である。それぞれの具体的国家は、様々な歴史的条件のもと、この先行する地平線を形成する抽象的パラダイムの再現勢化として登場する。[23] それゆえ問題は、時系列上の先行性ではない。国家とそれ自身の歴史性の関係を定義する時間の分離なのだ。具体的な歴史的現実性に対する、国家-形式という「わき道」なのだ。こうしてそれぞれの国家は、潜伏しつつ前提されていた起源国家の再現勢化においてその姿を表す。国家がおのれの歴史を始めるときにはすでに必要とされる起源国家、しかし、それはまだその後の歴史的進化の地平線上にある。こうして高まっていく永遠化の効果が、もろもろの社会の歴史において〈客観的であること〉と一体となっているのである。

さて、この分離された時間性である。この時間性により、それぞれの国家は、常にすでにあるものとして登場する。しかしまた、常にひとつ〈起源的なもの〉を産み直して、これを再現勢化する。この〈起源的なもの〉とは、かつて起こったためしなどない。しかし、にもかかわらず〈歴史〉の開かれを条件づけていて、事後的に〈歴史〉の真の「主体」として現れる。[24] こうした時間性の効果により、今度は、国家の歴史性の唯物論的概念把握と観念論的概念把握との二者択一がアポリアに至ることとなる。一方で観念論的概念把握は、国家概念の自己運動をそれ自身の時間性の発生原理とする。他方で唯物論的概念把握から見れば、国家の様々な変形体は、異質な社会関係が生み出す歴史性がとる様々な形である。互いが互いをぐるぐると相互参照している。国家が歴史性を生み出し、そのなかでおのれを発展させるのか。それとも国家は、国家に由来しない歴史性のなかに書き込まれているのであって、いかなる瞬間にも国家は歴史の主体ではないのか。このような歴史性のパラドクスにぶつかり、国家的切断を特定できなくなるのだ。まるで、国家理論の水準で、ヘーゲル的観念論とマルクス的唯物論の二者択一が決定不可能となったかのようである。国家‐形式そのものを成り立たせる自己前提構造が、この哲学的切断を位置付け不可能にしているようである。それでは、国家の理念性の物質性について語らねばならないのか。あるいは、国家‐形式の「客観的運動」とは国家の物質的条件を理念にすることであるというべきだろうか。実のところ、こうした定式化は、困難を迂回しているに過ぎず、国家‐形式の思考にとってのこのアポリアの重要性を曇らせている。これについて私の見るところ、より肝要であるのは、このアポリアがドゥルーズ＝ガタリの言説連鎖のうちに書き込まれる際の、言表的断絶にほかならない。

> 国家は徐々に形成されたのではなくて、主人の出現によって完全武装して一挙に出現する。これが起源的な〈原国家〉であり、あらゆる国家がそれであろうと願い欲するものの永遠のモデルである。いわゆるアジア的生産は、これを表現する国家を、この生産の客観的運動を構成する国家をともなっているが、明確な組織体とはいえない。（……）起源的な専制君主国家は、他と同じような切断をもたらすものではないからである。あらゆる制度のなかで、おそらくこの国家という制度は、これを打ち立てる人びと、つまり「青銅の眼差しを持った芸術家たち」の頭脳のなかで完全武装して出現する唯一のものである。だからマルクス主義は、これをどう扱って良いかまったくわからな

かった。これは、あの有名な五段階、原始的共産主義、古代ポリス、封建制、資本主義、社会主義のなかには入らないのだ。それは他のいくつかの組織体のなかのひとつの組織体でもなければ、ひとつの組織体から他の組織体への過渡的段階でもない。この制度によって切断されるもの、あるいは同定されるものに対して、この制度自身は遠のいたところにあるといってもいい。あたかも、この制度が別の次元のものであることの証拠であるかのように。それが諸々の社会の実質的発展に付加された頭脳的理念性であるかのように。つまり諸々の部分や流れをひとつの全体に組織する規制的理念あるいは反省的原理（テロル）であるかのように[25]。

この瞬間、分裂分析的言表行為がなされている。そこに現れるのは、ニーチェが描く帝国建設者たちの災厄的な姿だ。「運命のごとく、基礎も、理由も、斟酌も、口実もなく」これを築き、「争うこともされない不可避の宿命[26]」のように彼らの新たな配置を押し付ける者たち。この登場がまさしく例の二重の行き詰りを印づける。つまり、国家の起源（あるいは同じことながら、国家なき社会からの国家の発生）という問題、そして国家の物質性（あるいは国家‐形式とその諸装置の同一性）という問題のアポリアである。こうした姿は歴史的言表行為の中断として現れるのであり、その登場の形式については、ほとんど幻覚的な装いであることを否定できない。この事が極めて重要である。まるで、国家についての思考がたどり着けるのが、その言説性の限界、あるいは歴史的な諸国家という限界でしかないという事態まで、ひとつの外部、国家現象の理論的な知覚を中断する外部からしか訪れはしないかのようだ。まるで根源的外部から凍てつくような幻視として不意に生じているかのごとくである。ドゥルーズ＝ガタリは自分たちの言説のなかでこうした無理論的切断を起こそうと努めているのだ。それなら、こう問うてみるべきだろう。彼らが起こすねじれは、国家権力の理解にいったいどのような逆説的な解明効果を生み出しうるだろうか、と。ここまで追ってきたアポリアの連鎖が行き着く実定的プログラムを前もって述べておこう。このプログラムは、（国家－形式の思考にかんする）概念的な掘り下げであると同時に、（歴史上の様々な国家形成体の具体的分析にかんする）認識論的な掘り下げでもある。それについて、『アンチ・オイディプス』と『千のプラトー』のあいだで生じているドゥルーズ＝ガタリの思考の移動を見ることで、問題の重要性をよりはっきりさせることができよう。

概念でも装置でもなく――起源的幻想にして〈理念〉の妄想であるような国家－形式

国家の観念論的概念把握と唯物論的概念把握のあいだのアンチノミーは、二重の不可能性を表す。国家の物質的条件の発展は、国家－形式の実在を前提とする。しかし国家－形式の実在がその理念の自己運動と同じにみなされるなら、その出現を時間的に特定することはできなくなる。したがってまずは、国家－形式のより複合的な理解が必要となる。そこに孕まれる、それじたい二重の「過剰」を説明できるようにならねばならない。すなわち、国家－形式の物質性（その諸装置）にたいする過剰と、理念性（その〈理念〉ないし概念の自己運動）にたいする過剰である。

a／まず国家諸装置の物質性にたいする過剰を取り上げよう。国家－形式は、この装置のうちに姿を表すとき、必ずや最初の「頭脳的理念性」のうちにおのれを前提している。単刀直入に述べて、この最初の側面は、国家－形式そのものの時間性の問いである。つまり「常にすでにそこにあり」かつ「一撃きりで生じる」という時間性である。この問いについては、国家－形式の記号論的構成の検討において、その最も進んだ定式化が認められる。『アンチ・オイディプス』では「超コード化」[27]概念を掘り下げることで分析が着手されているが、その体系化はいわゆる「捕獲」操作の記述のもとで果たされる。そこでは、国家諸装置の物質的構成の平面で、なぜストックの蓄積が、ひとつの権力審級の自己構成運動という形をとるのかの理由があきらかになる。この権力装置は、自分から「生産」を助け、そこで生産されるものを独占的に領有するのだ。すぐさま可能な反論としてこういわれるかもしれない。記号論的発生は社会経済学的発生と大して変わらないではないか、記号生成論は前述の進化論的アポリアに陥ってしまうだろう、と。確かに記号論が数ある社会構造のうちのひとつだというなら、そのとおりである。しかし記号論ないし「記号の集合的体制」は、ドゥルーズ＝ガタリにとって、時空間のアレンジメント、時空間を形づくるものである。彼らは、因果性や決定論の線を、所与の時間の流れに沿わせようとはしていない。むしろ、まだ実在しないにもかかわらずすでに実効性を有するものを先取りし、すでに起こったものの上に回帰的作用を及ぼすような時間構造へと、理解の光を照らそうとしているのだ。これについては後で、国家捕獲の分析を国家的独占の記号論的操作として取り上げつつ、この分析がどのように先取り‐祓いのけメカニズムというクラストル的テーゼを扱っているか、検討したい。形式的には進化論的な枠組みにいまだ囚われていたクラストルに対し、彼らの分析はそうした枠組みからこのテーゼを引き抜くことで、いまだかつてない理論的な収穫を手に入れている。

b／先ほど挙げた第二の過剰、すなわち国家‐形式が自身の理念性に対し、あるいはその概念の自己運動に対して持つ過剰。これは自己想定構造を、国家‐形式の常に重層決定された特徴と対決させることになる。国家‐形式がこうした特徴を持つようになるのは、その内部性形式を免れたり、反抗したりする他の力能形成体との共存関係に常に捉えられているからである。この重層決定の分析は、最も体系的な概念基底を同じく第一三プラトーで提出している。そこでは「機械状プロセス」ないし「力能」プロセスのトポロジーが提示されている（捕獲、先取り－祓いのけ、遊牧、極化作用、包括化）。生産様式は、そこに依存しているといわれることになろう。[28] これについて検討するための土台として、フェルナン・ブローデルが先鞭をつけ、のちに従属理論により吟味が重ねられてきた世界－経済の分析が検証される。それらの分析は、国家力能が、他の異質な力能形成体とのあいだに維持する関係へと注意を向けている。古代の帝国、近代「多国籍」帝国、国家なき血統社会、銀行や交易の都市的力能、さらに（もちろん、これをひとつの特定の力能形成体としたことこそ、ドゥルーズ＝ガタリの主要な理論的発明のひとつだが）遊牧的形成体のいわゆる「戦争機械」力能である。国家－形式の重層決定というテーゼは、このとき（諸々の社会形成体を直線でつなぐような）進化論的読解と絶縁し、さらに（たとえば近代国家の発展を、国民国家の形式でなくてはその内部分割を乗り越えることのできなかったブルジョワ階級の台頭と結びつけるような）機能主義的読解とも縁を切らねばならない。反対にそこに示唆されるのは、国家－形式は純粋状態では実在せず、常に異質な力能複合体のなかにもつれ込んでいる、ということだ。それら複合体が国家や、その諸装置、その支配様式に、取り除きがたく両義的な政治的意義を授けているのである。まさしくこの概念装置から出発して、最終的にドゥルーズ＝ガタリは、国家的現実性を、資本蓄積の地政学的・地理経済的公理系のうちに見出し、それと結びつく支配と服従に対してなすべき手段を評価するのである。[29] この概念装置は、さらに一九七二年に出された疑問を解明する助けともなるはずだ。つまり、近代世界において、資本主義社会はいかに「事物の状態のなかに〈原国家〉を再び吹き込んでいるのか」。いかに、おのれをおのれの妄想の対象とする「文明」の記号となった起源的国家による、パライノア的で極限的な暴力を復活させているのか。

c／じっさい、国家にまつわるドゥルーズ＝ガタリの思想のふたつの発展の線をそれじたいで検証する前に、以下の点に気をつけておきたい。第一二、第一三プラトーにおけるこの理論的プログラムは、困難な補塡作業と切り離せない。というのも、ひとつの明確な国家‐形式を引き出して主題化し、それが物質的な審級化にも知的理解の過程にも還元できないことを示したところで、もし、二重の過剰がいかに実現されるのかを問わないのであれば、ただ国家の思弁哲学に虚構的な自律を贈呈してやるほどの役にしか立たないであろうから。問いをこういい換えよう。いかにして国家‐形式は、その物質的諸装置からの、また自身の概念からの隔たりや差異を、それじたいは物質的でも概念的でもありえない操作によって補塡するのか。ここで先述のとおり、国家‐形式が理論的言説の連鎖のうちに刻みこむ切断が重要となる。この切断は、〈原国家〉というまさしく幻想的な要素のうちに、最初の補塡の形式を示している。すなわち起源的国家の幻想、国家の原幻想である。だが、この幻想がいかに歴史のなかに回帰するかを問うなら、そのとき、この幻想的補塡はまさしく十分ではなくなり、必然的に第二の形式を取る。問題はたんに、自己前提構造、その物質的かつ記号論的操作、また共存する他の力能形成体による重層決定の機能を理解することではない。理解すべきは、いかに国家が、その構造を締めくくることの不可能性を「扱う」ようになるかである。おのれを前提しようとすればどうしても、内部性形式から逃れるもの（「脱コード化された流れ」）や、内部性形式を破壊しうるもの（「戦争機械」）を前提してしまうという不可能性をいかに「扱う」ようになるのかである。国家‐形式の客観的運動である自己前提構造は、それ以来、裏面としてつぎのような事態を抱え込む。国家を前提していないようなものがすべて、国家にはひるがえって、怖るべき逃走、挑発、攻撃として見えてくるのだ。国家‐形式は自身を有機的に閉じることができず、その不可能性を補うことのできる唯一の補塡は、いまやもう幻想によるのでなく、文字どおり妄想によるものである。つまり、国家をおのれの歴史的登場の物質的条件の前提として遡及させる、起源的幻想としての国家－形式（すなわち無条件的国家）ではない。〈理念〉の妄想としての国家－形式であり、「諸々の社会の物質的発展に付加された頭脳的理念性」であり、「諸々の部分や流れをひとつの全体に組織する反省的原理（テロル）」である。こうした国家－形式は、おのれの全体化から逃れるものを、絶対的「外」の姿のもとでしか見つけない。この「外」とは、国家－形式の（絶対的国家としての）〈理念〉が逆立ちした姿である。この妄想の力学は、政治心理学の話ではなく、国家－形式に属している。国家－形式の自己想定構造は、強制によってしか輪を閉じない。そしてこの輪を閉じることを強制するとは、逆説的に、おのれを逃れるものを包含するということだ。だがこうして排除（フォルクリュジョン）が生じる。内に書き込まれえないものは、外から、脅かすものとして、迫害するものとして、致命的なものとして出現するしかないのだ。〈起源〉の幻想と〈理念〉の妄想。起源的幻想とパラノイア的投射。これが、国家－形式の二重の補塡である。こうした補塡が、物質的審級化と概念的審級化と一体をなしている。国家の合理性はこの補塡を認めていないが、やはりそれは完全に国家の実効性の一部なのである。

『アンチ・オイディプス』以来、国家－形式に構造的に書き込まれたパラノイア的ベクトルというテーゼが、ドゥルーズ＝ガタリが行う交差的読解を突き動かしている。つまりそこで二人は、一方でマルクスが『資本主義的生産に先行する諸形態』のうちで導入した「自然的な、または天授の諸前提」というカテゴリーと、他方でエリアス・カネッティが「専制君主の身体」をめぐる儀礼にパラノイア的原子価を認める着想となった、聖なる王権にかんするアフリカ人類学とを突き合わせている。[30] かつてはW・ベンヤミン、W・ライヒ、G・バタイユの関心を占め、またもっと最近ではJ・デリダやE・バリバールのような著者を捉えた問題、すなわち創設的暴力[31]の問題が、人類学的－歴史的な素材のうちで鋳直されているというわけだ。いや、(バリバールの表現をいじって)もっと正確にいうなら、これは「超創設的」暴力の諸形式という問題である。つまり、自身の政治的・社会的・経済的諸機能に対する国家暴力の過剰の問題である。これは、様々な制度の〈創設〉である国家の「残酷さ」とかかわる。ただしこれを、国家のエージェントや代表たちの心理と混同してはならない。ドゥルーズ＝ガタリは、まさにこの残酷さの「臨床」モデルを、パラノイアのうちに探したのである。王位についたばかりのスルタン、ムハンマド・トゥグルクは、デリーの住人から無礼な手紙を受け取る……返答はこの侮辱に相当するものでなければならない。彼は住人全体を追い出し、のちに自分の宮殿を移すダウラト・アーバードへと移住させる。そうして町を粉々に破壊する。「ある信頼出来る人が私に語ったところによると、スルタンは夜間に彼の宮殿の屋上に登って、火もなく、煙もなく、灯もないデリーを眺めて、「ああ、これでやっと、わしの気分も落ち着き、せいせいしたわい！」と述懐したそうである[32]」。だが問題は、いつでも、ひとつ余計に手紙があることなのだ。管理を免れる望ましくないメッセージ、国家の超コード化の網目をすり抜ける脱コード化された記号(侮辱)が。国家‐形式に書き込まれたパラノイア構造は、捕獲でも、超コード化でもない。それは超コード化にして超コード化の不可能性である。自己前提構造だけなのではない。おのれを免れるもの、その想定を「逃れ」るもの、閉鎖に異議を唱えるものを包含せずには、この自己前提の輪を閉じることじたいが不可能なのである。そこからさらに帰結を引き出さねばならない。この観点から見るとき、国家パラノイアを解体する類的な因数は、国家‐形式を歴史化する因数と同じものである。

古代国家は、超コード化を行うとき、同時にそれを逃れていく多量の脱コード化された流れを解き放たずにはいない。(……)古代国家の超コード化こそが、それを逃れていく新しい流れを可能にし、発生させる。国家が大土木工事を起こすときには、公共のものではない独立した労働の流れが官僚機構から派生せずにはいない(特に鉱山と冶金業において)。国家が貨幣形態での税を作り出すときには、貨幣の流れが逃れ出て、その他の力能を(特に交易と銀行において)養い発生せずにはおかない。そしてなによりも、公有システムを作り出すときには、その傍らに私有システムの流れが生まれ、公有システムのコントロールの外に流出せずにはいない。私有システムじたいは古代システムから流出するのではなく、超コード化の編み目を通過して、必然的かつ不可避的に周辺に構成される。(33)

第二章　捕　獲――国家力能の本源的蓄積概念のために

国家的捕獲と社会諸形成体の分析――機械状‐史的唯物論の根本諸概念

国家‐形式のこうした歴史化をここで検証せねばならない。この歴史化は直ちにわれわれを、第一三プラトーで展開された「捕獲」理論、そして捕獲装置としての国家装置の再定義へと連れてくる。思うに、この歴史化は『アンチ・オイディプス』から『千のプラトー』に至るあいだの最も決定的な移動にかかわっている。国家‐形式の思想にとって決定的であると同時に、史的唯物論が残した問題の扱いという点でも決定的な移動である。この移動は、先に予告した国家‐形式の重層決定をめぐる問題とかかわっている。これは第一二プラトーで以下のように述べられている。

それゆえつぎのようにいうべきである、国家は常に存在してきた、しかも完全に形成された状態で常に存在してきたのだ、と。（……）周辺部であれ、充分に支配が及ばない地域であれ、帝国諸国家と接触を持たなかったような原始社会は、ほとんど想像することができない。しかし、最も重要なのはその逆の仮説、すなわち国家自身が常に外との関係において存在してきたのであり、この関係を抜きにして国家を考えることはできない、という仮説である。国家の法則は、すべてか無か（国家社会か国家に抗する社会か）ではない。それは内部と外部の法則なのだ。国家とは主権であるが、主権が君臨するのは、主権が内部化することができるもの、また局所的に領有しうるものに対してだけである。[1]

ここで問われているのは、なによりも、国家のこの「外」を考えるために不可欠な概念性である。思い出してもらうなら、前章末尾に引用した一節と関連する一九七二年の概念装置は、この「外」に、「脱コード化された流れ」という類的な形象を与えていた。あらゆる社会形成体を横切るこの流れに対して、その動乱的ベクトルや破壊的ベクトルを制止したり、逆備給したり、結びつけたりする際に、様々に異なる社会制度的戦略（コード化、超コード化、再コード化、公理化）が現れる。[2] このとき、資本主義「文明」との関連で遡及的に構築された『アンチ・オイディプス』の普遍史にとって重要なのは、歴史的目的論を覆すことであり、そのために偶然、破壊、そして最後に〈不可能〉（「名づけえぬもの」）が強調される。これらが生み出されたからこそ、ある社会形成体が、それに先行する社会形成体すべての死を意味するような全般的脱コード化を、おのれの内在的な「動因」とすることになったはずだ、と。そこで重要となるのが、資本の拡大された蓄積についてのマルクスによる分析である。とりわけ、『資本論』第三巻の過剰生産による恐慌にかんする分析と、そこでマルクスが導入する「内在的限界」の概念である。非資本主義的形成体が脱コード化された流れに出会うとき、この流れは非本来的で偶発的な「現実的限界」であるのに対して、資本主義的形成体はこれを、構造的な内的限界とする。資本主義的形成体は絶えずこの限界を破壊しては、新たな尺度の元にそれを再発見するのだ。当時、ドゥルーズ＝ガタリがこれについてなにをいっていたにせよ、生産と流通の流れの脱コード化が『アンチ・オイディプス』において果たしていたのは、動的否定性の機能であった。ただし、この否定性が普遍的に「内的」とみなされていたわけではない（反対に、非資本主義的形成体はこの否定性を、たんに外的で偶発的な可能性として先送りにする）。また、「否定の否定」や「止揚」が示唆されていたわけでもない。むしろこの脱コード化は、（植民地化や帝国主義によって「外から」非資本主義形成体に押し付けられる場合）社会的コード化の純粋破壊であるか、（内在的限界として「内で」遠ざけられ、たえず規模を拡大しながら移動していく場合[3]）システミックな危機をくぐり抜けながらの批判的拡張であるか、であった。

『千のプラトー』で実施された主要な移動は、この「外」の思想が、これまでにないカテゴリー化の閾を超えるという点にある。超コード化の概念は、この閾との関連のもと、捕獲の概念として徹底的に手直しされている。問題は哲学的であると同時に認識論的だ。物質的かつ記号論的流れの傾向的脱コード化という考えが消えたわけではない。ただしこの傾向は、普遍史の類的なプロセスとして遡及的に定められるのではなく、地理的・歴史的実証性のなかで差異化し、指標を与えられることで、これらの流れを「扱う」社会形成体へと送り届けられている。したがって、この移動の第一の効果は、この分析によって働き出す歴史性の型とかかわる。（資本主義的特異性の偶然的普遍化の歴史としての）普遍史の領域は、目的論の批判的イロニー化と、歴史的〈現実〉の理論的備給・リビドー的備給の混交というそのふたつの機能にかんして、「グローバルヒストリー」によるアプローチへと場を譲る。つまり、普遍史の思弁的かつ幻想的領域にではなく、むしろ、「世界システム」の地理歴史学に多くを負うアプローチである。コンドルセやコント、ヘーゲルよりも、F・ブローデル、A・グンダー・フランク、S・アミンから影響を受けたアプローチだ。そこでは国家‐形式のパラダイム的契機を決定しようとするよりも、むしろ幾つかの社会形成体（そのうちには国家なき社会も国家に抗する社会も含まれる）のうちでの国家‐形式の現前様式を説明することが課題となる。そこからひるがえって必要となるのが、異質な力能形成体が、国家化した社会形成体と出会い、時にそれを条件づけ、時に敵対するその共存関係を再評価することである。そのためドゥルーズ＝ガタリがやがて「地理哲学」と呼ぶことになるもの――生産諸様式と社会形成体の分析条件が再定義されるかぎりで、機械状‐史的唯物論の概念的骨組みとも定義されるもの[4]――のカテゴリー化の閾が、類型学とトポロジーの二重の振る舞いにおいて乗り越えられるのだ。

われわれは社会形成体を機械状のプロセスによって定義し、生産様式によって定義するのではない（生産様式はプロセスに依存している）。原始社会は祓いのけ、先取りするメカニズムによって、国家社会は捕獲装置によって、都市社会は極化作用という装置によって、遊牧社会は戦争機械によって、国際的というより、むしろ全世界的な組織は異質な社会形成体の包括化によって、定義されるのである。ところでまさにこれらのプロセスは、共存変数として社会的トポロジーの対象となることから、これらに対応する様々な社会形成体が同時に存在する。そしてこれらの共存の仕方には、内的なものと外的なものとがある。一方で原始社会はまさに帝国あるいは国家を先取りしなければ、それらを祓いのけることはできず、さらに、帝国や国家を先取りするにしても、それらはすでにそこにあり、原始社会の地平の一部をなしている。これに対し国家による捕獲が起きるにしても、それは捕獲されるものが、原始社会において共存し、抵抗し、都市や戦争機械といった新たな形態において逃走することなしにはありえない。(……)

様々な形成体の外的な共存のほかに、機械状プロセスの内的な共存も存在する。各プロセスはみずからに固有の「力能」のもとだけでなく、他の力能のもとでも機能し、他のプロセスに対応する力能によって中継されるのである。捕獲装置としての国家は領有の力能を持つが、この力能は、系統流として定義される質量において、可能なものすべてをできるだけ捕獲することに存するだけではない。捕獲装置とは、戦争機械も、極化作用のための装備も、先取り-祓いのけのメカニズムも等しく所有するのである。反対に、先取り-祓いのけのメカニズムは、多大な転送の力能を持つことにもなる。このメカニズムは、原始社会だけで作用しているのではなく、国家-形式を祓いのける都市において、資本主義を祓いのける国家において、みずからの限界を祓いのけ押しやるものとしての資本主義においてさえも作用する。(……)同様に、戦争機械は変身の力能を持つのである。この力能によって、戦争機械は国家に捕獲されるが、また同時にこの力能によって、捕獲に抵抗し、別の形態のもと、戦争とは別の「対象」をともなって再生する。(……)ひとつひとつのプロセスが、そのほかの力能を経過しうるとともに、そのほかのプロセスを自分の力能に従わせることができる。[5]

国家がここで思考可能となるのは、もはやおぼろげに考えられた外との関係においてではなく、本質的ないし形式的に判明な複数のプロセスとの関連においてである。これらのプロセスがそのつど規定する方法に従って、同じひとつの地理歴史的領野は「内部」と「外部」を分配する。捕獲により内部性形式を限定し、外部環境——周辺、半周辺、後背地（*hinterlands*）など——の地図を描くのだ。これらプロセスはそれぞれに質が異なっている。そこでドゥルーズ＝ガタリが用意するのが、類型学（五つの機械状カテゴリー——先取り－祓いのけ、捕獲、戦争機械あるいは平滑空間機械、極化作用、包括化）とトポロジー（上記五つの機械状プロセスが規定するのは、社会的定数や歴史的定数ではなく、反対に、対応する力能形式の共存変数である）である。つまり、社会形成体のカテゴリー表と、社会形成体どうし、またその内部における力能分布の地図である。この二重の側面のもとで、ドゥルーズ＝ガタリの社会形成体の思想は、彼らの哲学の思弁的諸決定と、彼らが地理的・歴史的実証性の具体的分析に提案する概念的道具とを、見事なまでに統合して提示するに至る。「機械状プロセス」のカテゴリー化はじっさいのところ、いうなればスピノザ主義的な力能の思想を支えとしている。そこでは三つの効果が産出されており、それぞれが（a）肯定の存在論、（b）属性の論理学、（c）存在様態とその「限界」の自然学に対応する。

a／最も明白なこととして、この存在論は、欠乏、欠如、剥奪といった用語での社会形式の分析を認めない。そうした分析からは、社会理論が暗黙に国家化される際の気配が漂う。そこでは国家が、あらゆる形での集合的生の規範であるとみなされるだろう。ドゥルーズがみずからのスピノザ主義に結びつける思弁的テーゼによると、あらゆる実在は力能の措定として、すなわちひとつの規定された力能のもとでの完全性（「実在の量」）の肯定として規定される。このテーゼはあいかわらず批判的射程を有しており、剥奪のカテゴリーを理論的に主張する試みを挫こうとしている。それらの主張の基本的図式に、すでにその欺瞞が明白に表れている。それらはひとつの円環に支えられているのである。出発点は、存在の規範、理解の規範である。これらは、事物があるがままにあるにはどうあらねばならないかを定めるものとされている。この規範により、ひとつの事物は、本来の存在様態にではなく、想定上のモデルへと関係づけられる。そうして最後に、事物のあるがままの姿が、モデルに即して事物がこれから到達すべき完全体から説明されるのである。これらの理論的主張は、直ちに国家‐形式とその自己前提構造をみずからの鑑とする。国家にかんしてこそ、また想定されたひとつの国家に応じてこそ、「ない社会」がくどくど語られる。「国家がない」というだけでなく、「歴史がない」、「書き文字がない」、「領土がない」、「宗教がない」……奇妙にも国家化された思想は、毎回、欠如を探し、あちこちに剥奪を認める。だがこの円環は、それじたいで肯定される力能形式によって社会形成体を扱うことで、切断されるのである。

b／第二に、機械状‐史的カテゴリーの類型学とトポロジーによる二重分節によって、クラストルでさえまだ犠牲となっていた混乱を避けることができる。諸々の力能形式の形式的外部性と、それに対応する諸々の社会形成体の実体的独立性とを取り違える混乱である。なぜなら形式的外部性とはたんに、機械状プロセスそれぞれが質的に本質を異にすることを意味しているからだ。さて、スピノザの〈属性〉の論理によると、〈属性〉のおのおのはその類において無限であり、自己により自己を開展する。そのため実在的多様体は実体においていかなる〈属性〉の多様性も導入しない。こうして機械状‐史的唯物論は、この論理に従って、「共本質的実定性と共存的肯定の論理」(6)に価値を認めるのである。もし、ひとつの一義的な地理歴史的〈実在〉の属性を「機械状プロセス」と呼ぶなら、こういってよいだろう。まさしくプロセスどうしに実在的な区別があり（それぞれのプロセスはひとつの力能形式として十全な実定性を持ち、それゆえ他との比較で定義されるのではなく、また他のものに備わるものを欠くわけでもない）、だからこそこの実在的区別は、各プロセスがそこで肯定される社会形成体どうしのうちに、いかなる実体的独立性をも打ち立てるのではない、と。それと反対に、実在的区別はそれらのプロセスを同じひとつの内在平面のうちに書き込む。この内在平面では、異なる質の力能が共存の規則となり変数となる。このことこそ、機械状‐史的唯物論が公準とする原理、外と内を分かつことのできない多様体の原理が証言することだ。一方では、どのような社会形成体も、他の社会形成体との「外在的共存」関係や干渉関係を無視できるほど、自足的な実在性であることはない。というのも、それぞれの形成体においてこれらの外在的共存関係が常に作用しているからだ（たとえば、国家なき社会のなかではすでに、先取り‐祓いのけメカニズムと国家的捕獲の干渉関係が分析されねばならない）。しかし、これらの外在的共存関係がじっさいに規定的となるのは、それぞれの力能形式のあいだの内在的共存関係にそれらが帰着するかぎりでのことである。いい換えれば、あらゆる社会形成体は、ひとつの力能形式（とひとつの機械状プロセス）に支配されているのではなく、複数のプロセスから成り立っている。それらのプロセスは、干渉や葛藤の関係（外在的共存）を通じて、その本性を変え、従属と支配の関係へと入っていく（たとえば、戦争機械の力能は国家に「領有」されるときに本性を変える[7]。国家捕獲は、世界資本主義市場のような全世界的包括化の力能に従属することで本性を変える[8]）。付言すれば、だからこそあらゆる社会形成体は、おのれの再生産を問題として抱えるのだ。この再生産は、原理的に単純と想定された構造の均衡などではないのである。また同じくだからこそ、「捕獲装置」のプラトーの分析で総動員されるのは（注釈者たちは認めたがらなくとも）、「支配的」多様体や「重層決定された」複合性といったアルチュセール型の概念性なのである。

先取り‐祓いのけメカニズムというクラストル的なテーゼは、そのとき、国家理論にとっての重要性を著しく変える。また同時に、その概念的働きと操作的外延も変化する。血統的社会や切片的社会の再生産メカニズムを支配する力能形式としての先取り－祓いのけは、たんに（社会集団から権力装置が独立するのに応じて）国家的闘を乗り越えることに抗うばかりではない。同時にはっきりと（グループ間の同盟コードが課す限度を超えて、交換の回路が市場を通じて極化するのに応じて）都市的闘の乗り越えにも抗い、さらには（同盟や族長制やシャーマニズムなどの制度に対して戦闘メカニズムが自律化するのに応じて）遊牧的闘にも抗うのだ。[9] しかし逆の帰結も同じく重要である。力能形式それぞれの「内在的共存」関係に従って、今度は都市形成体が、みずからの（支配的機械状プロセスとしての）極化作用力能のもとに、先取り－祓いのけメカニズムを統合し、たとえば国家権力の結晶化を祓いのけることがある。またドゥルーズ＝ガタリが示唆するように、国家じたいが、みずからの力能を超過するプロセスに敵対せねばならない場合、血統的社会の「先取り－祓いのけメカニズム」を領有することもありうる。たとえば、都市形成体が、国家の捕獲装置を免れる銀行と交易の流れに直接に連なることで、国家の領土管理を免れようとする際に、この都市形成体の勢いを抑止しようとする場合である。あるいはまた、異質な社会形成体を横切る（時に都市ネットワークに結びつき極化作用を領有する）「全世界的包括」という名のプロセス――「たとえば、「大企業」タイプの商業組織、あるいは産業コンビナート、あるいはさらにキリスト教、イスラム教、ある種の予言主義ないしメシア思想の運動のような宗教団体[10]」――を一定の方向に誘導したい場合である。

ドゥルーズ＝ガタリが、資本の「本源的蓄積」にとって根本的な問い、一四―一五世紀に始まる銀行都市、商業都市の隆盛という問いを取り上げるとき、まさにこうした力能の示差的な闘との関連から、国家力能、都市力能の共存変数が規定されている。そこでは、国家が都市を抑止するために先取り－祓いのけメカニズムを領有したり、あるいは国家が直接に都市の極化作用装置を領有するために、これを従属させつつ都市の力学を捕獲したりする。[11] F・ブローデルにならってこういわねばならない。国家はおのれの都市空間を組織し、これを官僚による管理に従わせるが、同時に、都市には固有の歴史があるのだ、と。都市は、国家の脱コード化の余白に発展する。そこで国家の管理を逃れつつ、国家装置に超コード化されたシステム内では把握されなかった実践や制度を発明していくのだ（たとえば「都市の権力は、国家の公務機構とは非常に異なった、官職制度を発明する」）。それゆえ問題はたんに、地域や時代ごとに都市に非常に様々な姿があるということではない。なによりも、都市現象を規定する様々な力能プロセスの異質性が問題なのだ。流通だけで国家都市が規定されるわけではない（決定的なのは、流通物の超コード的登記である。これはミュケナイの都市のように、主権者の主人のシニフィアンおよびそのエクリチュール機械から切り離せない）。[12] それゆえ、市場だけで商業都市を作れるわけでもない。市場‐都市を定義するのは、市場そのものではなく、諸々の流通の極化作用メカニズムである。[13] このメカニズムが、その土地の市場の周りの集落を剥ぎ取り、これらを「飲み込む」。それにより都市は、周辺に付随してきたものから切り離され、みずからの領土から「離陸」する。そして都市間ネットワークのなかに入り、遠く離れた他の様々な都市ノードに直接的に接続されるのだ。まさしく都市はこのとき、海上貿易活動、銀行取引活動のなかで、脱領土化の力能を発展させる。この力能は、国家を基盤とする力能を上回る。国家はいまだ、権力を領土として登記することから切り離せないからだ。[14] したがって、国家がついに自分では実現できなかった、都市による様々な発明を領有しおおせても、この捕獲には緊張や葛藤がともなうだろう。さもなくば、そこにはひとつの不信がつきまとうのであり、こうしてブローデルは、クラストルが国家なき社会に見られるとしたのと同様の予感について言及することになる。「国家は、堅固な根をおろすやいなや、暴力によろうとよるまいと、本能的に躍起となって都市を規律に服せしめたのであり、これはヨーロッパ全体をつうじて、どこに目を向けてもいえることなのである」[15]。自由都市と国家装置のあいだの葛藤の歴史は、特権、経済利益、権力領有のための葛藤の歴史として理解することができる。しかし、この歴史が決まるのは、力能の諸ベクトルによってである。さらにそれら力能のベクトルが命令を発するのは、力能の度合いや、脱コード化・脱領土化の示差的閾によってである。そして、ひとつの社会形成体の力線が歴史-政治的領野の生成変化において結ばれ、解かれるのは、それらベクトルの敵対的関係によってである。

c／このことは、第一三プラトーで機械状-史的唯物論が乗り越えるカテゴリー的閾の、第三の主要な効果に関係する。力能限界の概念が、社会形成体の分析に不可欠な、構造的かつプロセス的カテゴリーとして改訂されるのだ。『アンチ・オイディプス』もすでにはっきりとこの問題に向かっており、あらゆる社会的機械のうちでの異なる限界の位置づけを区別していた。まず現実的限界（社会的コードに祓いのけられるものとしての脱コード化であり外在的破壊としてのみ生じうる）、つぎに相対的限界（危機と発展の内的要素としての脱コード化すなわち破壊されると直ちにシステムの規模拡大により再生産される限界）ないし絶対的限界（社会リビドー的生産の分裂症的脱コード化）、そして最後に内面化された限界（エディプス的主体化）である[16]。しかし限界の概念は、それが力能概念と、その質的形式の差異を扱う類型学により規定されることになるや、哲学的にも、認識論的にも、まったく構成的なカテゴリーとなる。社会形成体にはなにができるのか。その内部関係やコード、制度、記号論、集団的実践に応じて、なにに耐え、なにを支えることができるのか。反対に、その再生産の条件を超え出るプロセスとは、あるいはその条件を問いただすプロセスとは、どのようなものか。こうした問いに対し、流れの普遍的脱コード化によって答えるだけではもう十分ではない。まさしく限界の概念が力能形式のカテゴリー化によって複数化しているからである。（切片的社会や血統的社会で）先取り‐祓いのけされるものの限界は、（都市形成体において）極化されうるものの限界と同じ仕方で機能するのではない。また（国家形成体において）捕獲されるものの限界や（遊牧形成体において）「平滑空間」で展開するものの限界とも、同じ仕方で機能しない。この最初の説明として、第一三プラトーで長々と展開されるふたつの事例に目を向けよう。まず先取り‐祓いのけが支配的な社会。この社会は自分自身の限界をセリー的で序数的な経済に統合する。つぎに捕獲が支配的な社会。こちらは限界の集合論的で基数的な働きを強制する社会である。[17]

「国家なき社会」の問いへの回帰――先取り‐祓いのけとストック形式

様々な力能プロセスの関係形成が、機械状‐史的唯物論の具体的対象となる。そこで分析されるのは、歴史的領野において、そうした関係により規定される諸々のベクトルだ。表象はもとより集団的実践、集団的言表、制度、経済、政治的合理性、主体化様式に働きかけるベクトルである。そのとき、国家社会と国家なき社会の二項対立では不十分となる。国家なき社会は、たんに国家がない（あたかも社会に国家が欠けているように）とか、ましてや国家に抗する（あたかも社会が、国家のその後の登場を祓いのけるかのように）とかいわれてはならないだけではなく、すでに（「捕獲」という）国家化プロセスにより働きかけられている。このプロセスが内部の実定的対象を構成し、その上に社会の先取り‐祓いのけメカニズムが作用するのだ。国家化ベクトルは、時に現勢化され、実現されるが、別の場合には潜勢的なものとして祓いのけられたままである。だが潜勢的とは、効果がないという意味ではない。まったく反対である。というのも、こうした様式でこそ、国家的捕獲は、(クラストルのテーゼに従えば)実定的な制度メカニズムによる先取りの対象を作ることができるからだ。これらメカニズムが祓いのけるものは現勢的ではない。だからこそ、これらメカニズムはこれを「先取り」するのである。しかし、現勢的でないものにもすでに実在性がある。だからこそ、これらメカニズムはこれを祓いのけることができる。つまりいまだ現勢性を持たないものへ作用することができるのだ。国家的闘の乗り越えの偶然性という問いがそこで立てられる。「原始人は(……)生き延びるというかたちでしか存在したことはなかった」[18]といわねばならない。だが同時に、ある地理歴史的形態での国家の出現は偶然にとどまるともいわねばならない。「国家がじっさいに出現する仕方と、国家が祓いのけられる限界としてあらかじめ存在している仕方とはまったく異なる」[19]からである。それゆえどうやら、必然と偶然のカテゴリーじたいが「トポロジー化」されねばならない。ちょうど、「内部」と「外部」の差異を生み出す運動のなかでは、「同じ」ひとつの現象が、一方のベクトルに従えば現実的に偶然だといわれ、(前者を阻む、ないしこれに逆らう)逆方向のベクトルに従えば現実的に必然だといわれるように。偶然が必然へと生成変化すること(先取り――生き延びるというかたちでの存在)と必然が偶然へと生成変化すること(祓いのけ――「神秘的」説明不能性)が、あたかも円環をなしているがごとくである。そこから、『アンチ・オイディプス』ですでに示唆されていた客観的な決定不可能性が現れる。そこでは、死を外在的偶発事とするスピノザ主義と死を内発的傾向とするフロイト主義が、驚くべき定式によってもたらされる緊張のなかで結び合わされている。すなわち、死は内側から立ち現れた挙句、外側から不意に到来するというのである。[20]

特に一九八〇年には、新たな概念装置により、クラストルが依拠したあまりに漠とした「予感」を、実定的に規定できるようになった。一種の社会的志向性のようにであるが、これはたんに暗黙の志向性であるのみならず、必ず内容を欠いている。リュック・ド・ウーシュがのちに指摘するとおり、原始社会は、「まだその危険を経験したことのない政治的組織化形式でも、一種の前未来におのれを置くことで、これに全力で抵抗する」[21]ものとみなされるからである。この予感は、原始社会的主体性を無意識裡に持ち上げるような「政治哲学」に行き着くばかりではない。国家に抗する社会における、国家化のベクトル群とそれらを阻止する対抗傾向のあいだでの内的な緊張を表している。「国家のなかや外において、国家から遠ざかろうとしたり、国家からみずからを守ろうとしたり、国家を進展させようとしたり、廃絶してしまおうとする傾向があるのと同じだけ、原始社会においても、国家を「求め」ようとする傾向や、国家の方に向かうベクトルが存在する。すべてが絶えることのない相互作用のなかで共存するのだ[22]」。一方から他方へとどのように移るのかを説明するのではない。しかしましてや、この移行を考えられなくしている実体的独立に穴をうがとうというのでもさらさらない。問題はむしろこうだ。国家はある意味で、すでにどこにでもあるというのに、どうしてどこにでも出現してはいないのか。また逆にどうして、国家に抗する社会は、たんに隣やよそに現れた国家に抗するだけではなく、すでにみずからの内にある国家、つまり強制や規則や徴収といった自律した制度へと国家が結晶化する閾のまだ手前にある国家にも、抵抗するのだろうか。つまり、これら社会の祓いのけのメカニズムは、正確にいってなにを相手にしているのか。

　クラストルの政治人類学、さらに「双分組織」についてのレヴィ＝ストロースの考察やリュック・ド・ウーシュらアフリカ学者の仕事を引き継ぎながら、『アンチ・オイディプス』や、その後の第五プラトー（「いくつかの記号の体制について」）、第九プラトー（「ミクロ政治と切片性」）の議論は、そこからいくつかの国家化ベクトルを引き出している。まず権力の記号としての祖先性の出現である（この祖先性は、離接的接合と、出自の系譜的言語に対する縁組実践の相対的自律により祓いのけられる）。ついで、いくつかの権力中枢の融合（これは、しばしば観察される「政治」権力と神聖権力、つまり首長と呪術師、あるいは一族の長と土地の守人との分割により祓いのけられる）[23]。最後に「負債の意味」と、その流通が持つ不可分に人類学的、宇宙論的、政治経済的な意義である。これらのベクトルは共通して、独立した権力の集中へ向かう兆しであり、その点からクラストルのつぎのテーゼは裏付けられる。すなわち、ただ（土着の記号論、象徴論、宇宙論の変形を通じた）政治的変異だけが、蓄積条件に規定される生産システムという意味での経済の、ブロック解除を説明することができるのだ、と。第一三プラトー（「命題一二　捕獲」）にてこの問題が取り上げられる時には、はっきりと言葉遣いに移動が見られる。そこではマルクスのいう資本の「三位一体の定式」が再解釈されることにより、きわめて有機的な配置図のもとで、国家の予備的資本化（ストック形式）に含まれる記号論的操作があきらかにされる。一方で（象徴機能の衰退や、理解や知覚のパラダイム変化という）イデオロギー的あるいは記号論的説明、他方で（生産諸力の発展と、それに対応する社会関係の変形という）唯物論的説明という標準的な二択をひっくり返すことにより、ドゥルーズ＝ガタリは国家的闘を、実存の物質的諸条件のコード化様式の水準で規定しようとする。国家化ベクトルはすでに、実践－認知的なアレンジメントのうちで、すなわち加工された素材の理念的で実践的で知覚的な処理のうちで規定されている。カーストや階級の不平等を、制度的、経済的、象徴的に捉えることに対する論理的先行性のうちで規定されているのである。したがって肝心なのはつぎの点である。下部国家装置のうちで重要なのは、抑圧装置でも、イデオロギー装置でもない。「国家装置の基本的側面、すなわち領土性、労働ないし共事業、税制」[24]なのであり、またそれらに対応する捕獲装置、つまり〈地代〉、〈利益〉、〈税〉なのである。これらは、マルクスのアジア的パラダイムやウィットフォーゲルの水力国家という理念型に登場する、概念的人物としての〈専制君主〉の三つの顔に対応している。最初の剰余労働を大事業のなかで興した者。外交貿易の主人にして、経済の貨幣化のエージェント。地代、利益、税は、まさしく、ストックの物質的構成の形式である。物質装置としての国家の存在そのものの有機的形式であり、抑圧的権力もイデオロギー的権力もそこに依拠しているのだ。したがって政治経済の問題ではなく、国家経済、あるいは経済一般の国家化の問題である。さらに、これら三つの形式を定義するのは、制度的身体や経済的・法律的装置であるよりは、むしろ、土地、生産活動、交換を登記し客観化する種別的プロセスである。

初歩的図式に従えば、差額地代から最低限みちびかれるのは、同時に開発されたいくつか異なる領土、または同じひとつの領土の異なる開発段階を、収穫という共通尺度で比較する可能性である。労働につき生じる利益から最低限みちびかれるのは、異なるいくつかの活動を、共通尺度としての支出（力や時間など）に照らして比較する可能性である。財産や取引に対する徴税から導かれるのは、財産ないしサービスを、たんに標準商品に照らしてのみならず、市場において規定された「客観価格」の尺度で比較する可能性である。単刀直入にいえば、ドゥルーズ＝ガタリが出発点とする論証とは、つぎのように指摘することなのだ。これら三つの想定はまさしく、原始社会的な諸コードによってブロックされている。これら諸コードは、反対に、備給された領土や、活動、取引どうしをたえず異質化しているのである。加工された素材、流通とその複合的な呼称、諸活動の経済外的意義と表現形式に応じて、それらの時空間座標としての実践は、質的異質性のうちで維持される。この異質性によって、領土、活動、交換および交換物を等質化しうる人類学的登記表面の登場が妨げられる。比較のための尺度となる権力が欠けているわけではない。登記表面が前もって、比較の可能性の条件じたいを無効化しているのだ。その条件、つまり、関連しあう諸項の通約可能性が依拠する等質性である[25]。

それ以来、最初の問い——ストック形式が出現する閾の規定——はふたつの面を持つ。ふたつのシステムで同じひとつの答えが通用しないからである。いい換えれば、「閾」という項さえも、それぞれのシステムで意味を変えるからである。つぎのようにいいたいとしよう。〈地代〉、〈利益〉、〈税〉の三つの形式は、原始社会では祓いのけられており、そこに現れるとしても限界として規定された位置においてのみである、と。だが、このようにいうためには、さらにつぎの事実を説明できねばならない。原始社会においてこの限界は端的に備給などされておらず、される必要もないという事実である。じっさい、危険はいつも同じことである。すなわち、ある問題が、そもそもある社会のものではなく、外から（たいてい、これへの「対処[26]」を可能にするとされる計算とともに）押し付けられてはじめて立てられているときに、この問題の解決に必要な計算をその社会から出てきたものとみなすことである。さらにつぎのようにいうだけでも十分ではない。国家なき社会では、（土壌からの収益についての想定尺度に照らして）領土の耕作に限界が設けられており、（生産活動に支出された力と時間の尺度としての、想定上の生産性に照らして）労働には限界が設けられており、（蓄積された財産の想定上の量的尺度に照らして）交換に限界が設けられている、と。むしろこういうべきである。国家なき社会は、こうした三重の尺度それじたいの可能性を、それでも決定可能なそれらとの関係のなかで、祓いのけるのだ、と。国家なき社会が祓いのけるのは、事実として、あるいは問題として、この三重の尺度に出会わねばならないという可能性それじたいなのである。「原始的」生産活動は、集団のニーズとして求められるものよりも多く生産するのを避けるためにのみ、限界づけられるのではない。あるいは、縁組の負債の流通によって定められるよりも多くの財産を交換することを避けるためだけでもない。むしろ、こうした差異化が確立する可能性が出てくることを避けるため、なのである。したがって厳密にいうならば、原始的生産活動は（外部の視点、問うべきものをすでに前提する国家の思想家の観点からでなければ）限界づけられない。ただ、先取り的に限界を評定しているのである。そしてこの限界が占拠されないうち、問題提起とならないうちに、この限界に応じてアレンジメントが再生産され得るのである。

　このように、先取り－祓いのけプロセスにおいて、限界は（土地と収益のあいだ、おのおのの生産性のあいだ、「必要な」労働と剰余労働のあいだなどの）差異化の原理を規定するのではなく、それ自身で（「限界」／「閾」の）示差的関係として機能する、と考えられる。こうした限界の示差的概念は、その技法モデルを、限界効用説の論理の再解釈のうちに見つける（我らの著者が強調するように、そこでは、経済平面上での限界効用説の脆弱さは、考察から外されている）。このモデルにより、蓄積効果のない単純再生産のサイクルが定式化されるだろう。すなわちセリー的で序数的な論理である。そこでは、交換のサイクルにおけるそれぞれの給付は、（蓄積の経済原理にしたがって）消費したり復旧したりすべきストックと釣り合うのでもなく、（互酬性の象徴的原理にしたがう）返礼すべき対抗給付と釣り合うのでさえない。その釣り合いは、新たにサイクルを再開する手前で行われる「最後」の交換としての限界と、サイクルの再生産がかならず構造の変化をともなう「閾」としての限界とのあいだの、内的な微分に対して定められるのである。この「閾」を超えたなら、「最後」をセリーの比率として評価することは失敗する。またそのようにして、拡大された蓄積、あるいは潜在的に無制限な蓄積が始まる余地が生じる。

　この論理図式に従えば、給付のセリーの比率あるいは給付のセリー化の規則である限界／閾の微分は、序数的分配の原理として機能する。いずれの項も、直接比較により前項や次項に結びつけられるのではない。諸項の結びつきは、それと釣り合う限界との関係によって成り立つのだ。対応する機械状プロセスは、まさしく「先取り－祓いのけ」のそれといわれるが（クラストルの場合のように、たんなる祓いのけではない）、そこでは、この示差的関係が示されている。国家的閾が祓いのけられる。ただし、先取りされるものは、この閾の手前にある限界である。この限界において、サイクルは閉じるが、その再開は、単純再生産で行われる。つまり閾じたいは先取りされる必要がないのだ。これから見るとおり、クラストルが国家の祓いのけの主要装置のひとつとした「原始的戦争」でさえも、じっさいに暴力の独占の捕獲を祓いのけるのは、戦争がなんらかの暴力の限界効用経済に書き込まれているかぎりにおいてである。つまり、暴力の限界確定をセリー的で序数的に扱う場合においてである（反対に、国家は暴力についてそれ自身の限界確定をどのように考えるのかという問いが別物となることは、確実である）。

国家的閾の物質的条件（ストック）がこのとき定義されるが、それは経験的に観察できる「超過」のみならず、新たなシステム内での限界の機能変化という点から行われる。より正確にいうなら、限界を超えたところで、閾が占拠されて、新たな意味を担うようになると、同時にそれによって限界も新たな機能を持つようになる必要がある。記述的観点からドゥルーズ＝ガタリがまとめているように、「対称性、反響、総体的比較という力能が、セリー的巡歴の力にとって代わ」らねばならない。この力能によってあらゆる事態は形式的等質性へと従属し、そこで通約可能となることで、互いを直接的に比較することもできるようになる。限界はまさに、この直接比較の作用点となり、必要分をストック可能な超過分から分ける差異化の原理を提供する。「もはや、それはひとつの運動が終わる点としての最後を意味するのではなく、一方は増加し他方は減少するふたつの運動の対称性の中心となる」。このとき重要なのは、新たな集合の「閾」を特異的に規定することである。この閾はもう、実践的セリーに秩序を与える限界

「の後」で、システムの外縁にあるのではない。反対にシステムに内部化され、システムの基礎となる。つまり基数集合の原理であり、そこで零度が決定されるのだ。これはすでに、差額地代の抽象モデルにより示唆されていた。そこでは「最も悪い土地（または最も悪い耕作）は地代を持たないが、それによって他の土地は地代を持ち、比較によって地代を「生産」することになる」[27]。しかしこの閾はたんに集合の一部（最も肥沃でない土壌）を特徴付けているのではない。むしろこれは、先に原始的領土性を格下げし、その理解と総体的領有を可能にすることによって、新たな登記表面全体の等質化がなされるパラダイム的契機である。前提的な白紙（タブラ・ラサ）のようなもの。つまり、すべての領土は等価であるというのも、土地そのものにはなんの「価値」もない（土地とは都市の観念である）というのも同じことだが、一群の価値は、領土相互の比較（差額地代）によって、総体的領有の点（卓越的土地所有者）を想定した上で、「生産される」ものだということである。この領有の点が各領土を分配する。価値計算において最悪の土地（絶対地代もしくは独占地代）もそこには含まれている[28]。

活動にかんしても事情は同じだ。アジア的パラダイムによれば、システムの新たな閾は、国家の事業のなかで規定される。つまり、社会的に消費されるのではない作品としての記念碑的建造物を造るのに費やされる労働のなかで決まるのだ。マルクス主義用語で剰余労働と呼ばれるものは、生産活動の新たなシステムの零度である。水力や記念碑や都市建設にかかわる公共の大工事のうちで剰余労働が組織化されるのだが、まさにそのところに、活動の総体的領有が働き、生産活動全体の登記の体制が変形する。そこで個々の仕事の社会化、協業化が発明されることで、仕事相互の比較が可能となる。さらに支出された集団的な力を量として捉える書記技術や、会計技術が登場する。つまり剰余労働とは労働の「後に」、（需要の満足や支出労働力の再生産に）必要と想定された労働の超過分として現れるのではない。確かに、会計学的に両者の差異を扱う場合や、単純に経験的に食べていくための労働と課せられた役務とを分ける場合には、そう考えてしまいがちである。しかし第一に来る区別は、必要な労働と剰余労働にかかわるのではない。一方で連続的に様々な姿に変動する活動じたいと、他方でその全体集合のうちで労働形式を構成する剰余労働－労働システムとの区別である。「このふたつが区別され分離されていても、剰余労働を経過しない労働は存在しない」。剰余労働から労働は演繹されるのであり、労働は剰余労働を前提している。ちょうど、活動相互の直接比較が、これら活動の独占的領有を前提しているようにである。「このとき初めて、労働価値や、社会的労働の量をめぐる評価について語ることができる」[29]。諸活動の国家的捕獲は、分析的には、抽象労働の理念に含まれている。

ストック形式の第三の要請、交換と交易の要素にも、同様の論理図式が見つかるだろうか。この場合の限界は、「原始的」交換を質的異質性のうちに維持する。そこに働く通約不可能性の原理は、諸々の給付を、交換価値の均等化と比較によってではなく、贈与と負債によって表現された縁組コードへ統合する[30]。では、こうした限界の彼岸にある閾——交換がもはや直接的に縁組的な社会関係を表現せず、蓄積の派生機能すなわちストックの使用と回復に条件づけられる実践となるような閾は、どのように規定されるだろうか[31]。ドゥルーズ＝ガタリにとって、この閾の規定は税制的捕獲にかかわる。官僚制つまり官僚や専門職、司法制度、軍事制度からなる一身体を物質的に維持する条件であるところの、捕獲装置としての税である。しかし、いかにして税そのものを（市場経済の相関項ないし効果としてではなく）交換の零度として規定すべきか。もはや原始的交換により先取り－祓いのけされた限界ではない。反対に、交換可能なものと交換不可能なものの諸限界の意味と機能を変える新たなシステムの基礎として、である。

経済史や経済人類学に長くはびこっていたふたつの偏見が、ここですでに覆されている。まず、税の歴史は地代の進化に即しているとするもの。つまり経済が貨幣を基盤とするに至って、労働や自然物で払われた地代が、金銭で払われる地代に変わったことに相関しているとするものである。この貨幣経済の登場については商品交換、および離れた集団間の交易上の要請に由来するとされる。これに反対してドゥルーズ＝ガタリが検討している例は、ことに重要である。二人はそこで、国家装置のパラダイム的―専制君主的な極から離れた、諸々の遅れた状況に目を向けている。それら状況は、自分たちの利益や、私的所有のために国家装置から分かれ、これを利用している支配階級に好都合のものである。しかし、二人はここでさらにひとつのプロセスについて証言している。私的所有の問題から独立していた古代の諸帝国もすでに知っていたプロセスである。たとえば、コリントスの僭主キプセロスが行った改革をあげよう。これにかんするエドゥアール・ウィルの研究は、一九七〇年来、フーコーが貨幣制度を商業機能としてではなく、儀礼、政治、宗教の機能として分析する際の着想源であったが[32]、それによれば、この改革は、負債の体制を一方通行にしつつ拡大することで、「貴族に対する課税と貧しい人びとに対する貨幣の分配が、貨幣を富裕者に還流させ」る方法となるようなメカニズムを明るみに出している。贈与／対抗贈与のこうした奇妙な国家的パロディ――交換の零度あるいは「小さな負債」を廃止しながらおのれの基礎を改めようとする国家の婉曲語法――においては、実のところ貨幣制度や貨幣機能は、つぎのようなサイクルのなかで直接的に規定されて姿を現す。このサイクルによって商品交換システムが開始するのは、ただそれが負債関係を無限にするからでしかない。「a．世襲貴族の土地の一部が没収され、貧しい農民に分配される。b．しかし同時に、追放者に対する差し押さえにより、金属のストックが形成される。c．これらの金銭そのものは貧しい者に分配されるが、それを損害賠償として、かつての土地所有者に与えるためである。d．こうして、かつての土地所有者は税を金銭で収め、貨幣の流通・循環と、財とサービスとのあいだの等価関係が確立される」[33]。

E・ウィルの研究が範例的であるのは、税が、貨幣形式を通過することで、権力装置による貨幣の管理、発行、分配と分離不能となることを示しているからだ。またこの分配は、原理的借金を生み出すという条件のもとで実施される。原理的借金とは、一方で、貨幣が国家へ戻っていくということであり、他方で、財やサービスが金銭と等価に置かれることで、この貨幣流通の外ではもはや扱えなくなることである。理由の順序は、論理的にも、歴史的にも、つぎのようではない。交易の発展→交換価値の一般的等価物の必要性・そのための通貨原器の登場→国家の徴収様式が自然な形から金銭の形に変化。以下のとおり、反対である。金銀ストックの構成→流通システムの創設・そこでの地代、財、サービスの等価化・発行による金銀ストックの通貨機能→貨幣形態をとった交換価値の実際的流通・そのシステム条件としての貨幣流通と交易取引の国家管理。税は貨幣の原初的形式であり、貨幣を媒介とする市場の基底条件である。これは、先ほど出くわした概念的公理の応用のひとつだ。社会形成体が定義されるのは「機械状プロセスによってであり、(これらプロセスに依存する)生産様式によってではない」。いまの場合でいえば、「国家が一定の生産様式を前提とするのではなく、逆に、国家が生産をひとつの「様式」にするのだ」[34]。『千のプラトー』では、その帰結が引き出されている。金銭は、他の諸々の機械状プロセスによって、また、捕獲の国家力能と共存、条件付け、衝突の関係にある他の諸々の力能形式のもとで、新たな交易的力能記号として利用されることになる(都市の極化作用形成体、全世界的包括化形成体、はては遊牧的形成体においても、金銭は遠距離交易の際に、国家形成体や帝国形成体とのあいだで一役かう)。あるいは国家による超コード化に対し相対的に自律した銀行事業や商業事業に登場する。はたまた、他の諸力能のために無限負債の国家レジームを逸脱させることさえありうる。だが、交換価値の一般的等価物としての貨幣形式が、そうした歴史から出てくるのではない。反対に、この歴史から絶えず漏れてくるのは、権力の操作である。権力操作を基礎付ける交換ではない。交易における使用を機に始まるのではない。少なくとも商業的な自律的モデルを有してはいない」。金銭が商品交換においてひと役を担うようになるのは、交換価値すべての表現形態の並びから選ばれた旧‐商品としてではなく、商品らを国家に従属させるための政治経済的な道具としてである[35]。貨幣は税に由来するが、ただし条件がある。国家が貨幣を通じて市場領域を構築すること。このとき市場領域は、その構造それじたいのうちで直接的に、独占的に領有され、国家管理に従属し、また国家の負債を無限化するべく利用されるのだ。

こうしてまたも捕獲のダブルバインドが見出される。相対的比較と独占的領有があるだけではない。もっとも重要なのは、比較可能なものの領野に構造的に含まれた独占的領有の想定なのだ。貨幣は交換価値の比較の道具または手段であり、客観的価格として表現されうる。しかし、それは貨幣が税に由来するかぎりでのことでしかない。税が金銭、財、サービスの等質化を実行する。いい換えるなら、一般的等価性の領野を生み出すのである(この領野は、等価物の比較測定手段としての金銭が表現および想定するものだが、金銭が生み出しているわけではない)。こうして税が直接比較と示差的徴収を可能にする。この意味でこそ、税は交換の「閾」あるいは新たなシステムの零度を構成するのである。交換価値の超過構成部分に対して税の徴収が行われる。それによりこの超過部分は、価格システムの会計上の客観性のうちで、そこに追加される税の価値として表象される。だがこの超過は、諸々の価格の客観性を可能にする基礎要素でもある。ゆえに税とはじっさい、あらかじめ決められた価格への追加要素ではなく、むしろ「「客観的」価格の基層である。この貨幣という磁石へと、他の価格要素である地代や利益は、同一の捕獲装置のなかで、付加、付着、吸着していくのだ」[36]。剰余労働の場合に見たとおり、領有は差異または過剰に向けられるものであるが、過剰は「正常な」限界の「後で」やってくるのではない。反対に、過剰が規範の構成を内的に規定している。規範のうちには常にすでに過剰が含まれている。それゆえに「捕獲メカニズムは捕獲が実施される集合の一部をすでに構成している」[37]。

ストック形式とその捕獲プロセスにかんするこうした分析により、こうして自己前提構造（およびマルクスのいう「自然的な、または天授の諸前提」）の唯物論的解明がもたらされる。この構造が特徴づけるのは、もはや包括的に考察された国家‐形式ではない。この構造じたい、国家の物質装置どうしが、個別の規模で、あるいは作用の収斂点で有する記号論的な働きに依拠している。この構造は、思考と集団実践のテクノロジーのうちで身体や領土、財、記号、活動、流通を登記するメカニズムに左右されるのだ。もし国家が、ちょうど国家の物質装置の登場に常にすでに必要なひとつの「理念」であるかのように、おのれを自己前提しているように見えるなら、それはつまり、それらの装置の構成のうちで差額地代が絶対地代を前提し、生産労働が剰余労働を前提し、貨幣市場が税を前提している、ということなのである。国家は物質的フローつまり人、土地、財、記号の流れの捕獲を捨てはしない。だがこの捕獲はたんに、これらの事物の経済的ないし法律的な領有からなるのではない。第一に捕獲は、これら事物の客観化、特定、同一化の様式を構成することをいう。そこでは、ちょうど国家による徴収や領有が、客観的には、それら事物の「自然」そのものに書き込まれているように見える。フーコーが強調するように、じっさい、権力を剥奪、徴収、強制のシステムのような否定的操作としてのみ分析することができないのだとすれば、やはりこういわねばなるまい。国家権力は徴収や領有を行うだけではない。国家権力はなにより徴収が実施される空間を構成することから始めるからだ。国家権力による減算は、そのとき客観的には、社会現象の構造に書き込まれているように見えるのだ。徴収や強制は捕獲のダブルバインドの一契機でしかない。それもはかなく消え去る契機でしか……。国家の貢献とは社会的客観性を生み出すことにある。この生み出された客観性は必然的に国家の管理下に置かれ、国家に領有されることとなるだろう。この循環が閉じるとき、国家そのものが、みずからの強制力が具現するこの客観性の内部において、絶対的な必然性を獲得する。そして限界においては、事物秩序の匿名的な規範性のうちで、それじたい消え去るのだ。このように、自己前提構造は非常に特異な独占の働きを規定していることがわかる。国家による独占（「合法的な物理的暴力」のみならず税の徴収、領土の境界、居住権の最終規範など）は、数ある独占現象のひとつなのではない。独占というパラダイムそのものである。ならばこのとき独占とは、独占者が事物にかかわる際の関係に対する外的な可能性ではなく、事物の内的特性として、事物の内的用途として姿を表す。この意味で独占にはフェティッシュの構造がある。独占は国家‐形式の「見かけの客観的運動」の主要な効果なのだ。国家的フェティッシュ。独占という事実は、基礎的フェティシズムである。

捕獲と主権性——暴力をめぐる国家的経済と国家的非経済

合法的な物理的暴力の独占という国家の定義は、ひとつの円環のうちに書き込まれている。そこには、国家およびその暴力との関係についてのすでに「国家化」された思考が証言されている。この独占はじっさい、国家のみに実施可能な暴力のことである。それゆえ、わざわざこの暴力は合法であると付け足す場合、この説明は、綜合的ではなく分析的なのだ。つまり国家権力の独占に追加される限定条項ではない。独占化と合法化が相互参照により互いを強めるようなトートロジーの輪を、固く締めているのである。「非合法な暴力」の独占では、言葉として矛盾していよう。ルソーがいう最も強き者の権利という考えと同じく支持しがたい。逆にいえば、国家暴力に異議申し立てするとしたら、暴力についての合法化の批判と独占化の批判をつなげ合わせ、これを違法化する権利と対抗暴力の事実とのあいだに橋渡しをしていくほかに、なにがあるだろうか。

この状況は本質的に、近代的条件においては、「法治国家」との関連で価値を持つだろう。ドゥルーズ＝ガタリにとって、この状況は国家‐形式それじたいのうちに書き込まれている。国家‐形式が主権的権威の中心問題を規定するからである。つまり暴力と法との（制度化可能で独占可能な）国家的節合という問題である。近代国家はこの問題を、国家権力の合法化と違法化の新たな弁証法に応じて、またこの弁証法を通じて圧縮される、捕獲プロセスと他の諸力能とのあいだの葛藤的節合に応じて、再発見しているにすぎない。この問題の解明のために、捕獲によって主に動く社会形成体にとって特有な限界の働きを、先取り‐祓いのけメカニズムに含意される限界の序数的・セリー的経済と対照することとしたい。それらは、暴力を扱い、「経済的にする」異なるふたつのやり方である。経済的にすることとは、暴力をなるべく使わないようにすることではない。質的ないし構造的に異なるふたつの仕方に従って、暴力行使の方法に限界設定を働かせながら暴力を制限することである。

ストック形式と主権形式は、国家による捕獲のふたつの首である。どちらも、国家独占についての、法律的のみならず構造的な規定を必要とする。そのためにこそ、ドゥルーズ＝ガタリはG・デュメジルによるインド＝ヨーロッパの「三機能イデオロギー」にかんする古典的分析に立ち戻るのである。神話そのものに戻るためであるよりは、社会・政治科学において現役の知性構造を、神話のうちで引き出すためである。それら社会・政治科学は、先ほど経済の平面で引き出した進化論的アポリアを、法律－政治的平面の上に見つけている。[38]その証拠に、社会学にも法制史にも、つぎのような科学的神話がある。いわく社会的暴力は、それ専用の制度のなかで専門的に実施されるような方向で進化してきた。社会的暴力が徐々に独占されるにつれ、その規則や手段、目的の合理化が目指されるようになるが、これは国家暴力が法治国家の制度のなかで自己制限する傾向に即して進められた、と。その法学版でも、経済や政治の場合におとらず、こうした進化論的図式によって国家起源の問題は解決されたと想定されており、また同時に、この解決のアポリア的本性は抑圧されている。この図式はこうして、国家的トートロジーの客観的働きと、諸国家の歴史におけるその構造の永続性やその種別的効果の慢性的暴力とを、同時に否認するのだ。しかしまさしく、この進化論的神話、そしてこの否認は、神話学によって絶えず演出されている。国家による暴力の法制化という政治学のライトモチーフは、デュメジルがあきらかにしているように、「主権機能」の規定構造に属するものでさえある。太古の神話表現や後代の書き直しにおいて、主権機能の同じ二元性が対峙させられている。ある時は互いを補うものとして、ある時は対立するものとして、ある時は進化として。つまり、一方で恐るべき主権者の姿、「縛め」や「魔術的捕獲」により動く魔術－宗教的力能があり、他方で穏やかな平定者としての主権者の姿、規則と義務の尊重により動く法学者的力能がある。後者は暴力の「文明化」のエージェントであり、前者の極はそれを免除されていた。ヴァルナとミトラ、ユピテルとマルス、ロムルスとヌーマなどなど。こうしたイデオロギー構造のうちで法が姿を表すのだが、そのとき法は、両義的な関係だとはいえ、やはり魔術－宗教的な型の主権的身ぶりと切り離せない。太古の法以前の時代を調べる歴史家たちは、なんども この身ぶりの痕跡に出くわしている。これに照らすと単純な進化論的な考えは揺さぶられる。ある力能の象徴的な影響力に支配された時代から、規則が形式性を通じて義務を帯びるようになり、実証主義がこの義務の価値を満たすような時代へわれわれが進んだとするような進化論では持たなくなる。たとえ主権性の第二の極、法律的で市民的な極が第一の極に対立し、「縛める神」の主権的暴力の代わりに規則と公正の義務とに基づく平定的主権性を置くのだとしても、この第二の極には、必然的にこの根本暴力が前提されており、この根本暴力なしにはそもそも設立の可能性も見出さない。第二の主権性の極は、暴力を抑圧するまさにその瞬間に、すでになされたものとしてこの暴力を前提する。さらに、この暴力の座を奪うまさにそのときに、この暴力の永久効果を前提する。[39]なぜなら、暴力を法典としてコード化すること、法規則の条件のもとで暴力を限界づけることは、暴力の社会的意義の破壊という先行的操作を前提しているからだ。そこでは、暴力が社会的事象としてもはや現れないと想定されている。暴力の無媒介の集団的意義を打ち壊す「脱コード化」があって初めて、暴力は、規範的言表行為の対象になることができる。法律的な言表行為がそうであるように、この規範的言表行為もまた、社会実践やそれと関連する種々の規範の由来の集合から、相対的に自律している。暴力の法律的コード化は、暴力の主権的脱コード化、脱社会化を前提にする。暴力は社会的な関係様式としてもう現れない。独自のコード、規則、儀礼を備えた、社会関係の構成的次元として現れるのをやめるのである。

暴力のそうした非法律的コード化こそ、クラストルがグアヤキの戦争制度の極めて強制的で儀礼化された働きを分析することで示してくれるものの筆頭である。この働きは経済的働きと呼ぶべきだろう。つまり、暴力の社会経済に統合された働きなのだ。この働きにより、戦争暴力――この暴力をこそ帝国はインカ的平和（パクス・インカイカ）を押し付けるために絶えず壊そうとしている――は見かけ上の相互性によるシステムに書き入れられる（女や財や記号を交換するように、一撃、一撃を交換するわけである）。そこでは力動的な不均衡によって、ひとつの閾が祓いのけられている。この閾を越えてしまうなら、この殴られ、殴り返しのやり取りは、勝ち星と負け星を数える蓄積システムへと急転してしまう。つまり戦争暴力の行使が資本化されてしまう。いまや他をかえりみずに、もっぱら一個人、一集団のみが利され、そこに勢力に勝ることや武器の威厳に基づいた国家型権力の場が胚胎することとなろう。一方、ドゥルーズ＝ガタリによる先取り‐祓いのけプロセスの観点からいうと、国家なき社会は、暴力の切片的でセリー的な経済を行っているのである。この経済はその社会的客観性においては、「一撃やられたら一撃やり返す」の形のもと表現される。つまり、勝利と敗北の蓄積のない見かけ上の交換である。交換や相互性は、この見かけ上の客観的運動にのみ属している。他方、水面下での先取り‐祓いのけのアレンジメントにおいては、くらわせる一撃は、くらった一撃と直接的に釣り合いを求められるのではない。他の諸々の一撃のセリーのなかで問題の一撃が占める位置との釣り合いが求められるのだ。この位置は、究極の一撃の先取りにより決まる。サイクルの再生産を打ち壊してしまうような一撃、つまり、社会構造を危うくする一撃、この構造の再生産に結ばれた暴力制度化様式を危険にさらしかねない究極の一撃である。[40]それゆえ、一撃ごとに先取りされるものとは、サイクルの再始動、あるいは新たなサイクルの開始の限界としての「最後の一撃」と、社会的アレンジメントの再生産を危険にさらす閾としての「究極の一撃」のあいだの微分である。一撃ごとの本性は非常に様々であろう。だが重要なのは依然、それらが暴力の社会経済へと綜合される際の、つまりそのセリー化における様々な特徴である。まず、限界と閾のあいだの、あるいは「最後」と「究極」のあいだの微分である。またこの微分が、セリーの比として、各項の比例と制限の規則をなすその作用である。そして、この微分を構成し、離接的に、つまり先取りされる限界と祓いのけられる閾とを離接しつつ、この微分を備給し、こうして水面下の社会的アレンジメントの循環的再生産を確保する評価作用である。さらに、そこに由来する暴力行使の、高度に儀礼化されコード化された特徴である。最後に、社会的客観性において暴力が身にまとう「見かけ上の客観的運動」、つまり、やったりやられたりの一撃の交換運動である。この運動には、極限へとエスカレートする可能性はなく、ただ、先取りの仕損ないの可能性がある。評価を間違え、すでに閾であったものをひとつの限界と取り違えてしまう場合であり、ただの破壊と思いきや、取り返しのつかない崩壊であり、究極的事故であったという場合である。

お分かりのように、ドゥルーズ＝ガタリにとって、こうした暴力の社会経済が国家暴力へと進化するわけではない。国家暴力が想定するのは、根源的に非経済的な契機であり、これが原始的な「一撃には一撃を」の座を奪い、その論理そのものを破壊する。国家の起源的暴力は非経済的なのだ。第一にそれは、特殊な形態の無制限化による。国家暴力が行うこの無制限化とは、たんに様々な序数的セリーの限界をこの暴力が超越するというだけのことではない。この暴力が、この限界を飛び超えて、それらセリーの閾を備給するという意味でのことだ。国家がこの閾を占めると、その意味と機能が根本から変化する。グループの破壊の閾として祓いのけられたものが、実定的に備給されるのである。血統のセリーにおいて「究極」という価値を担ったものが、国家創設における「最初」となる。サイクル的再生産における繰り返しの操作点として限界を機能させていたものは、ひとつの特異的行為、特異的一撃に場を譲る。第一三プラトーで繰り返される表現に従えば、一撃で生じる国家の暴力である。この暴力が「「一回それっきりで」、一撃に成功」[41]させたのだ。「国家装置は、不具や死さえも、あらかじめ存在させる。国家装置にとって、不具や死はすでにそこに存在するものであり、人間が不具やゾンビーとして誕生してくることが必要なのである」[42]。したがってじっさいのところ、それはセリーの質的要素としての「最初」

であるよりは、暴力の零度、基数集合の閾である。あらゆる暴力はその基数集合のうちで、「共通化」され始める。つまり質を失い、均一化される。どれも社会的意義を持たないという点から、それぞれ等価とされる。こうした条件のもと、暴力は、法規則の内部で、国家権力固有の新たな分配規則とそれ固有の葛藤にしたがって、再び差異化されるのである。

そのかぎりで「一回それっきりで」なされる暴力というこの閾を、たんに法にとってのよそ者と考えることは正しくない。この閾は絶対的外部性をなしているのではない。反対に、法そのものの零度である。それじたいは法律的に明文化できないが、法規則の文言領野を開いている内的な閾なのだ。まさにこの意味で、ドゥルーズ＝ガタリはそこにネクスムの形式を見出す。そのためにこそ、この古代ローマの法形式は、常に法律史家のあいだでの論争、一致を見ない解釈の対象となってきた。それほど、この法形式は、義務や責務のカテゴリーに還元できないものと見えるのだ。ネクスムとは、契約も、条件も、当事者どうしの同意もなしに、一方的な仕方で、資格の譲渡も割譲もなく、貸主や贈主の言葉だけに義務の力を縛りつける法律行為であったようだ。そこでは言葉は、魔術‐宗教型の象徴的実効性と切り離せないひとつの「力能」の表現のようである。(43) デュメジルはこの前法律的形式あるいは「準法律的」形式を、縛める神の神話的形象の光により再解釈しようと提案するが、それは、この「縛め」の特異性を強調するためである。この「縛め」が生み出すのは、権利と義務のあいだにどんな対称性も生じないような従属なのだ。まさに、結び付けることのない縛めである。捕獲は、縛める者と縛められる者の二人を結びつけてはおらず、その相互性はまだぼんやりと姿を現しているにすぎない。捕獲はあらためて、この相互性の枠のもとにおのれを再生産し、その効果を永続化するべく、交渉を始める必要があるだろう。〈縛める神〉、「恐るべき皇帝にして魔術師」は、戦場に降り立ち、敵方をひと睨みで麻痺させる。そして一撃で、突然固まったその場にいる戦士の勢力すべてをおのれに従わせる。ヴァルナやロムルスと同じく、「したがって、オーディンもまた戦うことなく戦場に介入するのを見ても驚くことはない。特にこの神は、彼が咎を認めた軍勢に対し、恐慌心を掻き立て麻痺させる。一語、一語、縛める言葉、「軍勢の縛め」を投げつけるのだ[44]」。法制史家ルイ・ジェルネがいうように、ネクスムは義務や責務の関係を構成するのではない。太古の「法以前」の宗教－魔術的象徴の実効性の様式に即して、根本的で瞬間的な「事物の変化」を被らせるのである[45]。神話はいう。それは動きを奪い、麻痺させ、石化すると。神話学はたんに、法理論にとって奇妙に謎めいたままの法律形式を物語調に解説しているのではない。反対に神話は理論化する。法やその諸関係の内的な舞台美術のうちに表象されることなく含まれるものを、理論化しているのだ。それは法の舞台の固定それじたいなのだ。

それゆえこの縛めには、非常に特別な暴力が含まれる。しかし、それが暴力的と形容されることはほとんどない。あらゆる抵抗を絶対的に不可能にしている暴力だからである。一方的この上ない従属関係を創始するこの暴力の非対称性は、あらゆる闘いの可能性を、無関係という関係のもとで停止させる[46]。その暴力は、敵勢力に向けられた力ではない。反撃や対立や逃亡の疑いのある別の力に及ぶ力なのではない。力関係を破壊する暴力、したがってあらゆる暴力を不可能にする暴力なのだ。この非経済的な意味において、この暴力はまた「起源的」ともいわれるべきである。国家の「起源のトートロジー」あるいは自己前提運動が国家－形式に刻む客観的にトートロジー的な次元を、これを最後とばかりに描き出しているからだ。この暴力は、最初の暴力を思わせる。だが、そこで前後が別れるような、同一と想定された時間においてではない。この暴力により創設される社会空間の型の永続的次元として、である（社会的平和であり、必然的に絶対平和の形式で表される。暴力すべてがそこで「一回それきりで」あらゆる社会的意義を奪われるからだ[47]。しかしこの次元において、暴力は一切の上演（*Darstellung*）、つまり客観的見かけを持たない。その結果、暴力は常にすでに起こってきた〔場を持ってきた〕が、暴力は決して「場」を持たない、ともいわねばならない。常に前提されているが、ただし排除されたものとして、である。つまり、「なかに」場を持つことはできないのだ。社会野の国家的平定は、必然的に最初の暴力を通じて行われる。だが、この暴力は、いわばその効果のなかに消え去っており、もはや「神話的に」しか、つまり、限界において決して生み出されたことのない起源的暴力の形象に遡及的に投げ込まれることでしか、姿を表さないのだ（デュメジルが参照される所以である）。

このように、ドゥルーズ＝ガタリも書くように、主権性のふたつの極の構造的関係（進化関係ではない）があきらかになる。前者から後者への「移行」に際して重要なのは、前進、つまり暴力の平定や文明化ではない。暴力の極めて特異な経済であり、これが両者のあいだの循環関係のうちで国家主権性総体の構造として規定されるのだ。ひとつの暴力が、社会的知覚から姿をくらますふたつの仕方のあいだで絶えず揺れ動いている。一方で、縛める主権者の魔術的暴力は、抵抗不能な暴力であり、無敵の一撃でなされる暴力である。それゆえ限界においては非暴力でもある。あらゆる反撃、対抗暴力を無化するからだ。他方、もうひとつの極、法学者で平定者たる主権者の極に目を向けると、彼は暴力を別の手管で不可能にしている。都市の規則としてこれを具現し、ポリスの要請に対応させる。そうして、政治共同体に暴力の使用を自己制限する能力が獲得されたと想定しながら、暴力をポリスに適した実践そのものにしてしまうのである。魔術的闘と法律的限界とが収斂していく作用は、このように先ほど見たダブルバインドの構造をまたも持つのである。それはふたつのはさみうちだ。一方で、常にすでにあり、かつ決してなかった暴力がある。この暴力はすべての非国家的暴力を、この位置づけえぬ暴力が築いた「平和」を脅かすもの、縛める主権者への挑戦であり、懲罰にかけられるものとして現出させる。他方で、法律としてコード化された暴力は、すべての非国家的暴力を、最初の違法行為として現出させる。法の暴力による制裁は、それへのダメ押しでしかない。以上のふたつのどちらかではなく、割合は様々ながらも、どちらもである。ただし、復活してくる暴力のすべては常に二重に解釈される余地があることになろう。一方で、起源的ネクスムに挑戦する暴力であり、報復として主権者のパラノイア的な復讐を招く暴力。他方で、法規則に背き、市民的平和の名のもとでの正義の制裁を招くような暴力。この構造には、例外どころか二重刑罰こそが、内的必然的効果として書き込まれている。起源的であり、かつ常に二度目。決して起こったことはないが、起これば常に合法的。このような国家暴力は、一撃、一撃ごとに勝利する。無制限になるもの、それは「平定的」暴力とあらゆる「暴力的」暴力のあいだの隔たり、距離である。国家暴力とあらゆる他の暴力とを分ける共約不可能性である。あきらかに、この共約不可能性それじたいに、ひとつの極端な暴力が潜在している。

かくしてわれわれは、主権性の国家的独占化と呼べるもののなかで暴力と法の関係が知性的に構築される平面の上に、ストック形式の分析から引き出された国家独占構造を再び見出すのである。結論にあたり、この構造の観点から、資本の「原初的蓄積」ないし「本源的蓄積」の観念を再解釈し、これにいっそうの理解を与えたい。マルクスはこの観念を『資本論』一巻で導入しているが、それは国家 - 形式が内包する自己前提の神秘と形式的に類比される「神秘」を解決するためだった。これから行う再解釈は、じっさい、ふたつの面でなされる。ひとつは類比的な拡張によってであり、もうひとつは、構造的、歴史的に両者を節合することによってである。このふたつの面をつうじて、機械状 - 史的唯物論の問題系は、ふたたびそのカテゴリーの具体的な分析的争点に向き合うことになる。

ドゥルーズ＝ガタリの関心を引いたのは、マルクスにより引き出された、国家権力すなわち国家による暴力と法の使用と、資本主義生産様式が歴史的に設置されたことによるその変形とのあいだの特殊な関係である。資本の本源的蓄積のプロセスは、歴史的に見るなら、特徴的な社会関係に先立ち、これを条件付けるものである。だがそこにはすでに国家と法の種別的作用が含まれている。この作用は「粗暴な力の使用」に反するものであるどころか、むしろこれを促進する。小農民階級の収用、共有財の私有化、浮浪を禁ずる法制と抑圧、給与を削減する法律、借金回路への強制挿入、植民地化……これら動員される方法のどれひとつとして、「国家権力、すなわち社会の集中され組織された暴力[48]」による搾取を免れるものはない。ただしこの暴力は、新たな生産関係が設置され、資本がいっそう多くの社会関係や社会機能を包含すると同時に、粗暴な形で現れるのをやめ、関係に内化される。一方、資本主義的生産様式がそれに適合する合法性のシステムへと接続されるとともに、この暴力もシステム化される[49]。その結果、「資本主義的生産様式のなかに入り込んでしまえば、盗む者と盗まれる者について語ることはもちろん、どこに暴力があるのかをいうことさえ困難である。そこでは労働者は客観的に丸裸で誕生し、資本家は客観的に「着衣」で、独立した所有者として生まれてくる。労働者と資本家をこのように形成したものは、資本主義以外の生産様式において作用するものなのだから、資本主義の枠内にとどまるかぎりわれわれはそれをとらえられない[50]」。確かに物理的な抑圧力を法治国家が独占するプロセスはある。しかしそれは、この抑圧力が、たとえば、飼いならさねばならなかった自然状態のような、あらかじめ存在した適用領野にくわえられるという意味においてではない。合法性のシステムのうちで抑圧力を独占することは、社会的諸関係のシステムと相互前提の関係にある。最初は無法的ないし脱法的であった抑圧暴力によって、社会的諸関係のシステムが構成されたが、その後、この暴力はシステムに統合され消え去ったのだ。さて、まさしくそこに、ストック形式において分析された捕獲操作が認められる。そこではマルクスの分析の射程が以下のように拡張される。「農業生産様式から生まれるどころか、それに先行する帝国的本源的蓄積というものが存在するからである。一般的に本源的蓄積は、特殊な暴力をともなって捕獲装置が組み立てられるたびごとに存在する。この暴力は、これをこうむる対象を産み出す、あるいはその生産を助ける。またそのことによって自分自身を前提とする」[51]。

こうしてまずは類比的な拡張により両者の分析のあいだにつながりが得られた。しかしこのつながりが返す刀であきらかにするのは、先ほど分析した国家暴力の経済が、近代法治国家のうちに内化されているさまであり、まさにそれは、近代法治国家が資本の蓄積過程に統合される運動それじたいによるということである。これについてマルクスはふたつの歴史的段階を区別していたが、もちろん国家権力が、その一方から他方へと後退するわけではない。むしろ逆である。だが、国家権力はその経済に複雑な変形をこうむる。この変形は抑圧的暴力の本性と役割にかかわると同時に、法律装置の様々な変化物とのかかわり方へも影響を与える[52]。本源的蓄積において、価値法則と資本蓄積に支配された経済構造のうちふたつの基本要素(独立した投資力能としての貨幣資本の形成、および「裸」の労働力の形成)が自由になるが、ただしそこには常に国家の非合法ないし無法な権力の粗暴で大量で連続的な介入がある[53]。さらにこの介入は、これらふたつの要素の結合それじたいを強制するのに必要である。しかしこの結合が「根を張り」、新たな生産関係がそれじたいでみずからの再生産条件を生産するようになると、それに続いて国家暴力が消失するのではない。国家暴力の経済は二重に変形をこうむる。第一に体内化による変形。直接的暴力は、まず生産の社会的諸関係へと、ついで国家権威によってこれを保証する法関係へと体内化される。その結果、この暴力は構造的となり、社会的諸関係の「規範的」秩序に物質化されていく。この秩序は、四季の移ろいほどにも意識されること少なく、マルクスがいうとおり、例外を除けば、粗暴な姿を表す必要もない（これらの社会関係が脅かされそうな時に限っては予防的対抗暴力として姿を表す）[54]。しかし移替による変形もある。すなわち、この暴力の体内化されなかった残余が、新たな法治国家という抑圧装置のうちに移し替えられるのだ。この抑圧装置の中心にて、暴力はもはや直接的暴力として現れない。あらゆる直接的暴力に反応する法の力、法外の暴力に対抗する警察力つまり「法の暴力」として現れるのである。

（前資本主義的生産様式のもとでの）資本の本源的蓄積から、（新たな経済構造内部における）本来的な蓄積へ。前資本主義的国家の暴力的合法性から、資本主義的法治国家の合法的暴力へ。こうしたふたつの段階の移行のあいだ、国家権力が抑圧的暴力をいっさい失っていないことはあきらかだ。重要なのはまず、主権的暴力のふたつの極が、近代国家の内的矛盾に応じて、差異化と分配を通じて行使されている仕方である。近代国家とは、国民（ネーション）の枠組みのもとにつぎのふたつを発展させる任を担う。まず蓄積過程に必要な生産関係、ついで世界的な分業体制と国民（ネーション）を超える資本運動とにより拡大する再生産関係である。さらに近代国家は、資本の価値増殖を担当する役目も担う。そのシステム的不均衡や危機を管理するため、政治装置、経済装置、法律装置がどのくらい社会化されているか、国家住民に対する不平等な包摂‐排除の機微、また対応する集合的抵抗の度合いを見つつ、社会的な反響を調整する。これと相関して重要となるのが、世界‐経済の様々な力関係に対して直接的に大規模な暴力が行使される際の不平等な働きである。この世界‐経済において、資本の本源的蓄積の諸メカニズムは、労働の国際的分業における各国家の位置取りや世界市場への国内市場の統合に従いながら、世界規模の資本の拡大再生産の定数として集約される。それにともない、人間はプロレタリア化され、集団的資源が略奪される。

非資本主義的な社会諸関係は破壊され、資本の諸関係のうちで強制的に社会化される。集合的領土性が有した社会人類学的論理は、労働力の可動性と固定化のあいだの矛盾論理に従わされる、などなど。[55]

マルクス的分析は、ドゥルーズ＝ガタリにとって、国家‐形式の分析を、はじめは保留にされてあったかと思われた歴史的視野へと、再び導入することを可能にしているだけではない。反対にマルクス的分析こそが、国家‐形式の理論が初めからその意味を有していた分析領野を裏づける。つまり国家暴力のふたつの極（分配的で統合済の極と「魔術的」でパラノイア的な極）の新たな分配形式をめぐる「機械状‐史的」分析の領野だ。そこでは国家捕獲そのものが、他の機械状プロセスの力能形式に従属している。資本化された「世界都市」に支配される都市的極化作用プロセス、そして世界資本主義形成体の「包括化」プロセスである。これらの機械状プロセス相互の現在の関係に応じて、国家がその三つの捕獲装置を改良する様を分析しなければならない。すなわち領土整備の様式、および土地の居住・開発の規範決定の様式。剰余価値の条件と規範決定の方法、および人間の活動全体に労働形式を押し付ける傾向への介入の方法。銀行・貨幣にかんする実践、および税による捕獲を、資本主義的包括化形成体の力能道具となった無限負債経済へと関係付けるやり方、である。

第二部　外－暴力——戦争機械仮説

第三章　遊牧論——戦争機械仮説へ向けて

第二部では、第一三プラトーの機械状‐史的プロセスの類型学に見つかる五つの力能カテゴリーのひとつ、「遊牧的戦争機械」カテゴリーについて論じる。これが示すのは、先に検証したふたつの型（先取り‐祓いのけとその「メカニズム」および捕獲とその「装置」）とは質的に異なるプロセスである。この新たなカテゴリーに賭けられているものは複合的だ。国家‐形式の対抗点として構成されるこのカテゴリーは、国家理性の批判の音頭をとるにあたり、国家権力の他律性を重視する。それにより国家の自己前提構造が問いに付されるというわけだ。しかしこの批判には、理論的、歴史的、政治的と様々に異なる意味がある。それゆえこのカテゴリーを、たんに結論として定まった形での定式化をもとに検証するのではなく、これが作業仮説として[1]推敲されるなかでの様々な局面を検証せねばならない。そのひとつひとつに、（人類学的、神話学的、歴史的な）経験的かつ理論的な特異性があり、そこから、哲学的かつ分析的‐具体的な重要性に見通しがつけられる。この仮説は、国家‐形式の自己前提の分解操作を実施するのだが、この仮説が組み立てられる契機について、ここで私はあらかじめ、三つの主要な区別を設けておく。その後、全体の流れをたどり直すこととしたい（第三章）。さらにその上で、ドゥルーズ＝ガタリが第一二プラトーにおいて「その仮説全体」の体系的説明と呼ぶものを捉え直すこととする（第四章）。

a／この仮説の組み立てが第一にかかわるのは、国家－形式に含意される戦争と主権性の関連である。そこでは、主権的力能に対する戦争力能の他律性が提示されて、国家－形式の批判が開始される。こうして第一部で分析された国家－形式のうちに、戦争力能がまるきり不在であったことがあきらかになるだろう。国家の物質的捕獲の三つの装置には、いっさい直接的に軍事的な機能は含まれていない。主権性のイデオロギー－政治的機能のふたつの極、ネクスムの魔術－宗教的力能と、法規則の合法的権力のどちらにも、正しくいうところの戦士の職権はない。この戦士の職権は、第一二プラトーでは、神話学的形象によってはっきり示されることになる。主権的機能に対したんに異なるばかりか、きっぱりと敵対的であり、主権の力能、主権の法に対する激しい挑発をそのものとして備えた形象である。「三機能イデオロギー」のうち戦争機能のこれ見よがしな特異性を論じたデュメジルの分析と、主権の先取り－祓いのけメカニズムにおける「野蛮な戦争」の役割についてのクラストルによる民族学的分析が重ね合わせられ、そこに新たな理論的実効性が見出される。[2] じっさいこの実効性は二重である。第一に、相対主義を概念的に制御すべく、機械状－史的概念性が再び動員される。それにより戦争が形式と意味を変える仕方が説明されるのだが、ただしそれはもはや「社会」や「文化」を参照するのでも、あるいはなんらかの社会的機能、文化的機能を参照するのでもない（たとえば戦争を経済的交換や象徴的交換の一バリエーション、あるいはその劣化形式としたり、二集団間で不可能となった交換の否定的形式としたりする場合）。むしろ、特定の共存領野における支配的機械状プロセスと従属的機械状プロセスとが参照されるのだ。その結果、この身ぶりは戦争機械仮説の措定へ至り、ひとつの新たなカテゴリーにより、機械状‐史的唯物論の充実が図られる。すなわち戦争力能は、支配的機械状プロセスや従属的機械状プロセスにしたがってその形式や意義を変えるだけではない。自律的機械状プロセスにより定義される特有の力能カテゴリーを、それじたいで構成していると想定されるのだ。ドゥルーズ＝ガタリは、その人類学‐歴史的審級化の典型を、中央アジア草原（ステップ）の遊牧民の戦士たちの巨大形成体のうちに見出す。ただしもちろん、これにすべて還元されるわけではない。先取り‐祓いのけプロセスがアメリカ先住民の人類学と同じでなく、また捕獲プロセスが「アジア的国家」と同じでないのと同様にである。

b／第二の局面として、この仮説の推敲のなかで、国家力能の領土化様式が問い質される。すなわち、国家が捕獲力能を行使する空間の生産様式である。その際、国家的領土性の他律性に重点が置かれる。この機会に見ておきたいが、三つの根本的国家装置のうちでも国家の領土化は、経験的‐超越論的二重体として機能する点で他と一線を画す。しかしまさしくこの特権は、みずからへの異論に対する反対推論によってのみ価値を得る。つまり、国家がみずから生み出して、そこを自分の権力行使の条件と領野とするような空間性は、捕獲力能によって生み出されるだけではない。異質な別の空間生産力能らとの、葛藤をともなう複合的な関係性に常に由来しているのだ。したがってそれは、国家‐形式の自己前提構造が閉じられ得ないという不可能性を、新たに政治的‐地理的に定式化したものなのだ。そうであるがゆえに、複数の機械状‐史的プロセスの類型学と、それらの外的、内的共存関係のトポロジーは、空間論理ないし領土化類型をめぐる類型学とトポロジーにより横断的に突き合わされることになる。これがじっさいに第一二プラトーで実現されていることである（命題五、命題八）。

c／仮説の組み立ては最後に、近代国家とその種別的な独占構造を歴史的‐概念的に分解することへと到達する。ドゥルーズ＝ガタリにおいて国家‐形式が自己前提構造によって定義されるとすれば、近代国家は、カール・シュミットの表現にいわく、この「なかんずく驚くべき独占、政治的決断の独占」により定義されるからだ。シュミットは歴史的に二重の帰結をそこから展開させている。まず、内的な敵対（封建的敵対性や宗派争い）の抑圧、あるいは少なくともそれらの「戦争」としての意義を中和し、私的な諍いに還元することで、相対化することである。他方では、外的関係の独占的領有、そして戦争を厳密な国家間関係の一様相に限定することである。つまりは二重の、あるいはむしろ二極的な独占構造。「内部」に政治権威の独占をはめ込み（内部空間を「ポリス」空間として脱政治化しつつ生産する）、「外部」に政治的意志の独占をはめ込む（国際関係を、主権的政治意志相互の承認関係としてコード化することを可能にする）。決定と政治関係の独占主体としての主権性が、正しく近代的なその姿を見出したのは、主権性、政治、戦争の三者がひとつの仕方で結ばれたおかげであったのだ。これに対して戦争機械仮説はまずつぎの点を確認する。つまり戦争機械は国家‐形式に内在しない。戦争は政治の内的様相のひとつではない。さらに仮説はそこから出発して、国家権力としての戦争を、歴史的系譜学を通じて見わたそうと試みる。この系譜学は、機械状‐史的概念性において以下のようにいい表わせる。それは戦争機械の力能が捕獲の国家力能に領有され、外的共存関係が内的共存関係へと変形していく様々な経路についての系譜学である、と。したがってそれは、国家力能が、逃げたり、楯ついたりする歴史的勢力との葛藤的相互作用を通じて発生するさまを描く異種発生論なのである。

この点で、戦争機械仮説の批判の射程は、近代国家の歴史とそこに規定されてきた政治概念の歴史性とに対する実効的な意味を担う。この仮説が寄り添おうとするのは、まずは近代国家の統合の条件をなした歴史的プロセスである（内部の文民的権威の独占と外部の戦争決定の独占とを結びつける領土的主権性の統合であり、これによって、C・シュミットがクラウゼヴィッツにならっていうように、国家化された主権性が、戦争の「前提」に実際上なったのだ）。しかしさらには、こうした統合の解体をもたらしたプロセスでもあり、そこでは機械状‐史的概念性のもと、遡及的に国家形成体の偶有性を考察し、さらには先見的にその歴史的有限性を考えることも可能となる。この有限性においては、ふたつのことが結びつく。一．内部において、「上位にある中立の第三項」としての主権国家に対し（別の主権性を立てるにせよ、主権的権威の原理そのものに反対するにせよ）反旗を翻した諸々の葛藤を政治化すること。二．外部において国家間の戦争を、主権性も国家捕獲もただの手段となるような利害関係や力能関係へ従属させること。この点から、戦争機械仮説が順々に反ヘーゲル主義、シュミット主義、ポスト・クラウゼヴィッツ主義、さらに「ネオ・レーニン主義」として読まれうることが説明されよう。直ちにつぎの点をいい足しておく。ドゥルーズ＝ガタリはマルクス＝レーニン主義の問題領野の外にいたのだと、頑なな否認の声があがるかもしれない。それでもやはり当時のイデオロギー的‐政治的力場、またそこで可能となっていた批判の布陣、移動、「退陣」の体系から果たして奇跡的に逃れられるかどうかについて、彼ら自身、その困難をもう少し鋭く意識していたようである。一九七三年に「戦争機械」という、まだ概念と呼べないこの用語が導入されたのも、まさしくこうした枠組みにおいてである。そこでは、議事日程にあがっていた「直接的な政治問題」が述べられていた。すなわち革命勢力の組織化様式の発明である。「党」を、国家の一機関という形に似せて作るのではなく、また捕獲装置の「自己想定的」組織化を真似るのでもない組織化の様式[3]。戦争機械仮説の推敲の曲線の他方の極、一九八〇年の第一三プラトーにおいて、ドゥルーズ＝ガタリはこう繰り返す。問題はいまだに「資本主義を倒し、社会主義を再定義し、世界規模の戦争機械に対して別の手段によって反撃できる戦争機械を作り出すこととなる（……）この戦争機械の目的はもはや絶滅のための戦争でも全面的恐怖としての平和でもなく、ひたすら革命的な運動である」[4]。したがって、明細もなしに清算するのではなく、この直接的政治問題がひとつのプログラムへと発展しえたという事実をこそ、問うべきであろう。そこではかなりの規模で、戦争の問題が、またさらに政治と国家、つまり近代においいて政治にコードや方法、規則、意義を与えてきた国家との関係の問題が、理論的に改訂されることになる。そのために、あらためて、かつてない仕方でクラウゼヴィッツの「定式」が問題に付されるだろう。その山場は、「大地のノモス」についての新たな理論の登場であり、そこではあらゆる機械状‐史的唯物論のカテゴリーが、力能が領土化される際の葛藤にみちた様々な様式の分析のために利用されることになる。

遊牧とその「機械」——大地のノモスと国家の領土化

「一二二七年——遊牧論あるいは戦争機械」。チンギス・ハーンが死んだ年を戦争機械の日付としながらも、重要なのは歴史的な始まりを定めることではない。中国学者のルネ・グルセによれば、遊牧の起源は、一体どこまで遡れるのか定かではない。その集大成『ステップの帝国』〔邦題『アジア遊牧民族史』〕のなかで、彼は新石器時代にまで遡るその痕跡について述べているが、だとすれば、遊牧的生活様式は、いわば東洋文明の歴史の裏にずっとあったと考えたくなるだろう[5]。おそらく、ドゥルーズ＝ガタリが遊牧を哲学概念として構成しようと試みた動機のひとつは、まさに文化をめぐる諸学問が非常にしばしば遊牧に両義的な普遍性を与えてきたことに由来する。この普遍性はむしろ否定的普遍性と呼ぶべきものである。というのも、極めて様々な民族学的・歴史的形式ではあるが、ほとんどの地域や時代で遊牧が知られている以上、遊牧とはしばしば、たんに定住社会と類的に異なる社会文化形式の全体としてのみならず、定住に先立つ状態としても考えられていたからだ。遊牧は、定住社会の前史というより、むしろその反歴史的な起源を示している。つまり「文明」としてのなにかが生じ、人類それじたいが自己文明化のプロセスとして生まれるために、抑圧し、飼いならし、支配せねばならなかった起源である。この自己文明化プロセスについては、定住化ないしゴードン・チャイルドが「新石器革命」と名付けたものが、つぎの諸々の条件を条件づけていた。つまり農業・工芸の技術発展や動物の家畜化による食糧生産の制御という条件。人間種の人口発展という相関的条件。書字の登場また書字に依拠する思考形式と象徴構造の登場という条件。都市形成体および最初の政治的統治形式という条件……ここでドゥルーズ＝ガタリは、進化論的図式とは逆に、遊牧を「起源」の条件ではなく、むしろ定住を放棄せざるをなくなった人口集団に生じる生成変化とみなすミハイル・グリャズノフの仮説に関心を寄せる[6]。しかし、この三〇年来、学者や学者気取りのあいだで語られてきた遊牧モチーフのインフレは、起源神話としての遊牧表象に異を唱えるどころか、起源神話の新たな変奏を生み出している。今日、国境の内部で、あるいはこれを超えて大規模な人口集団が、そそのかされ、あるいは熟考の上で、あるいは強制されて、移動を行っている。遊牧とは、こうした同時代的な移動形式の複合的な変形になんらか共鳴するところのある隠喩化のはずだが、この混沌とした側面を犠牲にして得られた遊牧モチーフの成功は、いまや起源神話を歴史の終わりの神話へと反転させようとしている。何世紀もかけて築き上げられた定住のくびきからあらためて解放された人間たち。彼らは文化的、社会的、政治的な領土を飛び立ち、地球空間を一般化した遊牧化の空間へ作り変えようとしている、良かれ悪しかれ……[7]。ここでつぎのことを思い出しておくべきだろう。遊牧の否定的普遍性が、文明的定住性の出現のために抑え込まれねばならない起源として考えられた時、それは必ず、「外」から絶えず回帰するものともみなされている。この「外」では、歴史的な大寓話と黙示録的幻視との婚礼が取り結ばれている。定住化の始まる農村に押し寄せて王朝を揺るがす蛮族の侵略しかり。一九世紀のブルジョワ的な幻想譚にとり憑く恐るべきプロレタリアの群族しかり。勤勉で熱心な耕作の収穫物を定期的に荒らし、帝国の町々を襲撃し、文明全体を乱暴に終わらせる、そんな遊牧は、常に定住者たちの妄想でもあり続けた。「万里の長城」でカフカがその物語を幻覚している——「あきらかに北方の遊牧民たちだ。王城の地は国境からずいぶん遠いというのに、まるで不可解なことながら、彼らは深くここまで押し入ってきた。すでに堂々と居すわって、みたところ日ごとに数が増えていく(……)」〔『万里の長城ほか(カフカ小説全集5)』池内紀訳、白水社、二〇〇一年、二九七頁〕。逆にいうならば、定住化とは思考の定住化でもあり、そこでは遊牧を考えようとしても、文明が欠けていることをいう剥奪的視点をとるか、さもなくば文明破壊の脅威であることをいうパラノイア的視点をとるほかない。なぜなら、諸条件の条件である定住にともない獲得されるのは、文化の蓄積、つまり知や技術や記号や財の蓄積であるより、もっと根本的に、それらの共有可能性の条件であるからだ。空間の形式である以上に時間の純粋形式であり、ありうるすべての蓄積の形式的条件としての歴史性なのだ。もしかするとここには逆説があるだろう。つまり定住化は、空間を征服して切り開くものであり、そこから、空間の支配、その馴致、その整備の規律、その資源の開発の歴史は始まる。だが多くの点でこれは空間の抑圧、あるいはむしろ排除(フォルクリュジョン)——「外部への閉じ込め」——でもある。それゆえ、その外部性が戻ってくるのは、いわば二重化した外部からでしかない。もはや内部と関係していないがゆえに、絶対へともたらされた外部である。(相対的な内外の区別と分配の形式としての)空間のなかの外部ではない。空間そのものの外部である。ブランショが『終わりなき対話』で砂漠の空間、遊牧空間、さらに「外」と呼んでいたものである。反転した反省性（レフレキシヴィテ）によって、空間的外部がおのれに向かい、おのれの「外」に出るのだ。それは関係解除の力能としての屈折（フレクシオン）であり、同一性を解く鬱血（フリュクシオン）であり、流出（フリュ）である。(8) 文明についての西洋思想では、こうした空間の外的意味についての逆説が強く意識されてきた。また、この逆説を減らそうとすれば、遊牧民についてそうしてきたように、この空間についてますます剝奪的な視点から特徴付けていくほかなかった。このことは重要である。「ない社会」をあげつらうことにかけては、遊牧民らに心配は無用だ。書字がない（あるいは他所から借りている）。都市がない。国家がない（あるいは、征服した人びとを管理できない）。歴史がない。宗教がない（あるいは初歩的宗教に甘んじている）。

ドゥルーズ＝ガタリは遊牧を哲学概念として構築し、さらにこの概念が意味を担う問題系（戦争機械の「遊牧論」）の地図を描いたが、そのことは、文明の思考で利用される上記の図式に対する、複雑な仕方での介入なのである。そこに動員された人類学的、歴史的な特異性には、独特な価値が付与されており、またその意味は、概念的文脈、論証の文脈に応じて変化する。なぜなら、こうした遊牧論には、遊牧民の社会や文化をより「客観的に」理解させようとする意図などないのだから(9)（もしそれがしたいなら、あきらかに、もっと根拠のしっかりした議論が他にあるだろう）。先ほどの二種の知覚に囚われずに遊牧を理解することも目的ではない。そのふたつは、実のところ、過度な知覚であった。定住的思考による幻覚的な投射と、ブランショ的な「外の思考」における思弁的な消尽である。『千のプラトー』における遊牧概念の操作は、これらふたつの知覚を互いに拮抗させるのではなく、むしろ互いに含ませあいながら働かせるひとつのやり方である。ドゥルーズ＝ガタリは、遊牧論の幻想的ないし想像的な価値を端的に追いはらいはしない。反対に、少なくとも部分的には、この価値にとどまって仕事をする。(10) この観点からいって、遊牧論は分裂分析的プロセスなのだ。そこに必須にともなう視野反転を通じて、遊牧論は、定住化された思考の想像的かつ幻想的構造の分析子となる。そこでは最終的に、われわれの知性運用論である暗黙の定住化を重層決定している国家－形式の機能が分析される。しかし、その場合でさえ、遊牧論は、思弁的平面上で、人類学における遊牧と定住の標準的対立をずらすような振る舞いをする。ドゥルーズ＝ガタリは遊牧民と定住者とを対立させていない。遊牧民は国家に対立させられているのであって、この国家は、定住によって定義されるのではない。まずなによりその内部性の形式によって、あるいはヘーゲル的な意味でいうその概念によって、つまり自己前提構造によって定義される。この構造は、時空間の種別的処理の源である。すなわちそこから領土性による捕獲技法が発展するのだ。この領土性の内部では国家が、必然的に唯一の「主体」として現れる。[11]

人びとは歴史を書く。だがつねにそれを定住民族の視点から、そして国家という統一的装置の名において書いてきた。たとえ遊牧民を語るときでもやはりこの装置が動くのだ。欠けているのは遊牧論であって、それは歴史に対立する。[12]

戦士とは、軍務さえも含めたすべてを裏切りうる人間、さもなければ、なにも理解しない人間なのである。ブルジョア的かソヴィエト派であるかを問わず歴史家たちは、こうした否定的解釈の伝統に従って、チンギス・ハーンをなにも理解しない人間として説明しようとする。彼は国家を「理解しない」、都市現象を「理解しない」というわけだ。いうはやすしとはこのことである。国家装置に対する戦争機械の外部性はいたるところで露呈するにもかかわらず、この外部性を思考するのはそれほど難しい。戦争機械は国家装置の外部にあると主張するだけでは不十分である。戦争機械を純粋な外部性の形式として思考しうるのでなければならない。それに対して、国家装置は内部性の形式を構成し、われわれは習慣的にこの形式をモデルにしている。[13]

この第二の平面上で、ドゥルーズ＝ガタリは遊牧論を、「純粋理念」ないし「純粋な外部性形式」としての「戦争機械」によって説明する。これは、国家的内部性形式に異を唱え、その歴史性様式、領土性様式に背反する。またそのため、国家の視点から具現化されるときには、いつも破壊の起動現象としてである。それは、政治史の閾を超えることもなく、また諸々の政治的力能の領土的共存の秩序（カール・シュミットが「大地のノモス」というもの）を同化することもない。チンギス・ハーン的なシークエンスが、ドゥルーズ＝ガタリにとって紋章としての価値を担うとすれば、それは巨大な帝国形成体が、その文明時代にありながらも内に遊牧的戦争機械を含みこんでいるからであり、まさにそこに形式的外部性と物質的破壊の二重の関係があるからなのだ。さらに、彼らが「プロセス」としての戦争機械に対応させる力能形式がどのようなものか、見ていこう。このとき、さしあたり重要なのはつぎの点に目を留めることだ。つまり二人は、国家の物質的な廃棄や破壊の過程よりも、戦争機械を定義する形式的外部性の関係を優位にあつかっている。前者は後者の帰結でしかない。もちろん必然的な帰結ではあろうけれど。なぜならば、この点だけでも十分、遊牧論が国家中心的視点に課す視野反転をあきらかにしているからだ。またひるがえってこのことのために、合理的国家の大思想家たちは、国家的合理性の発展という視点からにせよ、あるいは国家的力能同士の関係の法的‐領土的コード化という視点からにせよ、遊牧民族に実効的な政治意義を認めることができない。ヘーゲルにとってであれ、シュミットにとってであれ、遊牧は、歴史を作ることにも、国家を作ることにも、「ノモス」を作ることにも失敗する。しかし、それが失敗するほかないのは、まず国家的内部性形式の視点によると、どうしても外部性の形式関係よりも、破壊の物質的過程に優位を与えねばならないからだ。そこでは外部性形式は、形のない偶発的な暴力へと還元される。いかなる実効性も持たず、歴史の芥として滅びてゆくほかない暴力であるとされるのだ。国家はこうして、みずからが関係を持つ他の諸国家のみを、実効的外部性として認知する。国家の外部性は常に、その内部性の形式と相対的であろう。いや、この外部性はやがて内部性の形式そのものとなり、最後には国家の十全な普遍性にまで展開する。それゆえにヘーゲルは、『法哲学原理』で、遊牧民に戦争を仕掛けることはできないと述べることができるのだ。その理由は、まさしく戦争に政治的合理性を与えるのと同じ理由である。つまり国家の合理的概念にその内的意義を与えているのと同じ理由なのである。シュミットもある意味で異なることをいっているのではない。ただし彼は、「大地のノモス」の観点から、その正しく空間的な意義を説明しようとする。ついでとばかりに遊牧的力能形成体に話題を広げるとき、シュミットはただ三つの形象しか考えていない。あるとき遊牧は、移住が一時的に取る見た目に過ぎず、やがてこれは、帝国や国家の諸力能のあいだで、新たな領土的秩序が生じるその源泉としてあきらかになる。またあるとき遊牧は、それら形成体のひとつにおのれを統合することで、おのれの歴史的宿命を見出す。最後に、上記ふたつの出口を拒絶する場合、遊牧は「すぐさま独りでに消えていく単純な暴力行為」を生じせしめる。[14] いずれにせよここで問題となりえないのは、政治、歴史、法制の点で重要と判断された諸々の力能どうしの共存空間の等質性である。この等質性の基礎は、国家概念の発展のうちにあることもあれば、「土地取得」(*Landnahme*)という法律的 - 政治的概念のうちにあることもあろう。ヘーゲルの場合、国家の複数性は、国家概念の普遍性と矛盾しない。それどころか、この複数性とは、国家概念がその合理性を実現する方法である。国家間関係は、そこに偶然や恣意や暴力がともなう場合も含め、国家概念に内的な否定性の諸関係に回収される。その普遍性はひとつの内部性を十分に定義する。しかしさらにこの内部性が、主権性の外部領野を「相互承認」空間として満たし、そのとき戦争もこの相互承認の一様態となる。そこに形式的外部性はない。国家的内部性の形式には外がないのである。シュミットの場合、この等質化と普遍化の操作は、「土地取得」概念に回収される。すなわち、取得した土地に対応した領土分割によって構造化される共存秩序を構成する力能行為であり、ゆえに法律的形式化をもたらし得るような行為である。もちろん、「土地を取得した」それぞれの力能の共存秩序には、外部性の領域（ミリュー）が含まれる。やがて万民法によって「自由地」や「自由海」として定義されることとなる領域である。さて、この外部性が自由と呼ばれるのは、そこを領土化し主権を及ぼす力を有した捕獲力能から相対的に見てのことに限られる。自由な土地や海には、「自由な略奪の自由な場[15]」であるような自由しかないのだ。

ただ視点を切り替えるだけで、こうした国家性の自己前提的円環から出ることができる。合理的国家概念では考え損なわれてしまうもの。あるいはむしろ、合理的国家の統合-普遍化の機能を維持し、国家間の主権意志どうしの討論の（政治的、法律的、外交的、軍事的）舞台設計（セノグラフィー）を守ろうとすれば、必ずや排除されるもの。それこそは、所与の歴史的・領土的領野における力能諸関係の異質性だ[16]。機械状-史的唯物論は、先に見たとおり、力能形式の多元論に基づくがゆえに、歴史-政治的な共存領野同士の還元不可能な異質性という概念に訴えることができる。またそれにより、形式的外部性を主題として論じられるようになる。すなわち国家-形式から外れ、ひいては等質なひとつの内部性に浸りきった国家間関係からも外れた外部性を、ひとつの力能として肯定するのである。まさにこの力能が、この外部性の実定的本質をなすとしながら。それゆえ最後に機械状-史的唯物論は、物質的な破壊の関係に対する、形式的外部性の関係の優越を確保することができる。まさにそこで、戦争機械の非決定性の実定性が、戦争そのものとの多価的関係から開始して説明される。「第一の重要な理論的要素は、戦争機械が非常に様々な意味を持っているということであるが、それはまさに戦争機械が戦争それ自身ときわめて多様な可変的関係を持っているからである」。というのも、戦争機械じたいは、国家権力や、紛争状況にある国家間の関係を表現しているわけではないからだ。「戦争機械は一様に定義されないし、増大する力の量とは別のなにかを含んでいる」[17]。国家中心的視点は、歴史的‐政治的な決定のすべてを、国家概念内部における差異化と否定性の運動のうちに位置付ける。そのとき非決定性は、形式の欠如として知覚されるのだが、ひるがえってこの非決定性は、外部性形式から見ると、本質的に可塑的で変形可能な過程としての実定性を担っているのだ。不定形の実定的力能とは、形式の不在ではない。ちょうどデュメジルが分析した戦士の神話学的形象のごとく、変身なのである[18]。その結果、究極には、どんなものでも戦争機械に力を貸すことがありうる。「産業上の革新」、「技術上の発明」、「商業上の販路」、「宗教上の創造」。それらは、国家や国家間関係の倫理的全体性のうちで意義を有するかぎり安定しているが、いったんそこから外れれば、国家的捕獲に対して形式的な外部領域を実現することになる。つまり、内部性の普遍的領域であるような諸国家のモザイクに混じらない領域が開けるのだ[19]。

つまり、「戦争機械」の力能を自律的プロセスとして取り出すからといって、この力能を戦争によって定義しようというのでは、いささかもないということである。戦争は人類学的、社会学的、あるいは政治的現象ではあるが、常に互いに異質な機械状プロセスの共存領野によって規定された現象であり続ける。いずれかひとつに「固有」に属することもないのだ（たとえばクラストルが分析した「野生の戦争」は、国家捕獲の先取り‐祓いのけプロセスに従っている）。この力能に固有の対象を、ドゥルーズ＝ガタりは、遊牧的「ノモスの構成」として特定している。つまり空間のある種の生産ないし備給である。もちろん、戦争機械をプロセスとして定義し、その実定的内容を「遊牧的」と規定しようとすれば[20]、遊牧は必定、その担う意味を変えてしまう。非人類学的、非民族的であるが、まさしく領土的であるような遊牧概念を構成することになるのだ。そのときこの概念が定義されるのは、「戦争によってではなく、時空間を占拠したり、そこを満たしたりする一定の方式によって、あるいはまた新しい時空間を作り出す方式によって[21]」である。したがって重要なのは、ドゥルーズ＝ガタリにおける遊牧の身分をはっきりさせることだ。グローバルヒストリーの視点からすれば、ステップの遊牧民たちが戦争機械を発明するのは、帝国形成体あるいは国家形成体の外部性形式としてである[22]。概念的構成主義の視点からすれば、様々な遊牧民についての民族学的研究や歴史研究は、比較と照合によって、このような機械のプロセスに適したひとつの内容（空間生産の弁別的集合）を作り上げることを可能にする。エコロジー、経済、技術、芸術にかんする実践は、「遊牧論」の人類学‐歴史的な内容を形成し、遊牧的「領土原理」の定義（「平滑空間」）の起点となる経験論的特異性を組織する。最後に、機械状‐史的唯物論そのものの視点からすれば、遊牧は、この機械状プロセスの現実化であり、その種別的な力能形式の肯定である。国家の外部性形式を生産すること。国家の領土的捕獲を失敗させるような空間を占拠ないし「保持」すること。そして、国家の領土的捕獲を免れる、ないしそれに逆らう集団的アレンジメントに入ること、である。この領土的決定が、遊牧を（そこに欠けていると想定される都市性や国家性によるのではなく）実定的に定義する力能形式を説明する。同時に、その帰結として遊牧民の概念は脱民族化される。そして、歴史研究や民族学研究の枠で定義される現象とは別のものを考えるために、比喩的でない仕方で使用できるようになる。「本質に照らしていえば、秘密を握っているのは遊牧民ではない、――芸術的、科学的、

「イデオロギー的」な運動も潜在的な戦争機械たりうるし、それはまさにそうした運動が系統流と連動しながら存立平面と創造的逃走線と移動のための平滑空間を描く程度によるのだ。遊牧民がこういった特性の総体を定義するのではなくて、遊牧民と戦争機械の本質の方がその総体によって定義されるのである」[23]。

遊牧的戦争機械の仮説は、国家-形式の権力蓄積が含意するタイプの領土化ないし空間生産を問い質す。したがってこの仮説は、本書第一部の分析に従えば、捕獲の物質的装置の理論に取り組むと同時に、力能と法との主権性関係についての理論にもかかわる。なぜならまず、三つの国家的捕獲装置のなかでも、領土的捕獲は、経験的-超越論的二重体として振る舞う点で特権的であるからだ。この二重体は、国家的領土化を、国家の経験論的実定性にすると同時に、そのいわばメタ政治的な可能性の条件ともする。そこでは両者が循環をなす。遊牧的戦争機械の仮説はその点をあきらかにする。ただし、反対推論(ア・コントラリオ)によって、つまり、この仮説が二重化に異議を唱えるという事実によって、である。他方、国家-形式の第二の側面（主権性それじたい）に目を向けると、戦争機械の仮説は、〈力能〉と〈法〉との構造的な主権性関係において国家的領土化が実現している内的機能を、やはりその不安定化を通じて、あきらかにする。そこで示されることによれば、国家的領土化は、たんに主権性が適用され、その力能が介入し、その法が制定される外部領野を、まるで主権権力が適用される不定形の素材のように、構成しているだけではない。そうではなく、なにより根本的には、おのれに理を与える審級を構成しているのである。すなわちネクスムの象徴的-宗教的力能と、法規則の義務とのあいだを調整し、通約可能にし、その釣り合いを図る審級である。これはまさに、カール・シュミットの「大地のノモス」の（思弁的ではなく歴史-政治的かつ法律的な）理論の（思弁的）核を書き直すものとして、読むことができる。

この観点から、ドゥルーズ＝ガタリの「遊牧民的ノモス」の理論は、『大地のノモス』におけるシュミット的問題設定の批判的改訂として理解できるようになろう。両者がノモス概念をそれぞれ問題にする仕方には対照的な近さがある。ドゥルーズ＝ガタリがこの大地のノモスの思想家について沈黙していることも驚きではあるが、やはりその近さこそが、驚くべき解明の光を双方にもたらしてくれる。

遊牧民的ノモス──反ヘーゲル的テーゼか、ネオ・シュミット的仮説か

一九六〇年代以来、ドゥルーズはこのノモス概念の再検討を行うことで、これを「法則論的に」とらえる古典的な受容からずらそうとしていた。すなわちノモスと法則を脱同一化し、それと反対に、ノモスを「判断体系」としてのロゴスに、つまり現実を言説思考の法則へ従わせる判断構造に対置するのである。それはニーチェに想を得た問いかけであったが、その着想は一九八〇年に遊牧的ノモスの考えを再検討する段にあってもまだ生きている。つまり、法則の概念の神学的‐道徳的前提を問いに付すというわけだ。特にこれら前提それじたいが、判断の領土的構造へと関係付けられた。理論的判断と実践的判断、事実判断と権利判断、自然的合法性と人間的ないし神的法制とにかかわる分割以前に、判断形式そのものが、分配的正義の手続きのなかで組織される。この分配手続きでは基本的に大地が対象となり、きちんと所有された土地が理想となる。また「土地所有者」らのヒエラルキーが、公正な領有、つまり公正に不平等な領有の規則ないし理由となる。ただしドゥルーズは、判断形式とその正義モデルが想定する、大地の分配・領有の処理について、人類学的、歴史的、政治的な実例をはっきり示してはいない。ここではなによりつぎのことが示されようとしている。大地を部分へと分割可能な所有地として対

象化すること。それら各部を、差をつけながら人びとに割り振ること。それら各部を、受益者に認められる資質や、社会的肩書き、存在論的美点に即して測定すること。そうした行為がどのようにして、アリストテレスやトマス・アクィナス、カントやフッサールに至るまで、判断をめぐる様々な哲学教養を内的に形成してきたのか。またそれら教義の中心に、存在の意味をカテゴリーに分割するという考えにとって本質的な、存在-神学的諸前提を書き込んでいたか。つまり、それら諸前提とは、大地の取得と管理、地代の開発、負債の無限化からなる政治を基礎とするのである。そこに、判断や「授与」の教義の観念論によって抑圧された始原(アルケー)-大地としての「土地問題」があるのだ。[24]しかしこれら諸前提と向き合いながら、ドゥルーズはすでに思想の遊牧論の還元不能性を打ち立てていた。存在のカテゴリー的分割に対して、「一義的で分割されないひとつの〈存在〉のまったき広がり」を対置したのだ。またそれぞれの存在者へ所有地を不平等に割り振る授与の手続きには、「遊牧民的と呼ばなければならない分配、すなわち、所有地もなければ囲いも限度もない遊牧的なノモス」を対置した。さらに、内的ロゴスに応じて各自の「美点」と分け前とを釣り合わせる存在者のヒエラルキーに対しては、「戴冠せるアナーキー」を対置した。「この場合には、もはや分配されるものを分割するという事態はなく、むしろ、限界のない、少なくとも明確な限界はない開かれた空間のなかでおのれを分配するものどもを割り振るという事態があるのだ。(……)それは、彷徨の分配であり、「妄想」の分配でさえあって、そうした分配においては、(……)存在が、表象の諸要請に従って分割される、ということではない。むしろ、すべての事物が、単純な現前の一義性において存在のなかで割り振られる、ということだ」。[25]

エマニュエル・ラロッシュの研究『古代ギリシャのNEM語根の歴史』が、ドゥルーズが一九六八年に行ったこの考察に文献学的証拠を与えている。[26]だが、それより一五年前にC・シュミットは特にラロッシュのこの研究に依拠して、ノモスの語の「原義」の再検討のための論証を行っている。そもそもの具体的意味、具体的な空間にかんする意味である。この意味は、ポリスが解体し、ソフィストが台頭したときに薄らいでしまったもの(27)、それでもなお知覚はされていた。しかし後に、近代的法実証主義が現れたことで完全に失われ、いまではノモス概念は、法則、法（*Gesetz*）概念と同じにみなされている。法則というこの「忌み語」が、その具体的意味を抽象的な規則や規範の表象のかげに抑圧しているのだ。これと反対に、ノモスの第一の意味はひとつの事実を思い出させる。それは、シュミットが、彼のヨーロッパ公法の歴史研究、および二〇世紀の国際法構造の動揺をめぐる診断の試金石としている事実である。また、もっと根本的には、法律的概念性そのものと法律の一般構造とにかかわる教訓をもたらす事実である。つまり、法律的概念は常に空間化されている、という事実だ。さらにいえば、これらの概念は場として特定されていると同時に、場を特定する作用を持つ。これら概念が意味や体系的一貫性、じっさいの規範的価値を担うのは、領土化の行為のもとでのみであり、シュミットはまさにこの領土化行為を、「土地取得」（*Landnahme*）という万民法の歴史によって知られる概念のうちに同定するのである。この行為の構成的実効性を見逃すなら、そのとき法の規範は意味の空虚な指令言表へ還元されてしまう。また結局は、諸々の力能らが、自分たち自身の領土的野心のために、意のままに操作可能となったこれらの抽象作用を利用していることも見えなくなってしまう。要は、法律的規範は限界を固定するだけではない。不可分に概念的かつ社会‐空間的な諸体系に根を下ろしているのである。これらの諸体系が、規範の作用を、顕在的な空間的境界画定に書き込むのである。この境界画定のおかげで、人間の活動、社会実践、経済実践、政治実践はそれぞれ差異化され、極化される。もし法のカテゴリーが常に限界についての言表であるなら、また法律的合理性が一義的離接を制定する可能性を想定しているのなら、国境というパラダイム的形象のもとに現れる空間的境界画定こそが、根本的にあらゆる限界設定を物質化し、法の離接的カテゴリー（内／外、公／私……）に実効性の要素を与えているのである。「土地取得」概念は、万民法の地域的な法律概念だったが、シュミットにとってはこのように、より深い非地域的な意味を持つ。これは、法律秩序の条件それじたいの法律的表現なのだ。「大地のノモス」、つまり空間秩序や局所化、空間的境界画定のシステムである。それは、様々な力能がそこにおのれの限界を客観化し、顕在化させた際の土地取得という出来事を表現している。それゆえそこに表現されるのは、力能同士の共存関係である。また同時に、この共存の秩序のなかでの競合や同盟、対立の、規定され、定義され、「画定された」領野なのである。

それぞれの問題系がこうして接近する点においてこそ、ドゥルーズとシュミットの二人のノモス概念のどこが別れ目で分け目か、最終的にどこでまったく対極的な意味がそれに与えられることになるのか、測ることができよう。シュミットにおいても、ドゥルーズにおいても、領土性、つまり国境画定による土壌占領、空間生産、土地差異化の空間的配置が、二重の更新の操作を可能としている。それはまず抽象的な指令から、分割と示差的分布による空間的配置へ向かう。そのときこの空間的配置が、抽象的指令の措定を具体的に支え、その意味をあらかじめ決定し、その規範的実効性を条件付ける。しかしさらに、これらの分布そのものから、土地の最初の備給行為へ向かう更新がある。この力能行為は、「構成的」と呼ばれるべきである。なによりそれは「自己－客観的」であるから、つまりこの力能が構成され顕在化される空間的客観性をみずから生産するからである。しかしシュミットにおいてこうした行為（動作名詞としてのノモス、「行為とプロセス」としての *nemein*）が、後の分割と分布の土台となるような起源的な取得、捕獲、領有として規定されているのに対し、ドゥルーズにおいてノモスとは、既存の空間秩序の分有と分配を解除し、いうなれば瓦解させるプロセスである。それら分有と分配に対して、新たな領土的占領、捕獲の秩序、新たな境界画定システムが対置されるのではない。ノモスはある型の空間を生産し、備給する。おのれを無制限にし、またその捕獲を不可能とするような空間である。「遊牧民の基本的規定は、平滑空間を占領し保持するということであり、これによって遊牧民は遊牧民として（本質として）規定されるからである」[28]。さて、空間を保持するとは空間を取得することではない。それはまったく反対のことだ。取得できない空間、あるいは取得に抵抗する空間は保持するしかない（パルチザン戦争）。まさしくそうした空間は、無制限となることで取得に抵抗する。つまり固定された限界や輪郭画定、内部での分有、不変の寸法と方向のうちにこれを画定するのは不可能となるのだ。無制限空間はこの意味で、平滑と形容される。ゆえにこういえるだろう。空間は、自分を通過するもの（人や物、運動や出来事の分配の様式）により「平滑化される」のだと。それは、空間が等質化される場合をいうのではない。反対に、それまで空間の占領様式を客観化の定数と結び付けてきた、固定指標が変動にさらされる場合をいう。空間が「壁や塀、そして塀同士をつなぐ道路により条里化され」ているのに対し、「遊牧的空間は平滑空間であって、行程をたどるにつれて移動し消滅していく「特徴線」によってのみ見分けられる」。ちょうどそれはベクトルのようだ。「線形的で固体の事物に対して閉じた空間が分配されるのではなく、流れ－物が分配されるような」[29]空間によって出来事が道のりそのものを触発するとき、そうした様々な出来事に準じて変化するベクトルである。たとえばステップや砂漠のエコロジー的条件において、「方向は一定せず、植生、用事、一時の降雨にしたがって変化する」。さらにたとえばサルマタイ、モンゴル、ラルバアの居住環境や図像学的実践において、空間は「水平線も、遠近法も、限界も、輪郭や形も、中心もない[30]」ように見える。ある現象が遊牧的と定義されるのは、それが「平滑空間を占領し保持」する場合である。この空間は、「全方向に開かれていて限界を持たない」空間であり、その位置と方向の決定様式としては、ただ、行程が出くわすか、引き起こすかすることで解き放たれる物質的かつ記号的な価値があるのみである。これらの価値が出来事的特異性、つまりベクトル、あるいは動く「特徴線」の領野を規定する。これらベクトルは、おのれの同定を可能とする空間的な方向性と位置を同時に変化させる。それにより諸行程は一歩進むごとに改定され、空間そのものがそこに展開する運動と渾然一体となっていく。平滑化による遊牧民的領土化とは、不動と想定された空間内部における運動であるよりも、むしろ空間の可動化なのである。主観的には領有できず、客観的には領有されていない〔=不適切な〕ひとつの空間を変動させることであり、所有地として客観化された空間を占領すること（「土地取得」ないし領土的捕獲）なのではない。反対に国家は、空間を不動化するためにそうした不変的な位置基準（条里）を必要とする。これは根本的条件であるが、それによってたんに土地を取得できるようになるだけではない。さらに取得した領土のなかで、人間や事物をこの空間内の位置や運動に準拠して特定し、管理できるようになるのだ。すなわち国家は、空間を境界確定し、切片化し、領有可能に変えねばならない。直接的には、国家がみずから人間の居住や、財の分布の規則を規定する。また間接的には、それらの領有や私的交換の法律的規則を固定する。多くの操作が行われるが、それらはたんに遊牧民的領土化の様式と無縁であるばかりか、そもそも相容れない。

　シュミットは大地のノモスを、歴史的に繰り返された「土地取得」から帰結する、秩序と局地化の体系として規定している。一方ガタリ＝ドゥルーズの「遊牧論」の視点からすれば、この規定がトートロジー的円環によってしか支えられないことはあきらかだ。この点は、両者の視座の対照的近さをいっそうよく照らし出すだろう。というのも、シュミットからすれば、大地のノモスが円環つまり「存在律（オントノミー）的判断」——存在するものへの一致、すなわち土地取得との一致およびその土地に関係を固定する諸力能の共存秩序との一致を通じた法の源泉——の純粋トートロジーの表れであるという事実は、当然、みずからの主張を揺るがすに足る異議とはならないからだ。それどころか、その事実こそ、大地のノモスの起源性の印、ノモスを基底に据えるものを示す印となる。基底や根付き、国境という比喩が、『大地のノモス』の系論を通して使われているが、シュミットはそれらに、文字どおり土地とかかわる意味を与えている（法実証主義の根本規範（*Grundnorm*）の抽象的比喩とは逆である）。これらの比喩が証言するのは、シュミットのテクストの中心で輪がトートロジー的に閉じられていることである。秩序と局所化の体系は諸力能による土地取得を表す。力能らは、この土地において自身の限界と共存を客観化し、顕在化させている。このとき大地のノモスが基底として価値を有するなら、それはこのノモスが、おのれにならって可能になるとされているものをすでに自分の内に包み込んでいるからに他ならない。それゆえシュミットの分析は以下のふたつのあいだで揺れている。一方で、構成を語る政治-法律的言語（土地取得は法を原初的に構成する行為である）。他方、表現ないし顕在化を語る観念論的言語（法規範、内的・外的法律関係、生産・流通・交換の経済システムは、土地を取得したことで、ある歴史的時期における土地の根本的な分割と分布を決定した力能どうしの共存秩序の表現でしかない）。それゆえ、一九五三年に再びシュミットが名詞*nemein*の語源、つまり取得（prise）、分有（partage）、また牧草を食む（paître）あるいは食ませる（faire paître）行為という語源を利用するとき、彼は一方で、そこからひとつの「局所論」を引き出すことができるだろう。政治（取得、そして取得を実行する力能）、法（分有とその分配的正義）、経済（分有されるものの成果、その生産的利用、そのやり取りの交換的正義）の三つの次元が絡みあう局所論である。他方で彼はつぎのようにも考えている。取得し、分割し、分有し、分配し、使用し、生産する、そうしたことはただノモスの諸相に過ぎない。交換的正義と分配的正義とは、土地的正義に根ざしている。土地それじたいが対象であるのみならず主体であるような正義に根ざしているのだ、と。[31] もし領土的取得が土地を、割当可能で開発可能な諸部分へと区分、分割、分布し、法や経済の対象とすることができるのなら、それは取得がすでにそれじたいで「原初的分有」であるからだ。つまり原初的判断、判断＝原－分割（*Ur-teil*）である。旧約聖書でいい表されているとおりである。「こうしてヨシュアは、その土地をことごとく取得し、それをイスラエルの部族にそれぞれの分を与えて嗣業とさせた。こうして、その土地に戦争はやんだ」[32]。取得は、メタ法律的力能の行為であると同時に、すでに法律的行為である。おのれを価値付ける秩序を、根本的土地所有権（ラディカル・タイトル）つまり「原初的な法的資格」としてみずから創設するものである。それゆえまさしく取得は、本書第一部で「魔術的捕獲」の主権的な極として分析された国家暴力の構造、すなわちネクスムの構造を有している。シュミットのノモスは、これを領土的に置き移したものである。法の限界において、土地取得が法を作る。それはまさしく土地取得が、空間的分割の秩序を開始し、条件付け、前もって配置するからである。この空間的分割の秩序とは、限界と排他的離接の体系であり、法の諸構造は、その大枠の関係構成（内部と外部、インペリウム〔土地上の支配権〕とドミニウム〔土地の使用・処分権〕、公法と民法など）を明文化したものに過ぎないだろう。われわれが先に示唆したように、そこから、国家による領土化は相対的特権を享受する。三つの捕獲装置のひとつであるという以上の特権である。国家による領土化はすでにそれじたいで、力能と法という主権性のふたつの頭を結ぶ節合の原理なのだ。ふたつを釣り合わせ、両者に共通の理性を構成するのだ。力能関係からイデオロギー的に純粋法が抽象されるのを妨げるとともに、法から解放された力能らの紛争が無際限に広がることも防ぐ。つまり一方が他方の道具に化すことを防ぐのである。こうして、一九五〇年代以降、シュミットにおいては、ノモスが主権性のあらゆる属性を引き受けるようになる理由が理解される。さらに土地取得が「例外状況の決定」、つまり構成された規範秩序を再び基礎付ける構成的行為の決定を性格づける理由もあらためてわかる。土地それじたいが、力能と法の統一を構成するからである。土地とは、この両者の識別不能性の原初的契機を名指す（「土地の意味」）。この契機を起点として、力能と法は分離し、接続され、さらに分解されるだろう。つまり、取得を行う諸力能と、その共存関係を定式化する法律的秩序のあいだの関係構成の連なりに過ぎないような歴史へと入っていくのである。法の内部には神話的契機がある。ネクスムのガタリ＝ドゥルーズ的解釈からもそのように考えられたのだが、いまやこれが立証されるのである。シュミットは『大地のノモス』を、神話の言葉で語られる原初的な土地統合から開始している。それは、神話的‐思弁的省察に冒頭で少しご登場願ったものの、その後はヨーロッパ公法の歴史の実証分析の背後に消えてしまった、という話ではない。反対にそれこそが、歴史を動かす諸力能というシュミットの着想を支えている試金石なのである。[33] 土地とはすでに正義である。内在的正義であり、力能と法の原初的統一、つまり規則の源泉、あるいは限界の源泉である。なぜなら土地とは根本的な限界設定の審級であるからだ。さらに、法つまり限界をめぐる構造的問題構成、特には国際法、戦争の「区画画定」をめぐる構造的問題構成とは、ある歴史的シークエンスにおいて力能同士の共存が可能となる領土的構造を問いに付す、ということである。

反対に、ドゥルーズ的な意味でのノモス、つまり遊牧民的ノモスは、無制限化の審級として機能する。土地を、脱領土化された大地にしながら、同時に、最も高次の脱領土化の力能とするのだ。[34] 分割され、法律化され、経済的に備給された領土の基底ではなく、反対に、領土をその外へと開くもの、その脱備給ないしその変形へと開くものである。事実、シュミットはこのように捕獲不能で、無制限な平滑空間について知らぬわけではなかった。『大地のノモス』でそれに代わる形象は、海洋空間である。さらにパルチザンの戦術空間も、シュミットが植民地解放闘争や革命戦争でのその重要性を付与したことからして、そのひとつであろう。「海洋は、空間と法との、秩序と場所確定との、このような明白なる統一をまったく知らないのである。（……）海洋へは、畑の作物もまったく播種できないし、また確固たるラインを刻み込むこともまったくできない。海洋を航行する船舶は、痕跡をまったく残さない。「波の上には波だけがある」。海洋は *Charakter* という言葉——この言葉はギリシャ語の言葉 *charassein*、すなわち刻み込む、掘りつける、打刻するから由来する——の根源的な意味での *Charakter* をまったく持たない」[35]。パルチザンについては、確かにシュミットはそこに、海賊や私掠船と違って「闘争者の特に土地的なタイプ」を見ようとこだわっている。そこに、「いまでも陸地と海洋とが人間の労働の、および諸民族間の軍事的対立の、異なる基本的空間」であり、「戦争遂行の異なる手段および異なる種類の戦場を発展させたのみならず、戦争、敵、戦利品についての異なる概念をも発展させた」ことの証拠があるとしている。しかし、彼は、同じくこだわって、どれほど陸海の対立がパルチザンの戦術により相対化され続けるかも強調している。「パルチザンは正規の伝来の交戦区域に別種のいっそう暗黒な次元を、すなわち深層の次元を付けくわえる」。さらに「このようにして、パルチザンは土地の分野において、潜水艦との予期されないがしかしそれゆえに効果的な相似を提供する」[36]。

意義深いことに、ドゥルーズ＝ガタリは海洋空間に、典型的に遊牧民的な平滑空間を見ることになる。「平滑空間としての海はまさしく戦争機械に固有な問題のひとつである。ヴィリリオが示しているように、海面上においてこそ、現存艦隊の問題、すなわち、いかなる地点にもその影響が及ぶような渦巻運動を行いつつ開空間を占めるという問題が提起される」[37]。にもかかわらず、ここでの本質は、諸エレメントの一覧表でもなければ、空間の一般的「次元」の分類でもない。空間化および領土化の備給様式、体制生産様式なのである。シュミットは、「海洋帝国（タラソクラシー）」の域外の海について強調している。彼にとって大英帝国こそはとびきりの「海洋帝国（タラソクラシー）」であり、これにより地政学的変動がもたらされたわけだが[38]、彼は、それ以前の「海洋帝国（タラソクラシー）」に際しても長らく、その域外の海が無制限化や尺度外のエレメントを表してきたとする。そうした海は、政治的諸力能らの限定された働きを示す大地的原理を崩しており、取得を逃れ、空間的制限をも免れているのだ。またそのため、そこでは共存を一義的に、法律的に明文化できる仕方で規定することは失敗する。他方、ドゥルーズ＝ガタリが強調するのは、海がいかに条里の力に従い続けてきたか（おそらくはその第一のもの）、そして大地は「海洋的に」――これはありふれた大地的な意味でいうような「波のように曖昧な」仕方ということではない――備給され続けてきたかである[39]。遊牧民的ノモスに砂漠との客観的な親近性があるなら、それは砂漠が地上の海であるから、少なくともそれを「非計量的集合」とするような備給に砂漠が適しているからだ。より一般的には、土地が「取得される」よりむしろ「保持される」とき、捕獲されるのでなく占拠されるとき、（水を得た魚のごとく）測定されることなく動員されるとき、土地はひとつの海洋系統流となる。それゆえ、問われるべきは空間の「要素的エレメント」や実体的次元ではない（シュミットは、時に進化論的な意味のもとで、諸々の次元の系列を考えている。封建的な土地法から、ヨーロッパ中心的な国家間の万民法へ移り、それから大英帝国という海洋的で産業的な巨大力能が現れる。そして二〇世紀前半の全面戦争時代に突入し空の力能へと至り、ついに冷戦期には空間支配は宇宙的次元へと広がるといった具合である[40]）。また、たんに空間生産の技術の問題でもない。確かに第一二プラトーの例の多くが示すように、シュミットにおとらずドゥルーズ＝ガタリにおいても、空間生産様式における技術の歴史、特に軍事テクノロジーは重要視されている。[41] しかし、むしろドゥルーズ＝ガタリとシュミットが一致するのはつぎの点だ。海洋やゲリラの空間が極めて重要であるなら（シュミットにとっては非ノモス的〔＝アノミー的〕空間であるが、ドゥルーズ＝ガタリにとっては、「ノモス」、つまり遊牧的戦争機械という典型的平滑空間としての領土化の証の空間である）、それはたんに技術的理由からではない。いかに技術が規定因であるとしても、技術は独立変数を構成することはない。技術的‐軍事的技法が空間の生産や破壊に寄与する仕方は、常に、戦術的‐戦略的な、つまるところ政治的な別の要素（ドゥルーズ＝ガタリにとっては、考察される歴史的‐政治的領野の地図を描く、諸々の力能プロセスの内在的かつ外在的な共存関係に由来する要素）によって、規定因となるべく規定されているのだ。

彼ら著者三人においてこれを範例的に示すのが、現代史におけるゲリラ戦争、マイノリティ戦争の問いだ。「不服従行為、蜂起、ゲリラ、あるいは行動としての革命といった反国家的企てが生起するたびに、戦争機械は復活し、新しい遊牧的潜勢力が出現し、平滑空間が再構成される、あるいは、あたかも平滑空間であるかのような空間に存在する仕方が再構成される、といえよう[42]」。遊牧論の視点からは「ふたつの空間の対決[43]」が考察の対象となる。一方で、様々な他律的形式での平滑空間の生産があり、これが正規軍が必要としている条里化の技法を妨害する。他方で同時に、国家の軍事的力能により、これら平滑空間は部分的に領有される（このために平滑空間に一義的な政治的、イデオロギー的意味を与えることが妨げられる[44]）。まずは非正規な紛争の空間に、平滑空間の諸特徴が見出される。この特徴がなければ、紛争の非対称的な本性は未規定のままであろう。紛争は、それが量的差異を除いて等質の諸力、諸手段、戦術諸策を現れさせるとき、不均衡的といわれる。このとき紛争は戦闘にその「重心」を見出し、国政と国家間関係にその可能性の条件を認める。そして正規の諸勢力が量として増大していくことのうちに、その発展の傾向的形式を見出す（まさにこの形式に基づいてクラウゼヴィッツは、戦争の純粋概念が絶対的戦争への実現を目指し運動する様を、極限への漸進的運動あるいは上昇として描いている）[45]。ところで非対称的紛争は不均衡的戦争とは異なっているのだが、それは作動する力や手段の不均衡による差異ではなく、戦術諸策の質的異質性による差異である。非対称的紛争のパラダイムは、戦闘ではなく、ゲリラ作戦である。またその可能性の条件は、集団化や決定様式、行動様式が、戦略計画作成機関に対して、少なくとも相対的に自律していることにある。その行動形式、展開形式は、場に現れる諸力の不均衡的発展（戦闘）ではなく、諸力を異質的なものにずらすための手段の発明（生成変化）にある[46]。じっさいには両者は混じり合い、一方から他方の論理へと移行や借用が生じる（対抗蜂起や、テロリズム、警察の問題である）が、それでも両者においては、はっきりとその異質性が示されている。

この異質性はまず直ちに、空間の戦術的備給のうちに読み取れる。それは非戦闘を原理とする。諸力の劣位性が、襲撃の条件と様態の非対称化という実定的原理へと反転するのだ。正しくいうところの「交戦（アンガジュマン）」より、むしろ断続的攻撃、一撃離脱である。包囲より、むしろ旋回運動である。交戦諸力のあいだに「最前線」を引いて、「衝突」するよりも、むしろ裏をかき、戦線を絶えず動かしてフラクタルにすることである。そこから生じるのは、ひとつの特別な時間性――長い消耗戦の戦略と奇襲戦術の組み合わせを可能にするような速さと遅さの関係[47]――である。それに相関して生まれる運動論理は、古典的なマンパワー概念や「機動戦」と「陣地戦」の広すぎる対立に還元できない。「機動戦」と「陣地戦」の戦略的な二者択一は、いまだ敵対性の重心としては戦闘に従属している。一方、永続的機動性の命法は、大地への繋留を削減し、動的領野を優遇する。そこでは外的聖域や基地の役割が最小化され、兵站も持ち運びが容易な最低限のもので済むようになる。これは空間の保持の要請に適っている。つまり、空間を現時点の運動の厳密な相関項とし、いつでもどこにでも出没できるようにしておくことだ。領有し守るべき対象として空間を占拠することではない[48]。そこから今度は、様々な変数ベクトルが指向性の定まらない非次元の空間を動くとする運動原理が現れ、旋回運動が戦術的に優位となる。「固定された境界線はない。戦線は敵のいるいたるところにある」(ヴォー・グエン・ザップ)。紛争空間は、関係諸力の算術に従う、ふたつの軍勢の対決の空間ではない。無関係が分配され、弱点や任意の重大局面が[49]移動する開空間なのである。同じく、ゲリラが特に狙う標的(通信、人間の交通、物質装備の輸送のための道を破壊すること)は、なによりも空間の「脱条里化」を目指している。諸能力と運動速度を増大させ、直線からはみ出す様々な方向性を生み、領有不可能な空間の様々な次元をフラクタル化するのが狙いなのである[50]。つまり平滑空間を回復すること。その最も純粋な記述は、ドゥルーズにとって、T・E・ロレンスのものである。「代数学的要素とは(……)既知の変数、つまり空間と時間とか、山や天候や鉄道といった無機物の固定した諸条件、あるいは(……)類型的集団としての人間(……)にかかわっている。それは基本的には定式化が可能なものだ。(……)けれども、もしわれわれが(事実そうだろうが)、ある力、ある観念、無形で、不死身の、前面も背面もないものとして、一種の気体のように漂ってくるならば? 軍は、植物のように、全体としては動かないもので、頭に養分がゆくには長い茎を要する。だがわれわれは、欲するところへ吹いてゆく蒸気のようなものであってもいいのだ[51]」。

しかし肝心なのはさらにつぎの点である。平滑空間を生産するこれらの技法は、たんに戦術的な問題への応答であるだけではない。C・シュミットが『パルチザンの理論』で強調していたように、まさに直接に、政治の問い**に**かかわっている。戦闘員同士の対決のイデオロギー的‐政治的な過剰備給のおかげというばかりではない。政治と一体化した空間性の形式のゆえにである。観念は空間とともに変化する。そしてドゥルーズ＝ガタリによれば平滑空間とは、政治の国家性そのものの転覆を含むのである。反対から述べてみよう。平滑空間をたんなる戦術的な選択肢に還元することは、それじたいがすでに政治的行為である。この種の空間に含意される別の政治を中和しようとしているからだ。そのばあい重要となるのが、ゲリラの技法を国軍により領有することだ。つまり非対称的戦争やマイノリティの技術や知恵を、抑圧装置に役立つよう移し替えることである。[52] 一九七〇年代に国防の理論家たちは「任意の敵」ドクトリンを作り出したが、ドゥルーズ＝ガタリはこれにことのほか関心を注いでいる。というのも、それはまさしく、内的社会野の管理テクノロジーのうちに平滑空間の典型的概念のひとつ（「任意の重大局面」）を導入するものだからだ。[53] しかしそれゆえまた、今度は、こうした領有や「同一要素の諸理論」[54] にかんして、国家の様々な戦略のあいだで生じる躊躇や抵抗、不和が重要となる。他方、それと対称的だが同じくらい意味のある仕方で重要となるのが、非正規な諸力を正規軍へ統合することにより、人民による抵抗の側に引き起こされる葛藤である。[55] おそらく今度もまたドゥルーズ＝ガタリは、ロレンスのうちに、平滑空間が孕む政治の見事にして明晰な定式を見出している。

部族民は自由な、アラブの支配する政府を作ったことを、また作ったのは彼らの一人一人だと確信している。彼らは独立の存在で、各自が愉快に過ごすつもりでいる――家族の絆と血縁の責任を厳しくしないでいたら無政府状態になりかねない考え方である。それは、内部問題における中央権力の存在を事実上否定することにつながる。シャリーフが仰々しい玩具が好きなら、その合法的統治権を国外に向かって行使すればいい、だが国内問題は慣習によらねばならない。「ダマスカスがヒジャーズを支配すべきなのか、それともわれわれがダマスカスを支配しうるのか？」――この問いのどちらがより重要かは簡単にはいえない。確かなのは、だれもそれに決着をつけたがらないということだ。つまり彼らの民族概念とは氏族や村落の独立であり、彼らの民族団結の観念とは侵入者に対してたまには一致して抵抗することである。建設的な政策とか国政の組織化とか帝国の膨張とかは、彼らの視野の外というよりも、目の前に来れば忌まわしいものとなるのだ。彼らが戦っているのは帝国から離脱するためで、帝国に勝つのが目的ではなかった。このようなアラブ軍のなかでも、シリア人とメソポタミア人の意見は非常に進んでいた。たとえこのヒジャーズにあっても、アラブ兵のなかで戦うことで一民族としての生存に対する全アラブ人の権利を主張していると信じている。また一国家、あるいは一連邦国家すら心に描くこともないまま、彼らは断固として北を見ては自治権のあるダマスカス、バクダードをアラブ民族にくわえたいと願っていた。[56]

ゆえに、C・シュミットとの対照を、最後にひとつの指摘を行って締めくくろう。これらの空間は、敵対のための単純な基底や空虚な枠組みを提供しているのではなく、その位置や対決や移動を部分的に決定する力学を規定している。このことを示す格好の例がゲリラであるとすれば、それはつまり、こういうことだ。政治の諸概念——国家や法、戦争、敵性、敵といった概念、さらに一般的に政治が分割や葛藤を通じて思考され実践される際の様々な概念——は、それらがどんな水準(法律、哲学、イデオロギー、戦略、政治)で考察されるとしても、ただ規定されたある空間のなかで、種別的な領土化に応じてのみ、価値を有するのである。それら概念は、この領土化を図式化(あるいはドゥルーズにいわせれば「ドラマ化」)するためのものであるが、同時に、おのれの価値や実効性をそのなかに見いだす(これを示すのが、「任意の点」や「任意の敵」といったとびきり両価的な概念である)。実践や技術、制度的コードの領土化様式と脱領土化様式は、常に同時に、概念の領土化と脱領土化なのである。概念は実践や技術、制度コードに、まずみずからの形成と変形の条件を見いだし、それから、みずからの「対象」と「主体」とを見いだすのだ。これこそ「地理哲学的」テーゼであり、これが機械状‐史的唯物論を下支えしている。思考という問題は、まず主体と対象の関係においてではなく、大地と領土の関係において提起される。(57) 近代国家の領土性の危機について、およびそれにともなう主権国家の形式について、シュミットとドゥルーズ＝ガタリはそれぞれに診断を下すのだが、やはりこの両者の相容れなさはいかんともしがたいままだ。しかし政治的、イデオロギー的な動機付けとは、それらが圧倒的に自明であるときすら、どのような概念性のうちで作動しているかを考えることではじめて、教えをもたらすものとなる。

なぜならば、ドゥルーズ＝ガタリが国家‐形式の批判的思想家であるのに対して、シュミットは、国家危機の国家統制主義的思想家にとどまるからである。シュミットの場合、政治の思考可能性それじたいを支えるいくつかの前提が、あいかわらず国家‐形式に規定されている。国家という前提のもとに、シュミットはこの前提の解体について、おのれの診断を深め続けていくのである。周知のように、それこそが「政治的なものの概念」を彼が問題提起する出発点である。しかし付言すべきだろうが、やはりそれは、この問題提起の内在的終局でもあり、そこでは代わりにこれを担う能力を持った新たな審級が呼び求められている。(58) 近代的国家性、すなわちこれまで国家が運び手をしてきた合理性は、シュミットによると、想定上は一義的な領土的条里化に分析的に結びついている。その一義性は絶対的であり、ゆえに理想的である（第一部で見たとおり、問題は、理想化することなくどこまで「国家的に」国家を考えられるかということだ）。国家‐形式のこうした領土化を表現するのは、その法律的‐政治的コード化、そしてなにより、三つの主要な概念的境界線である。ヨーロッパ公法がやがて一義的に課すこととなるこの境界線は、戦争と平和、市民と戦闘員、そして敵と犯罪者のあいだに引かれている。『大地のノモス』に示されるように、国家-形式の領土化は、ひとつのノモスに支えられてきた。このノモスでは、さらにつぎのふたつのことが互いに支えあっている。a／主権的境界線の国家による独占（あるいはヨーロッパの各国民国家の国境の主権化）。b／各国が共存する大陸空間（各国の譲渡されえない主権性の相互承認空間）と、ヨーロッパ外の「自由地」（領土的野心を競う自由な場）とのあいだの不可侵の裁定。それゆえ、これらふたつの空間的規定のどちらも、一方を問いに付せばもう片方をも揺るがすことになる。これを示すのが、内戦と「反植民地」戦争のあいだにシュミットが見続ける、ゆゆしき鏡像作用である。それはまた、共産主義「革命戦争」が、傾向として、内戦や反植民地戦争を「世界内戦」にまでもたらすという冷酷な悪循環である。そこで証言されているのは、少なくともシュミットの思考にカテコーンの図式のスペクタクル的な執拗さがあること、さらには、それを下支えする〈悪〉や反キリスト者という黙示録的形象があることだ。反対に、現在の機械状-史的観点から見れば、「近代国家」とその法律的、哲学的、地政学的合理化という歴史的シークエンスは、捕獲プロセスの支配がもたらす不安定で暫定的な効果でしかなかった。この支配は、国家が他の機械状プロセスを領有したり、相対的に服従させたりするための複雑な道を圧縮する。都市的極化作用（国家主権と自由都市の葛藤という問題）、戦争機械（国家軍隊の構成とその独占という問題）、全世界的包括化（遠距離での交易や鉱物資源などへのアクセスの国家管理の問題）。次章で見ることになるのは、近代国家（政治の排他的主体としての国家、排他的国家間関係の手段としての戦争）の統合、クラウゼヴィッツに範例的に表現されるかぎりでのこの統合が、根本的には、他の機械状プロセスを国家捕獲に従属させるという極めて不安定で矛盾した歴史プロセスに依拠していることである。これは特異的には、戦争機械力能の国家‐形式への「領有」運動への依拠である。

さて、シュミットの場合、国家といえば近代国家を指すことが要請されるが、上記の概念装置はこれに矛盾している（近代国家とは自律的で中立的な上位の主権的力能であり、法律的‐政治的なコード化やその哲学的検討と不可分にして、究極には、ヨーロッパ中心的万民法により表現されてきた大地のノモスと切り離しえない。近代国家と大地のノモスは、互いに互いを支えあってきた）。しかしこの概念装置を採用することで、〈秩序〉対〈無秩序〉という反動的思考のフェティッシュ的アンチテーゼにとどまることなく、より大きな概念的、分析的可塑性を利用することができるだろう。国家‐形式を、あらゆる歴史領野に現勢的ないし潜勢的に存在する共存の変数としつつも（他の力能との外在的かつ内在的な共存関係から見た機械状プロセス）、とはいえシュミットが嫌うような抽象的一般性において国家概念を論じているわけでもない。それとは反対に、かたや近代国家の黄金時代の理想化、かたやその法律的・哲学的な大建築の長きにわたる崩壊を嘆き続けるメランコリー化というふたつの往復を断ち切って、まずはこの国家そのもの、そしてその捕獲装置および主権性を育んできた内的矛盾の分析が取り組まれるのだ。続いて国家‐形式の様々な変形体が分析される。さらに、国家の機械状プロセスが支配的でなくなり、国家捕獲や国家主権に対して相対的に自律し始めた新たなプロセス（極化作用、包括化、戦争機械）へと国家が従属することで、国家に備わる新たな機能、新たな権力が分析される。この概念装置は、これを示す「その仮説全体」の体系的提示に属している。その終わりにおいてドゥルーズ＝ガタリは、「世界内戦」の到来よりはむしろ、「絶対平和」の世界的警察‐司法的秩序の到来を予感している。また、国家が最後の砦となるはずの反キリスト者の到来よりも、むしろ国家が最後の分け前も持たないような新エルサレムの約束を予感している。「輝かしい都市がプログラムされるたびに、それが世界を破壊し、「住めなく」することであり、任意の敵の狩り出しを始めることだとわれわれはよく心得ている。（……）黙示録、それは強制収容所（反キリスト者）ではなく、新しい国家の軍事、警察、民間レベルでの大いなる安全（天上のエルサレム）である[59]」。しかし、この逆転は、すべてが真逆のこの思想家たちのあいだのゆゆしき近さに、どのくらい光をあてることができるだろうか。

機械状プロセスと空間的諸論理

戦争機械仮説が作りあげられる行程を以下のようにまとめ、そこから機械状－史的唯物論について、幾つかの点を概念的にあきらかにすることとしよう。

（a）国家と戦争機械の二項対立にはヒューリスティックな機能がある。この対立は、チンギス・ハーン的シークエンスを特権的な諸条件とし、そのうちになによりまず、自律的なひとつの機械状プロセス、すなわち国家の捕獲力能と質的に異なる形式の力能を肯定する機械状プロセスを示す手段を見出す。（b）それでもやはり、この「敵対の単純化」は純粋に理論的である。地理－歴史的領野の全域にわたり、すべての機械状プロセス（極化作用、先取り－祓いのけ、包括化など）が、強度の程度に応じつつ、その分だけ多様な従属関係のなかで共存関係を結んでいる。（c）逆の事はさらに重要である。もし戦争機械と国家の敵対が、機械状プロセスすべての共存領野によって常に重層決定されているのであれば、遊牧民的領土性と国家的領土性を対置して済ます事はできない。あるいは遊牧的ノモスの平滑空間と土地取得の条里空間を対置して済ますことはできない。機械状プロセスのそれぞれは、その本質をそのつど実定的に構成する力能形式という観点から見れば、等質ではない。である以上、それらによる空間生産という観点からは、なおのこと等質ではありえない。それゆえ、領土化様式の研究の方で、分析カテゴリーを複数に増やすことが必須となる。導線として機械状力能の類型学を採用した上で、これを横断的に検証せねばならない。したがってドゥルーズ＝ガタリを読む上で、たったひとつの常に同じ対置を確認する真似は慎むことにしよう。たとえば時に遊牧民と定住者、時に戦争機械と国家装置、時に平滑空間と条里空間、といった具合にである。それは、これらの対置のひとつひとつが、国家－形式の批判にかんする異なった視点を局所的に表現しているからだけではない。このすべてが一体となって、高度に重層決定された多様体の体系を形成しているからである。この体系において、対置的敵対ないし二項的敵対は支配－従属のゲームの帰結である。このゲームが、同一のエピステーメーの水準にない諸々の多様体を結び合わせるのだ。それらは力能形式（機械状プロセス）の多様体であり、また同時に空間生産（領土化様式）の多様体である。この点を後に説明したい。そのとき目印として、第一二プラトーの遊牧論が機械状－史的唯物論に乗り越えさせる、カテゴリー化の新たな閾に注目する。

領土性の分析はそのとき、じっさいひとつの節合へたどり着く。ここではいまだその節合は、類型学的かつトポロジー的である。つまり複数の空間論理の節合、あるいは運動と移動の異質な諸論理が生産する空間化の諸形式の節合である。[60] すでに強調したとおり、遊牧民的「領土原理」を特定するために文化人類学や歴史人類学の研究が動員されているが、そこでは逆説的な効果が生み出されている。すなわち民族に還元される遊牧の表象も、それに由来する遊牧民と定住民の標準的な対置も退けられているのだ。繰り返し述べるなら、遊牧とは定住との対置により定義されるのではない。国家との関係で定義されるのである。それはまた、遊牧に国家が欠けているからではなく、遊牧においては遊牧自身の本質が肯定されているからだ。つまり遊牧としてこれを定義する力能形式が肯定されているのである。それは、ノモスの構成、国家的な領土捕獲と相いれない平滑空間の構成である（領土的捕獲とは空間を交通条件として条里化することであり、国家権力の効果にして原因である）。しかし平滑と条里というふたつの型の空間性は、それじたいで複雑な形成体でもある。そこでは、それぞれに異質な運動や移動、交通の様態が、（そこにある機械状プロセス相互の共存関係に従って）支配と従属の変動的関係に互いを捉えつつ、絡み合っている。平滑空間と条里空間の両立不可能性は、より根本のところでは、交通論理の多元的類型学に帰着する。この論理にはそれぞれ異なる型があり、そのすべてが様々な社会形成体のうちに見出される。よって包括的にか、統計的にしか、そうした社会形成体を遊牧的と呼んだり、定住的と呼んだりすることはできまい。まずはこの論理について綜合的な定式を提示し、この方法が実はひそかに構造的な着想を有することを明確にしておこう。まず、ふたつの対置が二とおりあることから、四つの型が引き出され、続いて交差する二対についての近さが想定される。遊牧民的移動と移住的移動が、点／行程というふたつの値にかんして、互いに反対の従属関係を持つ点で対置される。続いて放浪的ないし巡歴的移動と移牧的移動が、流れ／回転の二値にかんして、互いに反対の従属関係を持つ点で対置される。移牧的回路はひとつの流れを諸点に従属させる（移住との近さ）。他方、放浪的な流れは、諸々の通過点を、流れそのものが物質的に痕跡を残す行程に従属させる（遊牧との近さ）[61]。

	行程／点	流れ／回転
遊牧	+	−
移住	−	+

巡歴　＋　ー　＋　ー
移牧　ー　＋　ー　＋

この定式を発展させることで、領土的多様体のなかで必然的に動いている重層決定の働きを強調することができる。

ａ／遊牧民的移動の種別性とは、停止点、出発点、通過点、終着点といった諸点を行程に従属させることであろう。こうして行程それじたいが価値を持ち始める。実践、存在様式、思考様式、種別的な技術・科学・芸術の発明がそこに引き起こされるのだ。この行程が、運動の諸点、諸段階、諸座標を結ぶ。だがそれは、帰結の道を通ってであるか、または従属条件としてである。「行程は常にふたつの地点のあいだにあるが、遊牧民においては〈二点のあいだ〉それじたいが存立性を獲得しており、自律性と独自の方向性とをそなえるにいたっているのだ[62]」。典型的事例は、これら諸点が、たとえばエコロジー的な条件の圧力のもと（草原、海、砂漠、氷）、固有の変動性や可動性に影響を受ける傾向を有する場合である。

ｂ／移住的移動はこれと区別されるであろう。その特徴とは、行程を諸点に逆に従属させることである。諸点は行程を、ひとつの座標体系へと向け直し、行程にひとつの起源、ひとつの終わりを確保する。また行程に対してひとつの意味を固定し、これを実現するための媒介を整備する。「遊牧民は移住者とはまったく異なっている。なぜなら移住者はある一点から他の一点へと、たとえこのほかの一点が不確かで予見できない、あるいは位置を定めがたい点であるにしても、移動していくことが主であるのに対し、遊牧民が一点から他の一点へと移動するのはたんに事情に強いられた結果であり、原則としてもろもろの地点とは行程における中継点だからである[63]」。

c／行程に諸点を従属させるのでも、諸点に行程を従属させるのでもなく、両者を等しく、固有の変数を持つ物質的流れ（系統流）に従属させることで運動がなされる時、移動は種別的に放浪的ないし巡歴的になるだろう。放浪とは流れの巡歴であり、「物質の流れに随って行くことは、巡歴することであり、放浪することである（……）。確かに、物質の流れを探したりそれに随って行くのではなく、たとえば市に随って行く第二の巡歴もあるが、それでもやはり流れに随っているのである。ただこの流れは物質の流れでは」なく、この場合、貨幣的記号や商品、買い手の流れであり、放浪の行商人や生産者自身はこれに随って行くのだ[64]。

d／しかし流れじたいが、座標体系ないし移住型の点の体系に統合されることがありうる。それにより回路が定義される。回路が今度は放浪をおのれに従属させるのだ。回路の巡歴は、流れの巡歴とは対照的に、移牧的な移動を定義する。つまり回転である。「農民や牧畜民のような移牧民は、季節や土地の貧困化に応じて土地を変える。しかし、季節が変わり、森が再生し、土地が回復すれば、出発点に帰ってくるように初めから決まった循環を行っているのだから、移牧民が土地の流れに随うとしても、それは二次的なことでしかない。彼は流れに随うのではなく、回路を描くのであり、回路がだんだん広がっていくにしても、流れから回路に入るものだけに随うのである。それゆえ移牧民は結果として巡歴者であるにすぎない（……）商人さえも、商品の様々な流れが出発点と到着点の回転（探しに行く－持ってこさせる、輸入する－輸出する、買う－売る）に従属しているかぎりにおいて、移牧民なのである[65]」。

以上の四つの運動論理の区別は、場合ごとに異なる相互の節合について分析することと切り離せない。それらが定義しているのは、民族や文化の特徴ではない。社会学的集団でも、「生活様式」でもない。四つの異質な交通論理である。それらは、ひとつの集団、社会、個人のなかで、互いに補完したり、矛盾したりしつつ、絡み合っている。そのとき問われるべきは、あれやこれやの多様体のなかで、いったいなにが支配的な移動の型と従属的な移動の型を決定しているのか、また、それぞれの型において「一次的」と「二次的」の分割を決めているのか、ということだ。

そのために定式化の第二の水準を考えよう。ここでは、この類型学は、たんに遊牧と定住の対置を再設立しないばかりか、平滑と条里のふたつの領土原理に特権を与えることもない。このふたつを対置しても、概念的地図の様々な可能性の集合は満たされるわけではないのだ。ひとつの領土原理が、ひとつの単純空間、あるいはひとつの一義的空間備給を定義するのではない。その定義は、巡歴の四つの型どうしを節合し、互いの不平等な関係を規定している原理によるのである。運動の型どうしの支配－従属関係を取り決め、そうして（行程と点のあいだで、また流れと回路のあいだで）一次的と二次的の分割を仕切っているものとは、機械状プロセスどうしの支配－従属関係である。戦争機械プロセスがもたらすのが、遊牧民的運動の支配なら、他方、都市的極化作用型のプロセスがもたらすのは、回路運動あるいは回転運動の支配であろう。また、先取り－祓いのけメカニズムは巡歴型運動を特権化するだろう[66]。条里空間と平滑空間の対置そのものについていえば、これは（遊牧民と定住者の対置、ないしふたつの生活様式の対置のような）二項対置あるいは一対一対置ではない。そこでは、ふたつの領土原理が対置されている。すなわち移動の四つの型を節合するふたつの仕方が対置されているのだ。この意味において、それは構造的対置である。領土性と運動の型とを各ふたつずつ対置しているのではなく、反対に、これら四つの運動論理が常に、またいつも不平等に結び付けられるところの、移動の重層決定のふたつの形式どうしを対置しているからである。この意味でドゥルーズ＝ガタリは、つぎのようにいうことができる。これら領土原理によってこそ、「混交が起きているなら混交について、またいかなる形態の下にいかなる秩序で混交が起こっているか[67]」について、あるいは「混交」のうちなにが一次的であるかについて、説明できるのである、と（たとえば、行程に停止を従属させる遊牧民的運動と、調査され追跡される物質の流れに行程を従属させる放浪運動との親近性。あるいは点から点への移住と、「区切りのある」回転回路のなかでの移牧の結びつき）。

この意味において今度は、移動の平滑空間が遊牧的と呼ばれうるだろう。平滑空間とは、同時につぎのふたつを説明するような空間の備給ないし生産に対応している。まず行程が担う一次的価値である（行程がそれぞれの「点」を、二次的ないし派生的、だがやはり必要な諸条件の並びにおいて調整する）。そして、遊牧民的移動が移住的移動や巡歴型の移動、移牧型の移動をおのれに従わせる客観的理由である。「遊牧民の基本的規定は、平滑空間を取得し保持するということであり、これによって遊牧民は遊民として（本質として）規定されるからである。遊牧民が移牧民や巡歴者であるのは平滑空間によって課された要請に応じた場合だけである[68]」（「移牧的」切片や「巡歴的」切片が奪われることでも遊牧は破壊される）。先にわれわれは、こうした空間がそこで起きることにより平滑と呼ばれるなら、それはどのような意味においてかを確認した。人間や事物、運動や出来事の分配様式は、出来事のたびに変化し、そのつど、この「全方向に開かれていて限界を持たない」空間を歩く道のりに影響を与えるのである。まさに行程が各点をおのれに従える時、それらの点が今度は、「行程をたどるにつれて移動し消滅していく」ベクトル線の価値を担い、やがて空間そのものが可動的となる[69]。ゆえに、遊牧民的領土原理に対置されるのは、（平滑空間の茫漠たる広がりを許容することができる）定住そのものではなく、平滑空間に真っ向から対立するようなひとつの領土原理なのである。これは、遊牧民的運動を（点から点に移る）移住的移動に、また、流れの巡歴を（「ある流れのうち回路を通るものにしか」随って行かない）回転回路に従属させる。ドゥルーズ＝ガタリが空間の条里化と呼ぶものは、そのように、動かなくなった登記表面を客観化することである。これにより、空間は等質な延長となり、境界を定め、特定可能な切片として分有することができるものとなる。また、物や人間や記号の相対的な位置や運動の変化を一点ごとに把握するための定常指標を設け、それを参照することで、この空間を管理することが可能となる。そして空間そのものを「各人にそれぞれの持ち分を指定し、かつそれらの部分間の交通を規制する」[70]ことで、空間じたいを分配することが可能となる。しかしなぜ平滑空間を、国家による空間の条里化に対置するのか。なぜ遊牧民的領土原理を、類的な定住と対置せず、むしろ種別的に国家的な領土性と対置するのか。おそらくここでひとに思い浮かぶのは、空間の条里化の技法、つまり条里化された領土を記号的、社会的、さらに精神的に整備する多くの技法であろう。しかしドゥルーズ＝ガタリが問うのはまったく別のことである。なにによって空間の条里化がひとつの原理となるのか。どうして空間の条里化が、権利上あらゆる場合において、空間のあらゆる運動、あらゆる変状に対し普遍的価値を担うような、空間処理となるのか。さて国家は「あらゆる種類の流れを、人口の、商品すなわち商業の、そして金ないし資本などの流れを、可能なかぎりどこでも捕獲する過程と切り離せないものだからである。さらにそのためには、速度を制限し、流通を規制し、運動を相対化し、もろもろの主体と客体の相対的運動を細部にわたって加減するような、規定された方向を持つ固定した行程が必要である」[71]。ここから、三つか四つの系論を付けくわえることができる。

a／第一に、遊牧民的領土原理が打ち立てるのは、平滑空間と遊牧民的運動の一対一の相関ではなく、平滑空間と、異質な諸運動（遊牧民的、移住的、巡歴的ないし「放浪的」、回転あるいは「移牧的」）の複合とのあいだの構造的相関であり、それじたいは、遊牧民的運動の支配のもとにある。これと同じく、国家的領土原理が打ち立てるのは、条里空間と、異質な諸移動の複合とのあいだの構造的相関であり、それじたいは、遊牧民的移動の従属化のもとにある。この移動を抹消することは、たんに傾向的でしかありえない。「国家の基本的任務のひとつは、支配の及ぶかぎり空間を条里化すること、すなわち条里空間のための交通手段として平滑空間を利用することである。たんに遊牧を打倒するだけでなく、移住を管理すること、より一般的にいえば、「外部」全体に、世界空間を貫くもろもろの流れの総体に、法の支配する地帯を君臨させること、——これらは各国家にとっての死活問題である。(……)逆に、国家が自己の内部の空間、あるいは隣接する空間を条里化しえない場合には、その空間を貫くもろもろの流れは必然的にその空間に反逆する戦争機械の姿をとり、その空間に敵対ないし反抗する平滑空間のなかに繰り広げられることになる(……)」[72]。

b/それでは、条里空間ではどのような移動が支配的となるかを問うなら、おそらく答えは一義的とはならないだろう。しかし、空間の条里化に原則として基礎づけられた国家的定住化は、(直接には)移住的運動を、(間接には)回転運動を必然的に特権化する。「国家は速度を知らないというわけではない。ただ国家にとっては、最も速い運動ですら平滑空間を占める動体の絶対的状態であることをやめて、条里空間のなかで一点から他の一点へ移動する「動かされるもの」の相対的性格になることが必要なのである。この意味で国家は運動を分解しては再構成して変形させる、つまり速度を規制することをやめないのである。それは道路管理者としての国家、方向変換期、インターチェンジとしての国家である」[73]。不変の座標軸やすでに規定された諸点に行程を従属させる巡歴として移住を定義するなら、つぎのことはあきらかであろう。主体を国家に帰属させる原理としての居住による領土化は、その相関項として、局所的、日常的、社会的、職業的な移住を数え切れぬほど有している。それゆえ国家の領土化の問題は、むしろ移住と交通の選択的差別化なのである。すなわち、出発点、通過点、到着点のそれぞれに応じて移住と交通を区分するための規則や手段、目的なのだ（都市－田舎間の移住、域内移住、域外移住、国境内移住、越境移住など）。

c／第三に、国家的領土原理は、厳密な意味（ストリクトセンス）での遊牧民的巡歴を一意に方向づける、あるいは弾圧することで、国家が特権扱いする他の移住的巡歴、（流れの）放浪的巡歴、（回転－回路の）移牧的巡歴とのあいだに緊張や矛盾の領野を開く。たとえば一五－一八世紀にかけて経済的力能の諸記号が領土化された際の諸様式を考えてみよう。まずはヴェネツィア市とジェノヴァ市のあいだ、その後はオランダやイギリスと巨大君主制国家らとのあいだに結ばれた歴史的関係において、移牧回路の支配による条里化があったが、それこそは都市の事情を反映している。都市が銀行資本、商業資本の回転を拡大させていたのだ。他方、移住的行程による条里化は、国家により確立された。国家が、大西洋の両岸で資本や第一素材、奴隷労働力の通過点を固定していたのである。やがて国家が自由都市を押しのけ、世界規模の資本主義的蓄積の諸機能をすべて領有することとなるが、それ以来、これら異なる型の資本の領土化のあいだに（そして関連する異なる型の巡歴のあいだに）生じうる矛盾や葛藤もまた、国家のうちに内化された。これらの新しい一般条件においては、回転回路が銀行資本、商業資本、負債と本質的に関係しているようだ。他方で、移住はなにより投資資本と関係している。これは、時に可変資本（生産拠点間、生産部門間、労働力プール間の労働力移動）であり、また時に不変資本（労働力の移住が行われる諸機械、諸設備のうちに物質化された生産「点」の規定）である。ひとつの流れに随って行く放浪についていえば、これが第一にかかわるのは、自律した金融資本であるといえるだろう。すなわち抽象的な流れであるが、これは、回路を通るものしか捉えない商業資本の回転とも、可変資本や、不変資本の移住やその位置の再特定とも無縁である。次章では、重層決定された空間的多様体としてのこうした領土化論理をめぐって、(ハーヴェイとアリギのカテゴリーでいう) 権力の「領土論理」と「資本論理」のあいだの区別および節合の問題系がいかに捉えられるか、見ていこう。また、なぜドゥルーズ＝ガタリが、不変/可変資本、固定/流動資本という経済-政治的な離接をずらし、政治-経済的プロセスを資本の領土化様式に結ぶ、「条里資本」と「平滑資本」の区別へ向かったのか、見ることとしたい。(74)

第四章　定式と仮説――国家による領有と戦争力能の系譜学

遊牧的戦争機械の仮説は、第一二プラトー末尾のカール・フォン・クラウゼヴィッツをめぐる議論の枠内で、総体として叙述される。ところでこの仮説は、クラウゼヴィッツとの関連において、同時にふたつの面で機能している。以下では、互いに準拠しあうこのふたつの面を順々に検討していくことにしよう。まずこの仮説は、クラウゼヴィッツの新たな解釈を提案するのだが、この解釈じたいがすでに逆説的なものである。一方でこの仮説は、近代国家による大いなる綜合――「政治の道具」としての戦争というクラウゼヴィッツの概念は、この綜合の卓抜な表現である――を脱構築しながら、この綜合を現実化する際の歴史的‐機械状の条件（なによりまず、国家の捕獲装置による戦争機械の力能の領有）をあばきたて、それによってこの綜合の有効性の限界をあきらかにする。しかし同時にドゥルーズ＝ガタリが示すのは、こうした脱構築の原理が、すでにクラウゼヴィッツ自身において定式化されているという事実なのだ。この仮説全体が、こうしてポスト・クラウゼヴィッツ的な仮説として叙述されうるのは、まさにクラウゼヴィッツこそが、最初のポスト・クラウゼヴィッツ主義者であるからなのだ。つまり、クラウゼヴィッツの後続世代の歴史が理解可能なものとなるのは、依然として彼の言語のうちでのことなのである。

それゆえ、これが第二の面だが、戦争機械の仮説はクラウゼヴィッツの後続世代じたいの分析装置として機能しうるものであり、より詳細にいうなら、過激なクラウゼヴィッツ主義のいくつかの形象の分析装置として機能しうる。この過激なクラウゼヴィッツ主義は、クラウゼヴィッツの〈定式〉を「反転」させる身ぶりの周囲で、（じっさい一九三〇年代にエーリヒ・ルーデンドルフによって明確に定式化されて以降）、この身ぶりをめぐる矛盾する諸解釈の周囲で、すぐさま構築されたものである。それゆえ私は以下の点を示すことにしよう。すなわち、総力戦の時代にはクラウゼヴィッツが理論化した戦争と政治の関係が反転される、というルーデンドルフのテーゼの議論に、戦争機械の仮説が明白に辿り着いているとするなら、ルーデンドルフがそう信じ込んでいたように、この反転によってクラウゼヴィッツの〈定式〉の失効を結論づけることなどまったくできない。それが課すのは逆に、この〈定式〉をふたたび問題化することによって、内的な抗争状態にある政治と国家の関係を問いなおすことであり（シュミットが『政治的なものの概念』において垣間見ていたように）、それを機縁として、根本的に二律背反的で、イデオロギー的－政治的な解釈上の諸々の選択肢に到達することとなのだ。このようにガタリ＝ドゥルーズの分析を極限まで推し進めつつ、それが異論の余地のない仕方で描き出す解釈学的な読み筋に対して忠実であり続けることによって（「両大戦間の趨勢」についての新たな証言）、以下の点があきらかになるだろう。すなわち、彼らの分析が総力戦の時代にまで、総力戦が国家、戦争、政治の関係に刻み込む矛盾にまで、そしてそれを超えて、戦後数十年のあいだに生じた資本主義の世界化の新たなシークエンスにまで発展するとき、当の〈仮説〉は、時代が帯びるクラウゼヴィッツ的な意義の複数の読解へと、「兆候的に」開かれることになるのである。それはフーコーが一九七六―七七年に素描した解釈と交叉し、さらには「全体国家」というシュミットの問題系ともふたたび交叉し、また最終的には予期せぬ迂回を経て、レーニンによるクラウゼヴィッツの革命的な領有という、別の手段による継続とふたたび手を結ぶことになるだろう。

クラウゼヴィッツ、あるいは〈定式〉――戦争の道具的理性の歴史と前提

戦争をめぐるクラウゼヴィッツの思考に言及するというテクスト上の状況がすでに、この思考の重要性を示唆している。「遊牧論」の第一命題で素描されたこの思考は、最後の第九命題においてふたたび取り上げられ展開される。そこでは戦争機械の理論にかかわる諸問題の総体が、「仮説総体を再検討する」体系的な叙述のなかであらためて把握されるのであり、この把握を、クラウゼヴィッツの思考が組織化しているのだ。だがこの言及は、クラウゼヴィッツの戦争論的思考の核心にかかわる逆説、あるいは少なくとも、論争に満ちた彼の後続世代につきまとう核心にかかわる逆説を、ただちに内包することになる。その逆説とはつまり、戦争の政治的な決定というテーゼのことである。「戦争とは、政治的行為であるばかりでなく、真の意味で政治の道具であり、政治的交渉の継続であり、別の手段による政治的交渉の実現である」[1]という有名な定式によって表現されるこのテーゼは、戦争の道具的な概念を主張するものだが、さらに深い水準においては、厳密な意味での国家による政治そのものの規定に、戦争を服属させるものである。ところで戦争機械の仮説は、すでに見たように、このように図式化されたクラウゼ

ヴィッツの公理からはみ出す、人類学と歴史にもとづく考察を基盤にしている。戦争機械の仮説は、戦争とは本質的に国家同士の相互作用の様式のひとつであり、極端なものではあれ、政治の様相のひとつであるという前提に対抗する。つまりこの仮説が要求するのは、国家と戦争力能とのあいだの外在的関係なのである。戦争力能のプロセスないし連続体は、かぎりなく多彩な社会技術的な環境で現働化されうるものであり、かならずしも戦争を目標とするわけでもなければ、敵の服従や殲滅を目的とするわけでもない(2)。

だが戦争機械の仮説は、私たちをクラウゼヴィッツから遠ざけるどころか、戦争の政治的な決定という前提に疑問符を突きつけつつ、私たちを彼のところへ導いていくように思われる。ドゥルーズ＝ガタリが想起させるように、クラウゼヴィッツの〈定式〉はまさにみずからを維持できないのだ。この〈定式〉は、「諸要素が相互に結合されているような、理論的かつ実践的で、歴史的かつ歴史横断的な総体」のなかに位置を占めており、この総体が、力能の連続体ないしプロセスとしての戦争機械の理念的な規定と関係するのだ。

> (1) 無条件的な絶対戦争としての戦争の純粋概念、経験的には所与として与えられない〈理念(イデア)〉が存在する（政治的、経済的、社会的な考慮を行うことなしに、敵であるという以外どんな規定も持たないと想定される敵を打倒すること、または「転覆する」こと）。(2) 所与として与えられるのは、国家の目的に従属する現実の戦争である。国家は絶対戦争の多かれ少なかれ良き「操縦者」であり、いずれにせよ経験において、絶対戦争を実現する際の条件となる。(3) 現実の戦争は以下のふたつの極のあいだで揺れ動くが、これらの極はいずれも国家の政治に従属している。〔一方の極である〕

撃滅戦は、（撃滅の目標次第では）総力戦にまで到達しうるし、極限に向かって上昇していけば、無条件的概念に接近してゆく傾向がある。〔他方の極である〕限定戦争は、「より少ない」戦争というわけではなく、制限的条件に接近しながら、そこに向けて下降してゆくものであり、たんなる「武装監視」にまで到達しうる。[3]

こうした理論的装置のなかに、戦争の政治的決定というテーゼを書き込むことによって、クラウゼヴィッツはみずからのテーゼの有効性の条件とともに、その限界をもあきらかにしている。この限界は、同時に歴史的で、理論的で、さらには思弁的でさえある次元に属するものである。周知のように、「絶対戦争」というクラウゼヴィッツの概念は、ナポレオン戦争の歴史的な特異性と、そのあとに続くふたつの変動を起点として構築されたものだ。つまり、ヨーロッパ内の政治的均衡の変動と、戦争を遂行する技法じたいの変動のことである（徹底的に攻撃的な戦争、策動の体系的な活用、戦争に向かう努力のなかになにより全国民（ネーション）を、少なくとも人民の大部分を動員すること）。だが、この歴史的な特異性は、戦争の純粋概念の構築を方向づけながら、戦争に対していまだかつてない仕方で非兆候的に接近することによって、戦争の本質的な内容をあきらかにするのでなければならない。なぜなら、この歴史的な特異性は、「タタール人集団」、共和制ローマ、ついでローマ帝国、封建君主制の封臣システム、ルネサンスの「巨大な商業都市と小さな共和国」、ヨーロッパ古典主義時代の国家の巨大な君主制を経由する、歴史的系列の末端に位置づけられるからである。[4]ところで戦争は、徐々に絶対的なものとなってゆく形態を、そこで漸次的に獲得していったわけではない。クラウゼヴィッツが強調するのは逆に、戦争の政治的な目的、および軍事的な目標と手段は、フランス革命まで厳しく制限された性格を帯びていたという点である。この歴史的系列において本質的なのはむしろ、政治じたいの変形曲線である。具体的にいうなら、領土主権の確立によって、公的税制の発展によって——これこそが個人的な忠誠を物質的な課税に変え、国家の軍事的能力を常備軍制度のなかに登録することを可能にする——、最後に、国家による「合法的な物理的暴力」の独占によって、さらにはヨーロッパの空間内における権力集団同士の政治的関係の独占によって、「国家の統一性」が発展していく際の変形曲線である。「国内で、ほとんどすべての国家が絶対王政となったとき、諸身分［*Stände*］の権利とその特権は徐々に消滅していった。これ以降、政治権力は統一化された制度となり、国外に向けて国家を代表しうるものとなった。こうした事態の進展が、効果的な道具と独立した意志とを生みだすことによって、その本性に適合する方向づけを戦争に与えうるまでになったのだ[5]」。

　仮に戦争がいつも政治的に決定されるにしても、また〈定式〉が言明するように、仮に戦争が「決して独立した現実ではなく、どんな場合であれ政治の道具とみなしうるもの」だとしても、この命題が歴史的にも実践的にも真となるのは、政治的決定そのものが国家によって独占される瞬間からのことでしかない。ところで、このことからクラウゼヴィッツは、国家の政治こそが、戦争そのものの内的な要因であるとか、戦争の純粋概念に合致する内容としての絶対戦争の内的な決定因子であると演繹するどころか、むしろ反対の帰結を引きだすのである。〈定式〉の有効性の歴史的な限界はこのとき、「本質」と「現実」のあいだの、純粋概念と歴史的現実性のあいだの関係にかかわる、文字どおり思弁的な限界によって二重化される。現実の戦争がつねに政治的に決定されるのは、戦争が内的に、本質的に政治的であるからではなく、むしろ逆にそうではないからなのである。政治的な意志こそが、戦争の理由を与えるのはなぜかといえば——理由には二重の意味があるのだが、それは戦争の目的因であり、かつまた戦争の比率（*ratio*）でもあって、すなわち、この目的に対して戦争の展開、戦略的目標、戦術的手段をつりあわせる原理でもある[6]――、純粋概念としての戦争にはまさに、おのれの純粋な自律的運動以外の理由がなく、また、傾向的にいうなら、究極的には政治が廃棄される極限（歴史の終焉？）へと向かう、ふつりあいな道程以外の均衡などないからである。いい換えるならつまり、現実の戦争が政治の継続であり、政治的関係の実現形態のひとつであるのはまさに、戦争の現実が、戦争の概念や本質と合致しないからなのだ。「文明化された国民同士の戦争が、未開の国民同士の戦争より残酷でも破壊的でもないのは、その社会内部の状態と、その社会の対外関係の状態による。こうした社会状態こそが戦争を産出し、条件づけ、制約し、緩和するのだ。だがこれらの側面はすべて、戦争の本質にとって異質なままであり、たんなる外的変数にすぎない[7]」。ヘーゲルよりもカントの近くにある政治はそれゆえ、概念と歴史のあいだの還元しえないこの隔たりのなかに、おのれ自身の場を見いだす。それはクラウゼヴィッツにおいては、戦争の絶対形式と、国家がこの形式の経験的な実現を決定すると同時に、それを条件づけ制限する様々な仕方とのあいだにある隔たりである。印象的なつぎの表現が凝縮してあらわしているように、「戦争はそれゆえ一方では戦争以上のものであり、他方では戦争以下のものである[8]」。

この装置が、ドゥルーズ＝ガタリに対して有効な出発点を提供する。ただしその際の条件は、戦争機械の力能と国家の捕獲力能とのあいだの他律性の仮説によって修正を施すこと、つまり、機械状－史的唯物論の概念体系に書き換えることである。それゆえこの修正は、〈定式〉のなかに内包されている隔たりを急進化するという道行きをとることになる。その指標はクラウゼヴィッツ自身のなかに見いだされる。

どんなときであれ戦争力能の侵襲を、国家支配の系譜と混同するなら、すべてが紛糾し、戦争機械を否定的な仕方で理解するほかなくなってしまう。なぜなら、国家の外部に存在するものはなにもないと考えざるをえなくなってしまうからだ。しかし、戦争機械は、それ本来の外部性の環境に置きなおされると、別の種類に属し、別の本性を持ち、別の起源に由来することが明白になってくる。〔……〕国家自身は戦争機械を所有していない。国家は戦争機械をただ軍事制度という形態のもとで領有するだけであり、戦争機械はやはり国家に対してたえず問題を提起し続けるのである。外的な戦争機械の遺産を継承している軍事制度に対して、国家が警戒せざるをえないのはそのためだ。クラウゼヴィッツが、絶対戦争の流れをひとつの〈理念〉(イデア)とみなすとき、国家がおのれの政治的必要に従ってこの流れを部分的に領有するとき――国家は戦争の多かれ少なかれ良き「操縦者」にすぎない――、彼はこうした一般的状況を予感していたのである。[9]

『戦争論』第一篇以降、とくに第八篇で、クラウゼヴィッツは現実の経験的戦争と戦争の純粋概念との区別が、戦争をめぐる理論的思考のうちにもたらす緊張を垣間見ている。戦争の純粋概念とは、「戦争機械に内属する傾向」であり、「この自然な傾向に対して国家は多かれ少なかれたんなる操縦者であるにすぎず、多かれ少なかれ抵抗や軋轢を差し出す」にすぎない。[10] 絶対戦争は、国家の行為であり続けながらも、限界‐概念としての純粋概念に合致する内容として、力能の理念的な連続体を思考するよう強いるのであり、国家は、おのれの政治的な決定にしたがって、この連続体を部分的に領有しうるだけであるように思われる。この連続体は、国家と国家間関係の政治的な領域に対して、権利上、外在的なものとして理解されねばならない。兆候的なのは、この理念的な規定が「予感」のなかでしか垣間見られないという点である。すなわち、政治の道具としての戦争の理論家において、この理念的な規定は避けがたく暗黙的なものとして維持されるほかなく、彼のテクストの亀裂や逡巡のなかでしかあきらかにされないのだ。彼のテクストは、絶対戦争を一方では、戦争プロセスの政治的な激化とするのに対し、他方では、あらゆる政治的関係から切り離された戦争機械の「内的傾向」であるとするのである[11]。この揺れ動きが示しているのは、理論のなかで、この理論じたいが思考しまいと抵抗している事柄である。そうだとするなら、国家‐形式に対する戦争力能の外在性を、明白に主題化することを妨げているのはいったいなんなのか。彼の〈定式〉は、この外在性を表現するというよりむしろ、覆い隠しているのである。「国家装置に対する戦争機械の外在性は、いたるところで露呈しているにもかかわらず、依然として思考するのが困難なままである」。その一方で、「国家装置は内部性形式を構成している。私たちはこの形式を習慣的にモデルとし、この形式に従って思考する習慣を身につけてしまっている」[12]。クラウゼヴィッツによって設定された隔たり、すなわち、戦争力能の純粋概念（絶対的なものないし無条件的な〈理念（イデア）〉としての）と、歴史的、社会‐制度的、道徳的な環境のなかに組み込まれることによって条件づけられる現実の戦争――この環境のなかで戦争は結果的に政治的な意味を見いだす――とのあいだに設定された隔たりが、不十分なわけではない。問題は逆に、この隔たりが、国家‐形式内部での隔たりに留まっているがゆえに、それが有する本来の急進性が看過されているという点にあるのだ。「超越論的経験論」のプログラムを定義する『差異と反復』においてドゥルーズは、批判主義のうちにカントがあまりに多くの経験的前提を温存してしまっており、そのことによって、「超越論的なものの真の構造」の探究を台無しにしてしまい、経験論じたいの批判的射程を歪めたことを非難していた[13]。これと似た意味で、クラウゼヴィッツはあまりに多くの国家的前提を純粋概念のなかに持ち込んだがゆえに、戦争力能と国家力能との質的ないし形式的な異質性を、つまり国家が戦争力能を領有する際に戦争力能が国家のうちに注入する他律性を、限界まで突き進めなかったとして非難されるのである。だが、こうした他律性の制度的な兆候となるのが、近代国家の歴史のなかでくり返される文官と軍当局との対立であり、軍当局に対する文官のたえざる不信なのである。クラウゼヴィッツのためらいがその理論的な兆候となっているように。結局のところ、クラウゼヴィッツはすでに、戦争力能の純粋概念のなかで、「あまりに多くの国家」を前提してしまっているのである。それゆえ、彼が軍事行動の根本目標を「敵の殲滅」によって定義し（そのクラウゼヴィッツ的な意味は、「抵抗しえない状態にすること」である）[14]、それを純粋概念の内的特性として把握するとき[15]、また、彼が極限へと上昇してゆく力学をこの目標に結びつけるとき、このいわゆる「内的」な目的は、敵の政治的な決定をすでに前提してしまっているのであり、また同じように、極限への上昇は、交戦中の戦力同士の対称性を想定することによって、現存する勢力同士の質的な等質性を、正規軍同士の戦闘という枠組のもとで前提してしまっているのである。

戦争機械の形式的な異質性を、その含意すべてとともに思考することが困難であるという事実によって、ふたつの理論的な障碍にさらされることになるだろう。まず、純粋概念の内容――国家の政治的座標によって条件づけられない〈理念（イデア）〉としての力能のプロセス――の歪曲がある。けれども逆に、国家‐形式じたいの理論にひそむ幻想もあり、それが国家‐形式の変形の歴史的分析を毀損してしまうのだ。思弁的問題と具体的‐分析的問題が、ここで緊密に結合する（ドゥルーズ＝ガタリにおいてはつねにそうであるように）。独自の力能のプロセスと形式としての戦争の純粋概念や戦争機械を欠くならば、歴史的に国家がこの戦争機械をおのれのうちに組み込む際の（そして組み込むことでそれを変形する際の）、実効的な操作を隠蔽してしまうリスクがあるばかりでなく、この組み込みの限界を、この組み込みが国家‐形式じたいにもたらす変動を、戦争機械の他律性が国家権力の装置と構造のうちに這入り込ませる矛盾と敵対を、誤認してしまうリスクがあるのだ。それゆえ、クラウゼヴィッツの装置の批判的な取り上げなおしが、「仮説総体」を体系的に発展させるよう導くことで、いかにしてこれらふたつの障碍を取り除き、対応する系譜学的なプログラムの基盤を詳細に決定するかを、見ておく必要があるだろう。

〈仮説〉の体系的な叙述

クラウゼヴィッツの装置を批判的に取り上げなおすことによって、戦争機械の仮説を体系的に叙述しながら、その問題提起的な核心をじかに指し示すことが可能となる。「〈理念〉としての絶対戦争と現実の戦争との区別は、きわめて重要であると思われるが、クラウゼヴィッツとは別の基準を立てることが可能だろう。純粋な〈理念〉とは敵対者の抽象的な殲滅ではなく、まさしく戦争を目標としない戦争機械の〈理念〉なのである[16]」。問題は、クラウゼヴィッツにおいては依然として未分化なままであったふたつの項、すなわち、戦争力能の絶対概念（無条件的な形式や〈理念〉としての力能）と、絶対戦争の概念とを切り離すことである。ところでこうした切断は、戦争の道具的な表象を条件づける概念図式――つまり実践的な三段論法という概念図式――に対して、疑問符を突きつけることになる。この三段論法においては、「政治的意図こそが追求される目的であり、戦争はその手段である、そして、手段は目的ぬきではとうてい考えられない[17]」。ここから、ふたつの問題系列にもとづいて、仮説総体の叙述がなされる。第一の系列が示すのは、いかなる意味で戦争機械は、この図式をア・プリオリに満足させることもなければ、戦争を遂行する国家の道具として規定されることもありえず、それゆえ、「敵を転覆し打倒する」という目的によって規定されることもありえないのかという点である。ようするに、いかなる意味で戦争機械は、国家同士の戦争の政治的意味を表現する目的と手段の実践的な三段論法に、「本性上」参加しないのかということだ。したがってこれは、戦争機械を戦争そのものから分離する、分析的で批判的な系列なのである。ここから、議論の針路を決定づける問題が生じる――逆説的なことに、戦争機械の目標が戦争それじたいでないとするなら、戦争機械の積極的な目標を、すなわち〈理念（イデア）〉の内的な内容を、どのように再定義すべきだろうか。ところでこの第一の問題系列は、今度は、綜合的で歴史的な第二の系列へとつながってゆく。その問題とは以下のようなものである。戦争機械はいかにして国家権力の道具になるのか。いかなる手段をもちいて、国家は戦争機械を領有し、国家間関係に適合するような（軍事的）手段、（戦争という）目標、（政治的な意志や意図としての）目的からなる政治的三段論法のうちに戦争を組み込むのか。その代償として、国家‐形式の歴史的な発展のうちに、いかなる緊張と矛盾を抱え込むのか。

問題系列Ⅰ　〈戦争機械〉／〈国家装置〉の概念的分割

問題1――戦闘は、戦争の必然的な「目標」（客観的な形式）なのか。

テーゼ1――突発的な衝突において例証され、国家戦略にも組み込まれうる非‐戦闘の原則が示唆するところによれば、否である。すでにクラウゼヴィッツが強調していたように、近代における機動戦の発達、抵抗戦における防衛行動の新たな活用が、戦闘の戦略的な形式と争点を複雑化させた。だが彼は、戦闘の特権を維持してもいた。「衝突や作戦行動全体の重心」である戦闘は、戦争の概念から無媒介的に演繹しうる、戦争の唯一の手段であり続けていた。「軍事行動の主要目標は、敵を打ち負かすこと、つまり敵の武装形態を破壊することであるがゆえに、（……）戦闘は、この目標に到達するために軍事活動が採用する唯一の手段なのだ[18]」。この第一の問題はこうして、戦術、戦略、それに両者の関係という具体的な戦争学的地盤に、分析を位置づけることになる。それに呼応するのが、軍隊の配備という枠組に従属することのない衝突形態の再評価である。だが明記しておかねばならないのは、この第一のテーゼ――「戦闘と非戦闘は戦争のふたつの目標」であり、相互に排除しあうことはない[19]――が、対応する問題を解決することはないという点である。第一のテーゼが浮彫りにするのはむしろ、戦術的な与件ばかりでなく、戦争機械の領土化様式がはらむ政治的な含意が考慮されないかぎり、この問題は決定不可能なままであり続ける、ということなのである。

問題2――戦争は、戦争機械の（客観的な）目標なのか。

テーゼ2――戦争機械に固有の目標、その直接的な目標は、戦争そのものではなく、平滑空間の構成である。国家－形式に対する戦争機械の形式的な異質性が、その質的な内容として保持するのは、軍事衝突ではなく、時空間の備給をめぐる差異である。軍隊なき国家が知られており、敵対する政治的意志を屈服させることを目標としない衝突（強奪や「略奪」のような類型）さえもが知られている。だが逆に、最小限の国土整備を行わない国家など考えられない――たとえその国家があまりに「超越的（インフラ）」であったり、ほとんど社会化されていないとしてもである。国家は、居住空間の物質的な下部構造と象徴的－想像的な備給をアレンジする。一般に国家支配の領土原理と呼ばれるものは、歴史上の社会形成体に応じて変化するこうした刻印の結果であり前提でもあって、国家はそれによって、社会的な実践に対して、国家装置の特殊な脱領土化の埋め合わせをする。したがって戦争機械の外在性とは、空間のなかでの外在性（地理的な距離）ではなく、空間の自己自身に対する外在性（どこにいようと「外」であること）なのである。この外在性が、遊牧的なノモスの規定——平滑空間——によって、国家－形式のうちへの戦争機械の完全な内部化を妨げるのだ。平滑空間は「取得」されるのではなく、ただ「保持」されうるだけである。そして平滑空間は、国家装置の領土的相関物（社会－経済的、制度的、象徴的）を、積極的に不可能にするのだ。

そうだとするなら、戦争機械という表現が引きずり続けるあらゆる両義性のなかで、——というのも戦争機械に固有の目標とは、戦争ではなく、空間の産出様式なのだ——、なぜ戦争機械についてなおも語らねばならないのか。なぜなら、平滑空間の産出と備給がまさに戦争機械の内的なプロセスだとしても、そのようなものとして戦争機械が定立される際には、自分が逃れ去ろうとする当のものと遭遇せざるをえず、戦争機械がおのれ自身のうちから排除するものと自己自身の外で衝突せざるをえないからだ。両義性はそれゆえ表現のうちにあるのではなく、なにより事象じたいのうちにある。[20]「戦争が必然的に発生するのは、戦争機械が、その積極的目標と対立する（条里化の）勢力としての国家と都市に衝突するからなのだ。いったん衝突すると戦争機械は、国家、都市、国家的都市的現象を敵とみなし、その殲滅を目標とするようになる」[21]。戦争は、戦争機械とそれによる平滑空間のアレンジメントから、分析的に派生するわけではない。そうではなく、綜合的な連関によって、戦争が遊牧機械から必然的に派生するのでなければならず、そのようにするのが、まさしくこうしたアレンジメントの役目なのである（問題はそれゆえ以下のようになるだろう——なにがこの綜合を制御し操作し、必然性を課してくるのか）。

問題3——戦争機械は国家装置の目標（手段）なのか。

テーゼ3――戦争機械じたいは国家装置の目標ではないが、国家固有の目的に従う道具として、国家が戦争機械を領有するとき、戦争機械は国家装置の目標となる。そしてこうした領有の歴史的プロセスが、先述のふたつの問題に反響する。まさしく国家が、戦争機械を手段として領有するとき、戦争機械そのものが戦争を直接的な目標とするようになるのであり、また、今度は戦争が特権的な客観的形態として戦闘を行うようになるのである。つまり変化するのは、闘い（ポレモス）の形態と綜合の本性なのだ。戦争機械が国家によって領有されないかぎり、戦争機械と戦争との関係は綜合的に必然的なものであり、だからこそ、この綜合じたいが国家‐形式と戦争機械との外在的な遭遇へと送りかえされることになる。この遭遇こそが、綜合を「重層決定し」、その必然性の偶然性を基礎づけ、戦争機械にそれ固有のプロセスの自律性を維持させるのである（私たちは、T・E・ロレンスにおけるアラブ人の抵抗との関連で、この点を指摘しておいた）。しかし、戦争機械が国家によって領有され、国家の政治とその目的に従属させられるやいなや、戦争機械は「その本性と機能をはっきり変化させる。なぜなら、このとき戦争機械は、遊牧民やあらゆる国家破壊者に対抗することになるからであり、また、あるひとつの国家が他の国家を破壊し、おのれの目的を他の国家に強制しようとする場合には、国家間の関係を表現することになるからである」[22]。戦争機械がこのとき、戦争と綜合的に必然的な関係を取り結ぶのは、もはや外在的な遭遇のせいではない。そうではなくいまや国家こそが、綜合の力を制御し、戦争の客観的な形態を正規軍同士の戦闘へと変形し、非対称的な衝突に見られる非正規な要素を、不信の念や抵抗にもかかわらず、局所的に統合しうるようになる、という条件があるからなのだ。

この綜合の力とはなんだろうか。それは国家による戦争機械の領有の条件と手段であり、つまりは、国家の力能に固有の機械状プロセスとしての捕獲である。これこそ、仮説がもたらすクラウゼヴィッツの装置への重要な変更なのだ。すなわち、根本的な問題はもはや、戦争の純粋概念の「実現」ではない。つまり、国家の政治的、社会的、経済的かつ技術的、道徳的かつ法的なパラメータのもと、多かれ少なかれ制限的な条件のもとで、絶対戦争を実現することではない。根本的な問題とはなによりまず国家が、戦争機械を物質的に領有することなのだ。そして歴史のなかで様々に変化するこうした領有の条件、形式、手段こそが、戦争の実現様式を説明しうるだろう。戦争の実現様式は、こうした条件、形式、手段に依存しているのだ。ここから生じるのが、こうした領有そのものの系譜学的なプロセスを対象とする第二の問題系列であり、その叙述が、国家‐形式の理論と、「捕獲装置」としての国家装置の再定義を、ふたたび活性化させるのである。

問題系列II（綜合的‐力動的な系列――国家による戦争機械の領有プロセス）。

問題4――こうした領有の可能性の条件とはなにか。

テーゼ4――国家によるこうした領有の主要な条件は、戦争機械じたいに内在する両義性のなかに、テーゼ2と連関する〈理念（イデア）〉の客観的な「ためらい」として存在している。「まさに戦争は、遊牧的戦争機械の代補的ないし綜合的目標にすぎなかったがゆえに、この戦争機械は、致命的なためらいに遭遇することになるのであり、また国家装置のほうは逆に戦争を横領し、戦争機械を遊牧民に敵対させることができるようになる。（……）征服した帝国に遊牧民を統合することが、国家装置による戦争機械の領有の最も強力な要因のひとつであった。これは避けられない危険であり、遊牧民はそれに屈したのだ[23]」。国家がまず戦争に遭遇するのは、みずから戦争を遂行することによってではなく、戦争を受動的に被ることによってであって、それゆえ、国家はただちに学習するともいわねばならない……[24]。「遊牧論」冒頭に付された日付が示しているのは、中国という帝国の中心を数十年間服従させることになるチンギス・ハーンの力能の外在性ばかりでなく、この力能をつらぬく両義性——「開闢以来、国家に抗する戦争の最初の行為以来」それをつらぬく両義性——でもある。なぜなら、そのあとに続く遊牧民の偉大な戦士たち、フビライ、それにとりわけティムールが、今度は帝国の新たな創始者として立ちあらわれ、戦争機械を草原の遊牧民自身に敵対させるからである。(25) 一二二七年は、この歴史的転換点の日付として、あるいはむしろ〈理念（イデア）〉のなかにあるためらいの、〈理念（イデア）〉のこうした揺れ動きの日付として響き渡っており、国家自身はそれをためらうことなく利用するのだ。

問題5——この領有の具体的な形式とはいかなるものか。

テーゼ5——ドゥルーズ＝ガタリは、領有の主要なふたつの方法を、主権性のふたつの極に添って図式化する（「両極のありとあらゆる混淆とともに」）。一方には、政治的主権性に対して外生的にとどまることで、異質性と相対的自律性を保つ社会集団を、「鞘（カースト）に納めて組み込むこと」がある（外国人傭兵、民兵、傭兵（コンドッティエーレ）、特殊部隊などをめぐる歴史的問題）(26)。他方には、「本来の意味での領有」がある。それは戦争力能を、国家の法的‐制度的な構造に組み込まれた公的な機能として構成しなおすものであり、それによって、戦争力能から可能なかぎり一切の自律性を奪い取ろうとするものだ。

問題6——この領有を実行する手段とはいかなるものか。

テーゼ6——この手段は、直接的に軍事的なものでも法的なものでもありえない。なぜなら軍事制度と、弾圧を行う勢力との関連で法を相関的に変形することは、いずれも領有の結果にほかならないからだ。国家化された戦争力能の系譜は、それじたい戦争に由来するものではないし、国家暴力の法制化も、法の進化から導き出されるわけではない。これらはいずれも、有機的に絡み合う国家の三つの捕獲装置に依存しているのである。すなわち、〔1〕国土の整備、居住環境をめぐる規範や人と物の循環をめぐる規範の管理。〔2〕労働の組織化、剰余労働搾取をめぐる規範の管理。〔3〕税制、貨幣発行の管理。[27] 歴史のなかで例証されるのは、戦士を領土化し、その力を国家‐形式に組み込もうとする試みのなかでの、この三重の独占のたえまない共稼働である。それは、領土への定着を兵役義務と経済的債務の義務に結びつけるのであり、それが今度は、課税装置と貨幣経済化（負債の無限化）を増進させることになるのだ。アケメネス朝バビロニアにおけるハトル、プトレマイオス朝エジプトのクレルキア、さらには五世紀ギリシャのクレロスのような諸制度は、傭兵を定着させるために、軍事的俸給の代わりに土地を譲渡するのだが、ただしその際に、こうした戦士の領土化が、税制の発展と国家による貨幣経済の管理のために利用されるのである。戦士の領土化は、帝国の剰余を吸収する強力な手段となると同時に、公的税制と貨幣経済化の飛躍的進展に深く関与するのだ。[28] きわめて異なる歴史的条件のもと、誕生しつつあった近代国家が、封建制の解体と様々な自由都市のダイナミズムに直面しながら、これら諸都市を支配し領土的な統一化を成し遂げようとしたとき、フランスの君主制が発明した解決策が可能にしたのは、戦士からなる旧来の貴族を領土化することによって、一連の経済的な要因と財政的な原動力を直接搾取することであった。負債によって打ちのめされた封建貴族の没落、不動産に対する債権の圧力、国家による新興市民階級（ブルジョワジー）への支援、貨幣経済と公的財政の相関的な発展が、主権者に対する軍事貴族の財政的隷従を可能にし、その代わりとして徴兵制が創設され、それがまもなく人口のより広い層にまで広がることになる。[29] 公的税制の発展と軍事制度の構築のあいだの連関が示しているのは、国家の創造的進化のなかでくり返される、諸領土、諸活動、諸資本を捕獲し束ねあげる作用なのである。

捕獲装置の理論の賭金は、すでに見たように、国家による独占をめぐる非法的な概念を生みだすことにある。(30) この理論が対象とするのは独占化の操作である。この独占化の操作によって、社会‐経済的構造のなかでの国家権力の自己構成が実現されると同時に、国家権力はこの社会‐経済的構造に対してその支配力を行使するのだ。また国家は、その歴史に衝突や敵対する諸力を組み込みながら変形してゆくが、捕獲装置の理論は、国家のこうした変形の唯物論的な解読を再開するのである。これによって、すでに強調しておいたように、国家による捕獲という概念が、マルクスによる本源的蓄積の分析へと、ふたたび書き換えられることになるだろう。つまり、資本主義に先行する生産諸様式の解体と、資本の生産関係のいやましに高まる影響力とをつうじて、国家の抑圧的暴力の経済がいかに変形され、それが法的装置の変動といかに関係するかを見定めるよう、うながされることになるのだ。本源的蓄積をめぐるこの分析はいまや、戦争機械の仮説がもたらす光のもとで、新たな相貌をまとうことになる。第一に、戦争機械の仮説がこの歴史的プロセスのなかに挿入されると、資本の本源的蓄積を、国家の抑圧力能の本源的蓄積によって二重化するのである。ある意味、これはマルクスの分析とのたんなるアナロジー以上のものである。しかしこのふたつの過程は互いに区別されねばならないように思われる。なぜならふたつの過程が、同じ平面上に、すなわち、暴力をめぐる国家の同じ経済のなかに書き込まれるわけではないからだ。資本主義的な生産構造が樹立されるときに生ずる、抑圧的権力と法的装置との関係の変形は、なによりまず国家警察または「合法的暴力」としての国内弾圧にかかわる一方、戦争機械の領有過程は、防衛的であれ攻撃的であれ、本質的に他の領土と他の国家へと向かう対外的な暴力にかかわるように見える。この観点からすると、ふたつの過程は反比例するかのようにさえ思われるだろう。一方で、社会構造のなかに物質的に組み込まれるにつれて、ますます見えなくなってゆく暴力の内部化がある。他方で、戦争の物質的な力能は、国家へと独占的に集中し強化されてゆくなかで、徐々に規模を拡大しながら、国際的な舞台で「主権的に」表明されるようになる。だが、すでに引用したクラウゼヴィッツの指摘は、別の道を開くものである。「国家の統一性」の発展は、絶対的な形式に合流しようとする一九世紀の戦争の傾向を決定づけたが、しかしそれは戦争がこうした傾向をまったく示していなかった時代に生まれたものなのだ。総力戦の力能が発展したのは、総力戦の政治の時代ではない。それより前に、政治が戦争に制限された目標を設定していた時代に（そして軍事的手段をこの制限された目標に適合させていた時代に）、総力戦の力能は発展したのである。[31]

ガタリ＝ドゥルーズの観点からするなら、この事実確認は、〈仮説〉によって開かれる新たな問題系によって説明されねばならない。つまり、国家間戦争の実現様式をめぐる問いは、国家による戦争機械の領有様式に対して二次的なものにすぎないのである。この領有過程はこのとき、総力戦の政治的力能の「本源的蓄積」過程として、すなわち、戦争の政治的な決定によって説明されることのない蓄積過程として把握されねばならない。この領有過程は、国家と社会経済的な領野とが参入するよう規定される新たな関係にともなって、古典主義時代に戦争機械が被った変形によって説明される蓄積過程として、把握されねばならない。この観点からして、決定的な歴史的シークエンスとは、いうまでもなく、軍事的力能の系譜と資本の社会的権力の系譜とが、相互的に規定しあうような関係を取り結ぶシークエンスなのである。ふたつの運動――すなわち、国家－形式への戦争機械の統合と、社会的生産の内在性のうちへの国家装置の統合――はそこで、ますます分かちがたいものとなってゆく。『アンチ・オイディプス』は、国家権力と国家装置を、社会経済的構造とそれに対応する社会的敵対関係に組み込むこの歴史的な運動を、「具体化傾向」と呼んでいた。そこから演繹されるのは、抽象的に考察された国家権力の消滅などではなく、むしろ反対に、国家権力の強烈な社会化であり、この社会化こそが、かつてない社会的権力と、いやましに分化していく諸機能を、国家に与えるのである。この国家の新たな課題はいまや、資本、商品、人的労働力の脱コード化した流れを制御することにあるのだ。[32]『千のプラトー』においては、新たな仮説の帰結として、以下の相関する傾向が導きだされる。すなわち、戦争機械が国家のうちに内部化されるほどに、戦争の制度化、その運営と組織化——政治ばかりでなく、産業、金融、人口にかかわる——は、国家じたいにとって、強力な創造性の要因となってゆくのであり、また今度はこの国家じたいが、いやましに社会野に内在するものとなってゆくのである。いい換えるならつまり、領有された戦争機械それじたいが、戦争をめぐる政治の直接的な道具になるばかりでなく、社会的な生産諸関係のなかへとより大規模に国家を組み込んでゆく直接的な道具となるのである。つまり戦争機械は、経済の刺激剤かつ調整者になると同時に、階級闘争における支配の道具になるのだ。戦争機械は、ヨーロッパや植民地化された世界を揺さぶる蜂起をめぐる暴動や情況を弾圧する機関として、くり返し利用されているが、その裏面には、労働の社会化の新たな形態を創出するに際して、戦争機械の果たす機能があるのだ。一八五七年九月二五日のエンゲルス宛書簡でマルクスは、軍事制度が生産諸関係の並外れた実験室となっており、しばらくすればこの生産諸関係が「市民社会のなかで発展する」ことになるだろうと指摘していた（たとえば、賃労働の体系化、部門内での分業、「機械化」……）。同じ展望のもと、ドゥルーズ＝ガタリが喚起するのは、中世以来、軍事技師が国家による国土整備において、つまり「要塞や砦だけでなく、戦略的交通輸送、兵站構造、産業の下部構造[33]」において、果たしてきた決定的な役割である。さらには、一七—一八世紀における労働過程の分業様式と連結様式の変形の観点から、ドゥルーズ＝ガタリは、規律装置の軍事モデルをめぐるフーコーの分析に合流することになるだろう。この軍事モデルは、生産する身体＝団体を、誕生しつつある工業生産装置へと領土化するために備給されるものなのだ。まさしく兵舎、武器庫、武器工場において、「労働力を固定し定住化させること、労働の流れの運動を制御し、その流路と配管を指定すること」を可能にする技術が、実験され体系化されるのである。そのために「閉鎖的で、区分けされ、あらゆる点を監視される空間」の条里化がもちいられるのであり、そこでは、「個人が決まった場所にはめ込まれ、些細な動きさえも管理され、あらゆる出来事が記録されるのだ[34]」。

すなわち、「仮説総体」によって開かれる系譜学的なプログラムはたんに、戦争機械が領有された状況における、公的税制や、国家による国土整備や、生産労働の連結の役割を研究するだけにとどまるものではない。転じてそれは、軍事制度と軍事機能という形態のもとで領有された戦争機械が、どのようにして、国家による社会野の条里化のために知と権力技術を創造する強力なベクトルとなるかを、分析することにもなるのだ。こうしたベクトルがなければ、資本主義的生産関係が樹立されることも、その支配を広げることもありえなかっただろう。かくしてこのプログラムは、軍事的力能の本源的蓄積と資本蓄積とを節合するのである。このふたつの過程を、国家-形式はおのれのうちに組み込むのであり、このふたつの過程のなかで、近代国家はおのれを変形させてゆくのだ。国家-形式によるこうした組み込みの主要な効果は、産業資本主義の進展と戦争経済の発展とが、相互に条件づけあい、相互に刺激しあう錯綜した連関を生みだすことであろう。複雑なひとつの同じ傾向のなかで、近代国家は軍事化を成し遂げながら、脱コード化した資本主義的領野における新たな統制的機能を担うようになるのであり、さらには、戦争力能の物質的な組織化が、資本の蓄積と拡大再生産の内的な機能となるのである。このとき、この傾向的な統一性という光のもとで、クラウゼヴィッツの〈定式〉と、「遊牧論」におけるその限界の評価とに、ふたたび向き合わねばなるまい。まさしくこの水準において、系譜学的なプログラムが、

――一九八〇年時点における――現状の政治的診断に着手することになるだろう。

現状と暴力の無制限化――〈定式〉の反転、あるいは〈仮説〉の転換

〈定式〉の限界がしきりに表明されてきたのは、二〇世紀の新たな紛争の歴史分析にとっても、この新たな紛争の戦略的計算にとっても、定式を「反転」させる必要があるからである。政治が別の手段による戦争の継続となり、国家が、公然ないし隠然たる恒久戦争の道具となったのかもしれない。いずれにせよ国家はもはや、戦争の究極的な主体ではないだろう。だが、ルーデンドルフからP・ヴィリリオまで、C・シュミットからフーコーまで、こうした反転の身ぶりはかくも多種多様な意味を帯びえたわけだが、ドゥルーズ＝ガタリはそれをみずから取り上げなおす際に、彼ら自身の仮説の体系へと、ただちに転記しなおすのだ。「あたかもどちらの意味でも通じる表現であるかのように、ふたつの語を反転させるだけでは十分ではない。現実の運動に従わねばならない。その運動の結果として国家は、戦争機械を領有し、それを自分たちの目的に適合させながら、戦争機械をふたたび解き放つのだが、この戦争機械が、今度は目的をみずから引き受け、国家を領有し、ますます多くの公的機能を果たすのである」[35]。それゆえ第一の論点はつぎのようになる――反転は歴史的プロセスを含まねばならない。この歴史的プロセスは、現実の戦争がたんなる武装監視と軍事的敵対の究極的な激発とのあいだで揺れ動く際の、政治的国家のパラメータばかりでなく、より深いところでは、仮説によって導きだされる領有の物質的な要因の進化をも内包しているのである。この基準を尺度として、ルーデンドルフが〈定式〉の反転に初めて与えた意味を評価する必要があるだろう[36]。

前もって述べておくなら、『政治的なものの概念』のシュミットや、一九一四―一九一七年と『ノート』のレーニン〔クラウゼヴィッツ『戦争論』についで取ったノートのこと〕とともに、過激なクラウゼヴィッツ主義者と呼んでおいた人びとのあいだで、ドゥルーズ＝ガタリを考察することによって、この命題はいっそう強化されるだろう。過激なクラウゼヴィッツ主義者は、クラウゼヴィッツを「乗り越える」というより、彼の直観を最終的な帰結まで推し進めてゆくのである。この直観によって、戦争と政治の関係をめぐるクラウゼヴィッツの思考はすでに、おのれ自身の歴史的で概念的な前提をみずから超え出てしまっていたのだ。クラウゼヴィッツ以降をめぐる議論の核心では、当然の如く、「総力戦」としての近代の帝国主義戦争の変形という問題が立てられるのだが、奇妙なことにそれは、ルーデンドルフによる定式化にさえ先立つものである。[37]それは、「政治の手段」としての戦争という厳密に道具的な概念の危機でもある。この概念の解体は、W・ベンヤミン、E・ユンガー、シュミットといった思想家の世代全体にとって、不安な考察対象となり、歴史の悲劇をめぐる鋭敏な感覚の対象にさえなった――たとえ幾人かの人たちにとって、それが戦争の新たな神秘思想のためだったとしても。まさにこの点をめぐってベンヤミンは、一九三〇年の『戦争と戦士』書評において、ユンガー兄弟を批判したのだった。[38]ベンヤミンがそこで示したのはまさに、こうした戦争の神秘思想が、非人称的で大衆的なものとなった軍事技術と根本的に矛盾する闘争のエートスを理想化することによって、「普遍的な現実」としての戦争の表象を称揚しているということであった。この「普遍的な現実」は、近代総力戦の物質的なプロセスを誤認しながら表現するものだ。このプロセスのなかでは、政治的な目的や条件はそれじたい、無関係になるとまではいわないにせよ、偶然的なものになる傾向があるのである。[39]同じ時期にユンガー自身も、「戦争の最中にある産業国家によって建設されるウルカヌスの鍛冶場」という印象的な描写を、『総動員』において差し出しており、それは、機械化が全般化するなかで戦争を実現するものだ。そして機械化のもたらす制約と相互接続が、主権者というかつての「決断主義的」な形象と、世紀冒頭のプロイセン政治ではまだ幅をきかせていた「君主の本能」を、時代遅れのものにしたのだ。[40] この意味でベンヤミンは、大戦によって乱暴な仕方で時事的なものとなった問題が、『戦争と戦士』所収のいくつかの論攷で、はっきり示されたことを評価するだろう。――そしてそれは、戦争機械の仮説の主要な動機のひとつでもあり続けている。戦争機械の仮説は、本書ですでに幾度もその影響を強調してきたように、「両大戦間の趨勢」をあらためて確認する。そしてこの趨勢を受けて、此処でも他処でも、ドゥルーズ＝ガタリのマクロ政治学的思考は、現代ヨーロッパを構成する危機、帝国主義戦争、西ヨーロッパにおける革命的な労働運動の失敗、大陸規模でのファシズムの興隆のなかに位置づけられることになるのだ。

〔『戦争と戦士』のなかで〕最良の最も考え抜かれた論攷は、どうすれば「戦争は国家によって制御されうるのか」を問うことになる。なぜなら国家はその起源からして、この神秘的な戦争理論において大きな役割を果たすからだ。戦争に対する「制御」という考えは、一瞬たりとも、平和主義的な意味で理解されるべきではない。すでにその創設と定着の段階から国家に求められているのは、むしろ、戦争の際に国家がおのれの利益のために動員しなければならない魔術的な力におのれを適応させ、この力にふさわしい威厳ある姿を示すことなのだ。さもなければ、国家は戦争をおのれの目的のために利用することなど絶対にできないだろう、というのである。戦争の際に政治権力が機能不全に陥るという事実こそが、本論集に集まった人たちにとって、彼ら独自の考察を始める出発点となる。[41]

第一次世界大戦の分析のなかでルーデンドルフは、クラウゼヴィッツがナポレオン戦争と、それがスペインとロシアで引き起こした抵抗の新たな形態を教訓とすることによって、近代紛争において「国民的」な次元が帯びる、あらゆる意味で決定的な新たな重要性を把握した功績を評価している[42]。だがルーデンドルフは、三つの前提のせいで、クラウゼヴィッツがそのあらゆる含意を引きださなかったことを批判する。すなわちクラウゼヴィッツは不当にも、軍事的道具を外交活動に従属させたが、それは彼が政治的なものの概念を、対外政治に限定していたためであり、また、軍隊こそが紛争の唯一の主体にして客体であると表象し続けていたからである。これに対してルーデンドルフが反駁するのは、フランス革命以後の戦争から現代の総力戦にかけて、いまや敵対関係は国民同士(ネーション)をまるごと対立させるものとなっているという点であり、つまり、その住民、経済、イデオロギー的な力といったすべてが対立するのだ(「国民の精神的な団結力」)。戦略目標は、もはや軍隊とその備蓄基地ばかりでなく、産業インフラ全体、資産、人間的かつ精神的な「備蓄」、戦争に駆り出される女性兵籍登録者と予備役全体でもあるのだ[43]。つまり、戦略的な重心はもはや「中枢」ではなく、敵対する社会とその国家の全体なのだ。こうしてルーデンドルフにとって、政治的なものの概念を拡張することによって、戦争という企てをめぐって国内政治が果たす、いやましに決定的なものとなる役割を考察するという理論的な必然性が生まれるのであり、また、軍最高司令部に軍事的かつ政治的な(外交的、経済的、心理学的な……)手段全体の決定権を与えるという、実践的な必然性が生まれるのだ。これらの手段は、いまや妥当なものとなった唯一の最終目標のために存在している。その目標とはたんに、和平の条件交渉のために政治的国家にとって有利な関係を勝ち取ることばかりでなく、さらには敗者に対して、無条件降伏を軍事的に強制することなのである。こうした状況が、先ほど示しておいた傾向的な統一性から生まれるという事実は、容易に理解される。なぜなら、国家の軍事化と、それを資本主義的社会関係に内在しながら具体化しようとする傾向とが絡まり合っているがゆえに、戦争機械が国家‐形式によって領有される際には同時に、社会経済的、政治的、イデオロギー的な諸関係の相互連結からなる、たえず強度を増してゆく網目のなかで現実化されることになるからだ（これが意味するのは、いかなる歴史的契機においても、領有された戦争機械が軍事制度のみと一体化するわけではないということでもある）。この意味で、ドゥルーズ＝ガタリが書くように、「国家の戦争を総力戦に変える要因は、資本主義と緊密に結びついている」。資本が社会野を「全体化」するのと（マルクスが、資本による社会関係と生産過程の現実的包摂と呼んでいたもの）、総力戦争機械のなかで、すなわちその手段と目標を無制限化しようとする戦争機械のなかで、国家の軍事的力能が具体化されるのは、同じひとつの運動によるものなのである。もはや手段は、軍事制度に限定されることがない。そうではなく、「戦争にかかわる資材、産業、経済への不変資本の投資と、（戦争を遂行すると同時にそれを被る）肉体的で精神的な人口への可変資本の投資[44]」の総体へと拡張されるのである。また目標はもはや、敵軍を打倒し、敵軍が依拠する政治的権威を屈服させることに限定されるのではなく、敵対する国民（ネーション）の力すべてを殲滅することを目標とするようになる。

　しかし、R・アロンが指摘したように、ルーデンドルフによる〈定式〉の反転には両義性がつきまとう。なぜならまず、クラウゼヴィッツはときに、戦争に向かって尽力する国内政治を考察するからであり、さらには、とりわけ敵の無条件降伏を、政治的意志の外で理解するのはやはり困難であり続けているからである。たとえこの政治的意志が、この究極目標を、おのれ自身の国家の保存に合致させようとするものにすぎないとしても、である[45]。ところでこうした困難は、たんに理論上のものではなく、総力戦の政治の現実的な両義性に関連している。この両義性は、政治的目的と無制限になった戦争機械のプロセスとのあいだに生じうる矛盾のなかで、歴史的に露呈してくるものだ。この矛盾が極限にまで達すると、クラウゼヴィッツの道具的概念が表明する戦争／政治の従属関係の反転へと導かれるのではなく、政治の廃棄そのものへと導かれる。すなわち、自律的なものとなった戦争の物質的プロセスによって、政治的目的が吸収されてしまうのである。総力戦という概念の不明瞭さが、ルーデンドルフの定式化を越えて、ときに非難の的となってきた。[46] ドゥルーズ＝ガタリにとって、この概念には不明瞭なところなど一切ない。この概念は、理論的にも（それに依拠する思想家や国家戦略家をはじめとして）、さらには政治的にも維持しえないものであり、それは不明瞭さとはまったく違う事態なのだ。総力戦の概念が意味を獲得するのは、戦争が総力戦となるかたわらで、おのれを全体化する国家を前提する場合だけである（ここから生じるのが、国家と、産業社会のあらゆる歯車のなかに組み込まれた戦争機械との、傾向的な識別不可能性である。歴史と幻想が絡みあう「労働者の〈時代〉」という領域のなかで、ユンガーが描きだした「ウルカヌスの鍛冶場」のように）。だが前提されるこの国家が、十全たるかたちで実現されるのは、あるプロセスの極限においてのみである。すなわち、戦争機械のプロセスへの国家の従属と、政治の崩壊（反転ではなく）とが織りなす地平のなかで、はじめて自律化しうるプロセスの極限においてのみなのである。クラウゼヴィッツのテーゼと、それに対するルーデンドルフの批判を、思考不可能なものへと導くこうした極限の歴史的な現実は、ドゥルーズ＝ガタリによるなら、ナチス国家の世界的な戦争機械のなかに見いだされるものだ。その総力戦のプロセスにおいて、この戦争機械はあらゆる政治的目的を振りほどき、無条件的な戦争のプロセスになろうとする。すなわち、あらゆる政治的条件から抜け出そうとするのだ。政治的目的が、（ルーデンドルフの描いた条件のもとで）戦争の目標と一体化しようとするばかりでなく、戦争の目標じたいが終わりなき自律的プロセスになろうとするのである。

その政治的目的など、もはや従属的な手段にすぎない。いまや総力戦争機械は、たんに国家とその政治的目的に合致するのではなく、逆に自己疎外し、「破壊にしか役立たない国家装置」の産出さえ行いうるようになる。それによって総力戦争機械は、政治的目的のあらゆる制限された条件とも、さらには国家による政治の根本的要請である国家じたいの保存とも、矛盾をきたすまでになるのだ。こうして、国家社会主義国家と全体主義国家とのちがいがあきらかになる。

全体主義は国家の問題である。全体主義は本質的に、局限されたアレンジメントとしての国家と、それが実現する超コード化の抽象機械との関係にかかわる事柄である。軍事独裁の場合ですら、権力を掌握し、国家を全体主義の段階に導くのは国家の軍隊であって、決して戦争機械ではない。全体主義は、きわめて保守的なのだ。だがファシズムにおいて重要なのは、あきらかに戦争機械である。そしてファシズムが全体主義国家を築きあげるのは、国家の軍隊が権力を掌握するという意味ではなく、逆に戦争機械が国家を奪取するという意味なのだ。(47)

全体国家が有する国家社会主義的な特殊性は、潜在的に無制限なものとなった戦争の力学を考慮しなければ、十全に規定することができない。この力学のなかで、この力学によって、全体国家はおのれの全体化に到達する——すなわち、市民社会を軍事化することによって、戦争に向かう努力へと人口を総動員することによって、「歴史的－世界的な妄想」(48)のあらゆる手段を活用する帝国主義的な拡張へとイデオロギーを動員することによって、投資を生産手段と消費手段から破壊手段の生産へと移行させることによる戦争経済へのグローバルな転換によって、おのれの全体化に到達するのである。しかしこの力学のなかに置かれた国家には、おのれが陥る破滅のプロセスを、端的に加速させてしまう傾向がある。この意味で、国家社会主義的な全体国家の十全たる実現は、全体主義そのものであるというより（全体的支配はむしろ、総動員の要請にかかわる綜合的に必然的な目標であろう。もっとも総動員は国家というより党が行うことなのだが）、「自殺的国家」[49]における全体主義の弱体化であろう。このとき総力戦は、国家の企てというよりむしろ、国家を領有する戦争機械としてその姿をあらわす。この戦争機械は、「絶対戦争の流れを国家に貫通させる。このとき絶対戦争には、国家自身の自殺という結末以外ありえない」〔*MP*, p. 282/中巻・一四三頁〕。ファシズムと全体主義を区別しなかったとはいえ、H・アーレントはこれと近い意味で、つぎのように書いていた。支配を目指す国家社会主義の着想のなかでは、「暴力による［国家］権力の掌握じたいが、目的そのものだったことなど一度もない（……）。運動の実践的目標は、おのれの組織のなかに可能なかぎり多くの人たちを編入し、運動に巻き込み、運動させ続けることである。運動の目的が生みだす政治的目標など、端的にいって存在しないのだ」[50]。ドゥルーズ＝ガタリがつけくわえるように、戦争も、戦争に負けるリスクさえも、そして究極的には、敗北の不可避性さえも、無制限的なものとなったこの運動を加速させるものとして介入する。一九四五年三月一九日――ヒトラー――電報七一。「戦争に負けるくらいなら、国家など滅んでしまえ」[51]。

〈定式〉が端的に極限にまでもたらされ、あらゆる意味を喪失するのでなく、本来の意味で反転するのは、いかなる歴史的状況なのだろうか。私たちは〈仮説〉の終着点に到達している。すなわち、領有の要因の歴史的運動が、ガタリ＝ドゥルーズが〈仮説〉を言表する現在に合流する地点に到達している。私たちはこれまで以上に、その根本的な理論的含意を主張しなおさなければならない。すなわち、戦争機械／国家の関係が、政治／戦争の関係を重層決定しているのである。ところで、第二次大戦において頂点に達する反転の第一の相が示しているのは、国家に対して自律化しつつある世界的な戦争機械であり、それはあるひとつの傾向の帰結としてもたらされた。すなわち、その傾向のなかではまず、産業資本主義の進展と戦争経済の発展が融合したのであり、ヨーロッパ諸国の強力な軍事化が、戦争力能の物質的な組織化を資本主義的蓄積の有機的な条件に変えたのだ。だがまさに、この第一の相における戦争機械と国家との領有関係の反転が、政治と戦争との関係の反転をもたらすことはない。なぜなら戦争機械は、総力戦としての現実の戦争のなかで、現実の戦争によって、はじめて政治的国家を領有するからだ。戦争機械は、戦争を直接の目標に据え続けることによって、社会経済的領野の全域で物質化されるのである（戦争経済と総動員）。それゆえ、確かに領有関係が反転するのだが、それは政治的目的（敵を服従させ殲滅すること）が、決定的な動機であり続けるかぎりにおいてのことであり、つまり戦争が「別の手段による政治の継続」というクラウゼヴィッツの定式に従い続けるかぎりにおいてのことなのだ。たとえこの別の手段が、政治的かつ外交的な紛争解決をすべて排除するものとなり、政治的目的が、政治的国家を自己破壊へと導いていく戦争のプロセスと矛盾をきたす傾向があるにしても、である。逆に、かつて越えられることのなかった閾が、戦後の情況のなかで越えられるのは、まさに戦争機械と国家との領有関係の反転が、世界的な布置のなかで具体化されるときである。この世界的な布置のなかでは、国家の軍事化と、資本主義構造のなかでの戦争経済の進展と、無制限化した戦争の物質的な力能のもとへの地球規模の社会環境全体の包摂とが、現実の総力戦なしに実現される段階に到るのだ。

様々な国家からいわば「再出現」してくるこの世界的な戦争機械は、ふたつの形象を順々に提示することになる。ひとつめは戦争を、自分自身以外の目的を持たない無制限の運動へと変えてしまうファシズムという形象である。しかしファシズムはまだほんの序の口にすぎない。ポスト・ファシズムの形象は、〈恐怖〉の平和あるいは〈サバイバル〉の平和として、平和を直接の目標に据える戦争機械である。（……）総力戦じたいが、もっと恐ろしい平和の一形態へ向けて乗り越えられる。戦争機械は、目的すなわち世界秩序を自分で引き受けたのであり、もはや国家はこの新しい戦争機械に適合する目標や手段でしかない。まさにここで、クラウゼヴィッツの定式がじっさいに反転するのだ。[52]

私たちが直面しているのは、政治がじっさいに別の手段による戦争の継続と化すような布置である。だがそれはまさに、世界的な戦争機械が戦争を目標とするのをやめるからであり、同時に、戦争が政治的目的に従属するのをやめるからである。こうした自律的な戦争機械の再構成を決定する第一の要因は、もちろん地政学的かつ戦略的なものであり、国際政治の新機軸によるものである。すなわち、ヨーロッパ諸国の帝国主義的なライヴァル関係から、冷戦の軸と新たな南北関係への移動が起ったのである。なによりこれこそ、「平和こそが、総力戦から無制限な物質的プロセスを技術的に解放する」という指摘の意味である。[53] 核抑止戦略における脅威による平和、「〈恐怖〉の平和あるいは〈サバイバル〉の平和」が、世界的な戦争機械を、かつてない規模の技術的、科学的、経済的な資本化の目標と手段に変える。この資本化を発展させるためには、もはや総力戦そのものを発動させる必要すらない。しかしより根本的な第二の要因がある。この第二の要因が説明するのは、戦後数十年間のあいだに行われた世界的戦争機械の再編成は、ドゥルーズ＝ガタリにとって、二〇世紀前半における国民国家の帝国主義的戦略を、技術的で地政学的な新次元へとたんに拡張し、拡大したものではなく、むしろ、かつてない状況なのだという点である。なぜなら地政学じたいが、資本主義的な世界－経済と、その条件を実現する政治的国家との関係を決定する「メタ経済学」に依存しているからである。[54]この論点こそが、世界規模の資本蓄積を「公理系」という用語で主題化する際の核心にあるものだろう。この点については、第三部でふたたび取り上げることにしたい。だが、現時点ですでに一般的に指摘しうるのは、国家構造に対する世界的な戦争機械の自律性は、反転の第一の相においても、第二の相においても、国家構造に対する資本蓄積過程の相対的な自律性の度合（「独立」ではない）によって、規定され続けているということである。確かに資本蓄積過程は、国際的な分業や、国家を超える資本の循環や、世界市場をますます経由するようになっている。だが、対応する生産諸関係を整備し、過少投資と過剰生産のシステミックな不均衡と危機を乗り越え、国家の枠内での社会的な影響を良くも悪くも統御するのは、いうまでもなく、つねに国家の役割なのだ。戦後数十年のあいだに発展した布置の新しさは、国家が「解き放った」新たな世界的戦争機械の有する自律性の度合がいまや、第二次大戦までの度合よりも相当高いように思われるという事実にある。このことが示しているのはつまり、戦争機械が、資本主義構造へと極端なまでに統合されたということであり、さらにはこの資本主義構造じたいが、社会的－国家的制度に対する自律化の新たな閾を越えたということである。国家を超える独占資本主義は、それが発展してゆく際に、国家による独占資本主義に接続され、その地位を奪うというよりはむしろそれを複雑化し、多国籍企業と世界的金融寡頭制として具体化される。それと同時に、世界的な戦争機械そのものが、軍事、産業、金融が手を取りあう技術的複合体に組み込まれ、国民国家の法的、行政的な境界線を超えてゆくのである。[55]

先ほどは示唆するだけにしておいたことを、いまや詳細に述べることができよう。「戦争機械に対立し、並置される部分にすぎない」国家が、自律的な世界的戦争機械を再編成するとき、問われているのはクラウゼヴィッツの〈定式〉に含まれる二項の反転ではなく（戦争が政治の継続なのか、それとも、政治が戦争の継続なのか……）、むしろ、定式に含まれる三段論法のあらゆる項の根本的な再配分である。すなわち、目的、目標、手段の関係の体系的な変形であり、つまりは、戦争と政治そのものの意味と客観的な形式の変動なのである。

a／この世界的な戦争機械が、いまや政治的な目的に従属するのをやめているのは、なによりまず目的じたいが直接的に政治的なものであるのをやめ、無媒介的に経済的なものになろうとしているからである。すなわち、システムに由来する矛盾のなかでの資本蓄積、世界規模での資本の拡大再生産のことだ。この矛盾は、ドゥルーズ＝ガタリにあってはいまなお、マルクスが平均利潤率の傾向的低下と、過剰蓄積の危機＝恐慌をめぐる分析において見いだした矛盾であり続けている。ガタリ＝ドゥルーズがマルクスをわがものとする際のアルファにしてオメガであるこの分析が、彼らの『資本論』読解全体を一身に引き受けている。強力なイデオロギー作用がなくとも、この分析さえあれば、経済学批判をめぐる争点の外でなされる『資本主義と分裂症』の受容を駆逐するには、ずいぶん前から十分だったはずだ。『資本論』第三巻でマルクスは、他のあらゆる生産様式に対する資本主義の根本的な特異性を浮彫りにする。すなわち、剰余価値の生産以外の目的を持たないこと。社会的生産性の増大を「自己目的」化すること。それゆえおのれ自身の蓄積過程に課される外的な限界が一切存在せず、もっぱら内的な限界ないしは「内在的」な限界しか持たないこと。すなわち、既存資本の価値増殖という制約された条件しか持たないこと──たとえば、剰余価値の創造を、人口と労働搾取率の関係に応じて行わざるをえないという生産力の限界や、剰余価値の吸収や「実現」を、「異なる生産諸部門の割合と社会の消費能力」に応じて行わざるをえないという限界しか持たないこと。過剰資本として、失業と過剰生産の危機＝恐慌として具体化されるこうした制限、蓄積過程によってこの過程じたいのうちに生みだされるこうした制限は、既存資本の周期的な価値低下によって、不変資本への投資の増加と「生産手段のたえざる変更」によって、新たな販路の開発と生産規模の拡大によって、はじめて乗り越えられるものだ。だがこれらは「内在的な限界」を破壊するのではなく、この限界を移動させ、より遠くでふたたび見いだすのである。つまり内在的な限界を破壊することで、たえず規模を拡大させながらそれを再生産するのだ[56]。

b／世界規模の資本主義的蓄積過程のこうした力学の内部で、戦争機械の新たな目的が、いまや二重の仕方で規定されねばならない。まず第一に、戦争機械の目的はじっさいに無制限になる。総力戦はまだ、戦争機械に対して外側から限界を定める政治的目的を必要としていた（敵を殲滅すること）。しかし、世界資本主義の構造への統合という新たな閾を越えるとき、戦争機械はじっさいに無制限なものとなる。すなわち戦争機械は、蓄積過程の基本的な規定、つまり、自己目的としてのこの過程じたいの外部にあるいかなる限界にも権利上遭遇しないという規定に合流するのである。だが第二に、この目的が無制限的であるのは、内的な危機＝恐慌をはらむものであるときだけである。この過程は、おのれ自身の内在的な制限（危機＝恐慌）を産出することによってはじめて、あらゆる外的な限界を粉砕するのだ。この観点によれば、資本主義による戦争機械とその特殊な無制限化（平滑空間）の動員は、資本主義の力能同士の地政学的関係に依存するばかりでなく、より直接的には、世界規模で行われる資本の生産と再生産の編成に依存するのである。「あたかも資本主義が比類なき完成度に到達させた条里化の果てで、流動資本が一種の平滑空間を必然的に再創造し、再構築したかのようであり、その空間において人間の運命がふたたび決せられるかのようだ。確かに、条里化は最も完全かつ苛酷な形で存続している（……）。しかし条里化は、資本主義の国家的な極、つまり資本の組織化において近代の国家装置が果たす役割にかかわるのである。反対に、統合された（というよりむしろ統合する）世界資本主義の補完的かつ支配的な水準では、新たな平滑空間が産出される（……）。多国籍企業が生みだしているのは、一種の脱領土化した平滑空間であり、そこでは交換の極としての拠点が、条里化の古典的な経路からは、相当に独立したものとなるのである」[57]。現代の資本主義の枠内で、平滑空間の概念を取り上げなおすことの基盤にあるのは、資本主義の無制限化という傾向の規定である。それは、不変資本／可変資本の関係――そして資本の有機的な構成の発展や、搾取の社会技術的構成の発展のなかで、この関係が識別不可能になること――にかかわると同時に、固定資本／流動資本の関係――そして世界規模の資本再生産における回転のリズムが加速することによって、この関係が識別不可能になること――にかかわるものだ。この二重の傾向によって、ドゥルーズ＝ガタリ、すなわち国家を超える産業と金融の新たな有機的組織の発展の同時代人である彼らは、新たな微分法を生みだすよううながされる。この微分法は、上述のふたつの区別を引きのばしながら、それを相対化し、とりわけその批判的な形態を、資本の地理学や、領土化と脱領土化の様式――資本による労働力への、領土とその整備開発への、国家とその人口への影響力が内包する様式――に結びつけるものである。「平滑資本」と「条里資本」の区別は、同時に、資本の有機的構成の要因と資本の再生産のリズムとを結びつけながら、過剰蓄積の危機＝恐慌が必然的に引き起こす資本の価値低下の衝撃の規模に応じて、これらふたつの系列の因子が、批判的に結合する地点を指し示すことになる。これらの資本は整備開発ばかりでなく、都市、さらには地域や地方でも物質化されており、したがってこの資本を破壊するなら、端的にいって、人口全体にとって土地があっというまに居住不可能になりうるのだ――このとき資本の「脱領土化」の相関物は、「住民の追放」以外にない[58]。だがこれはまさに、資本主義の無制限化と、その「内－暴力」、すなわちその生産主義の過酷な掟を下支えする破壊主義がおのれを展開する際に、「世界的な戦争機械」とそれ固有の無制限化の力能――平滑空間の生産――を、直接動員せざるをえなくなる地点なのだ。「公理系における不変資本の重要性が増すにつれ、既存資本の価値低下と新資本の形成がまとうリズムと規模は、いまや［軍産金融］複合体として具現化されている戦争機械を必然的に経由してゆくようになる（……）。公理系の「限界」が移動するたびに、それにともなって動く力能の連続的な「閾」がある。戦争の力能は、たえずシステムの飽和をいっそう過剰に飽和させ、条件づけにやってくるかのようである」[59]。

c／世界化した蓄積過程に組み込まれるとき、もはや戦争機械の目標は戦争そのものではなく、絶対的なものとなった戦争ですらない。戦争機械の目標は、「サバイバルの絶対的な平和」としての世界秩序に向かってゆく。もちろんこれは戦争が減少するという意味ではない。そんな状態にはほど遠い。そうではなくたんに、戦争機械が国家‐形式に対する自律性をふたたび獲得することで、ふたたび戦争が、もっぱら綜合的な意味で戦争機械の必然的な目標になるということである。戦争機械の分析的な目標とは、既存資本の価値増殖に課せられた制限を移動してやることの保証である。そのための手段として、統合された唯一の世界市場のなかでの生産規模の拡大、地球エネルギー資源の搾取と「周辺」の労働力の搾取との相関的な強化、その帰結としての国際的な分業と世界‐経済の地域間の従属関係の手直しがもちいられる。これらの操作はどれも、国家同士の緊張なしに、政治的意志同士の衝突なしに、実行されることなどない。だがそれもいまや、拡大する蓄積がたえず生みだす市民社会の混乱に乗じて計画される、地球規模の安全保障秩序のなかに歯車として組み込まれるのだ。まさしくこの意味で、「戦争は戦争機械の物質化であるのをやめ、戦争機械じたいのほうが物質化された戦争となる」[60]。つまり戦争機械は、世界資本主義公理系の「秩序」と「安全保障」に組み込まれた戦争になるのである。世界資本主義公理系は、究極的には、軍事作戦なしで済ますことができる。しかし、飢餓を生みだす食糧の流れの脱コード化や、居住環境の破壊・強制移住・野蛮な都市化による人口の流れの脱コード化や、政治や通貨の不安定性を生みだす物質‐エネルギーの流れの脱コード化といったものの体系化なしで済ますことはできない。これはつまり、体系的に不安定化され、「不安保障」される社会的で実存的な領土のうちに内在するものとなった、戦争の災禍である。アーサー・T・ハリスのいう精神への爆撃〔第二次世界大戦中、英国軍人ハリスがドイツの市街地に爆撃をしかけることで、ドイツ国民の戦意を挫こうとした作戦〕のひそみに倣うなら、現実の総力戦が軍事的に勃発することさえも、空から降ってくるその前兆にすぎないのだ。

d／だとするなら、戦争そのものへと回帰せねばなるまい。世界的な安全保障秩序の「平和」は、いかなる政治的和平も、戦争の量的減少も含意してはいない。それどころか戦争は、地政学上の新たな極と、南北間での新たな不等価交換関係とに応じて、それが帝国主義時代に有していたいくつかの機能さえも温存しうるのだ[61]。だが、こうした部分的な連続性は、本質を覆い隠してしまいかねない。くり返しになるが、戦争の実現は、国家と戦争機械のあいだでの可変的な領有関係に依存する。ところで、戦争機械が国家による戦争の手段であることをやめ、それじたい物質化された戦争となり、組織化された不安保障となり、世界‐経済の「正常」な秩序——この秩序は、P・ヴィリリオが書くように、「人びとから住民としての資格を剥奪することによって、地球の居住環境全体」を滅茶苦茶にする傾向がある[62]——のなかで社会的領土を破壊する力能として具体化されるとき、戦争は新たな客観的形態をまとい始める。C・シュミットとの一致がここで、あらためて際立つものとなる。第一に、ドゥルーズ＝ガタリが喝破するように、戦争はますます警察的介入に、世界市場という「社会」内での警察活動に似たものとなる。こうした警察的介入は、国家が有する本来の意味での政治的かつ外交的手段を、相対的に従属させてゆく。指標となるのは、国家の公的機能が、戦争機械自身へとますます移転させられてゆくことであり——また逆に軍事技術が、市民政府や、人口の抑圧、管理の領域に転用されてゆくことである。ヴィリリオによって分析されたマクナマラ・ラインの例を見てみよう。マクナマラ・ラインは「電子システムによって、ベトコンの侵入を防ぐことを可能にするだろう。その同じものが一九七三年夏、米国南部のメキシコ国境に設置され、今度は労働者の不法な移民を妨げるためにもちいられたのだ。同じくフランスでも、いくつかの工場と油槽所で火災が起きて以来、極東アメリカ軍と同様の電子的な探知法が採用されている。ただし、それが張り巡らされているのは、今度は工業地帯の周囲なのだ。いまやスパイ・カメラは、明白な敵ばかりでなく、競技場にいる品の悪い観客や、性質の悪い運転手なども監視しているのだ[63]」。戦争の新たな客観的形態とは、世界的な安全保障秩序の内的な部品になることであり、それがこうして国際空間の警察化と、国内の市民空間の軍事化とを結びつけている。第二に、この相関関係は、戦争／平和、国内／国外というふたつの分割に揺さぶりをかける。この分割を起点として、国家‐形式内での軍事衝突が、政治的‐法的かつ外交的に超コード化されるのである。ドゥルーズ＝ガタリは、ここでもまたヴィリリオに従う。「軍事制度が、「国土防衛作戦」をつうじて、ますます国内の治安に専心するようになるとき、警察のほうは、〈公的扶助〉に同化しようとする。軍隊にとってはもはや、「国内」の敵と「国外」の敵の明確な区別さえ存在しない。いまやあらゆる領域（人口統計、経済、非行など）へと一般化された脅威があるだけであり、つまり、位置を特定できない敵しかいないのだ。なぜなら混乱に乗じて、あちこちに敵が発見されうるからである[64]」。平和の時期と戦争の時期との外交的区別がぼやけてゆくのと同時に、敵という形容も、ますます政治的なものではなくなり、司法的、経済的、道徳的、宗教的……なものになってゆく。依然として「全面的な敵」は存在するのだが、しかしこの全面的という性格が、一義的なひとつの形象に対応するような、特権的な敵対性によって超コード化されるわけではない。矛盾するようだが、全面的という性格もまた、数えきれないほど多数多様な多義的な諸形象の可能性へと分子化されねばならないのである[65]。すでに指摘した「任意の敵」という公式概念に対する関心はここから生じる。この概念は、新たな世界的戦争機械によって産出される、平滑空間の安全保障的な連続体と完璧に合致するのだ[66]。G^{al}・ギィ・ブロソレが、蜂起に対抗する技術を国防戦略に組み込むよう熱心に推奨するのは、彼自身の説明によるなら、潜在的な国外からの攻撃に備えるばかりでなく、はるかに位置を特定しがたい「経済的、転覆的、政治的、道徳的といった」あらゆる種類の脅威にとくに備えるためなのだ。「敵は様々な形態をまとい、巧みな策をもちい、いたるところに存在する。それゆえフランスが備えねばならない脅威は、どこにでも出没しうるし、きわめて多様な国家機能の諸部門に影響しうるものとなる。不安をかき立てるこうした確認が、これらの遍在する多様な脅威に対応すべく構想される国防政策の前提となる[67]」。つまり、戦争が警察的‐司法的な客観的形態をまとうと同時に、敵が抽象化し、潜在的にいたるところに出没するものとなる。こうして個体化されず素性の分からない脅威が、社会空間のなかの任意の地点に、予見不可能な形象をまとって出現しうるようになるのであり（平滑空間）、しかもそれは、国家への帰属や国家同士の関係といった政治的な基準からは独立しているのである。

不安保障する安全保障というこのパラノイア的論理に奉仕しながら、「いま現在整備されている諸国家の世界的な協定、世界的な警察組織と司法組織が、準備を整え必然的に拡張されてゆくとき、いっそう多くの人たちが潜在的な「テロリスト」とみなされることになるだろう[68]」。ここから、軍事‐警察の新たな結合が、敵の形象を言説上で構築する新たな手法、すなわち、象徴的かつ想像的な見取図を操るのに必要な手法と、いかにかかわるのかを理解するという課題が生まれるだろう。というのも、この象徴的かつ想像的な見取図のなかで、資本主義支配の矛盾と、それへの抵抗とが主体化されるからだ。いかなる意味で、新たな世界的戦争機械が、世界規模の資本蓄積過程と緊密に結びついているかについては、すでに見たとおりである。この資本蓄積過程がおのれ自身の内的危機＝恐慌をくぐりぬけるとき、かならず既存資本の価値低下と新資本の形成のサイクルを早め、かつてない回転規模と回転速度をもたらすことになる。だがまさに、資本主義公理系のこうした拡張は必然的に、素性の定かでない任意のものとなった敵の全般的な潜在化を経由するのにくわえ、それと相関的に、敵の素性を特定し、敵の素性を継続的に特定し続ける技術を加速させることになる。そしてその対価として、資本の諸制度に合致しない社会的実践が、広範に犯罪化されるのだ。ドゥルーズ＝ガタリの診断によるなら、戦争の客観的形態が変形する際の最後の相関物、それが、「情報」権力の発展であり、とりわけ、「脅威」の形象にたえず手をくわえ、言説上での敵の再生産を保証する力を持つ言表のアレンジメントである。この敵は、究極的にはどんなコードの断片のなかにも確認されうるのだ。変数となるのは、年齢、宗教、職業、居住地、政治イデオロギー、社会的・性的・経済的な操行……である。[69]

クラウゼヴィッツ、レーニン、シュミット、フーコー、ドゥルーズ＝ガタリ——対話形式のフィクション

一九八〇年、著者たちによって作業仮説として提示された戦争機械の理論はこうして、歴史的な長期持続と現在性の尖端とを節合する、系譜学的なプログラムの基礎として読解されることになる。世界的な戦争機械を、安全保障的で、統治‐道徳的で、警察的な空間の形成に関連づける上述の分析を取り巻

く情況判断を行うことによって、ガタリ＝ドゥルーズの仮説をめぐる状況を、いくらか遡って叙述することが可能になるだろう。すなわち、一九七〇―一九八〇年代の転回点において、理論的な発展が、それを言表する現在と合流する時点の状況の叙述である。そこで結合するのは以下のものである。a／ふたつの「ブロック」のあいだの地政学的な力関係の変動があり、さらには、世界資本主義の「中心」と「周辺」のあいだの関係が徐々に影響力を増し、最後に、それらがヨーロッパ内の力関係に効果を及ぼしてゆく（レーガン政権初期の文脈では、軍事的投資による経済振興がなされ、西ヨーロッパ諸国における米国の影響圏を強化しようという圧力が高まる）。b／他方では、西ヨーロッパで一九五〇―一九六〇年代に生まれた異議申し立ての力が退潮するなかで、暴力のサイクルが一九七六―一九七八年に頂点を迎え、テロリズムと、国家によるテロリズムの連鎖が起こる（ドイツの例外法、クラウス・クロワッサン事件〔西ドイツ赤軍の弁護士であるクロワッサンが、西ドイツにおけるテロリズムの準備をしたとして、亡命先のフランスで逮捕され、西ドイツ政府が彼の引き渡しを求めてきた一件〕、パレスチナの抵抗と西洋の大都市における極左闘争とのあいだの現実的ないし空想的な回路、国家による洗脳への新興メディアの大々的な動員など）[70]。異なるこれらの出来事が交叉する地点において、最終的に、仮説に到る作業プログラムが定義される。この仮説の一側面をなすのが、平滑空間における管理技術の分析であり、とりわけ軍事領域から民間領域への技術移転の分析である。それは同時に、任意の敵という形象のメディア的、言説的、視聴覚的な構築の記号論的分析を含むものでもあるだろう。

　あきらかにこの理論的プログラムは、居住可能な領土を再建することを可能にする、集団的抵抗の実践とまず切り離せないだろう。すなわち、軍事的なコード化に応酬し、「政治」の法的‐道徳的で、安全保障的で、警察的な方向転換に応酬するような、新たな政治的実践を再創造することを可能にする集団的抵抗の実践と切り離せない。政治的な情況と時宜を利用して、たえずより多くの人口を服従させようとする権力の技術として、マイノリティ化が存在する。だが同時に、その不確定な拡大の裏面にあるのが、一九七五―一九七六年以来の、「万人のマイナーなものへの生成変化」をめぐるガタリ＝ドゥルーズの考察の強化なのである。おそらくそれがここで、最も緊急とはいわないにせよ、最も直接的な動機のひとつを見いだすだろう。だがそのときでさえ、戦争機械のカテゴリーが、まさに政治の国家的な座標に対して過剰なものを有するがゆえに、そして「戦争とのきわめて変わりやすい関係」を取り結ぶ敵対的な力能をふくんでいるがゆえに、ドゥルーズ＝ガタリにおける戦争機械のカテゴリーは、国家をその戦争能力から切り離す――戦争を分離する――力を持つ審級を、なおも指呼し続けている。そのことによって、戦争機械のカテゴリーは、戦争じたいの意味を変形するような（かならずしも、未然に防ぐことを意味するわけではない）、紛争＝衝突の使用法に道を譲ることが可能になるのだ（ある意味で、シュミットに対抗することによって）。ただし、変身の力能／変身しつつある力能としての戦争機械にかかわるこの変形には、革命的だったり反動的だったりする結末を、解放的だったり破壊的だったりする結末を、平和主義的だったり軍国主義的だったりさえする結末を、あらかじめ決定するような一義的「意味＝方向」は一切存在しない。――より根本的にいうなら、戦争機械が、たとえ直接的な目標として戦争を喪失しているにせよ、かつて帝国主義国家とその総力戦が発展させた破壊よりもさらに深刻な破壊の力能を帯びるのか、それとも、「内戦」や「国家間の戦争」があらゆる政治的可能性を破壊しようとするそのときに、戦争のなかに政治を再導入する敵対的な力能として、戦争機械がおのれを構成しうるのかを、あらかじめ決定することはまったくできない。――本章で示唆することになるように、この不確定性は、たんに理論的なばかりでなく、現実的で客観的な特徴であろう。

ふたたびこの点を浮かびあがらせながら、本章を締めくくるために、ここまでの軌跡をとおして交叉してきた、仮説のありうる三つの読解法を要約することにしよう。ドゥルーズ＝ガタリがじっさいに展開したのは第三の読解法のみだが、仮説の総体的叙述という観点からするなら、他のふたつの読解法も同じく一貫性を具えている。もっというなら、シュミットの「政治的なものの概念」に対する共通の距離の取り方によっても、〈定式〉のルーデンドルフ的な倒錯との関係によっても、三つの読解法は互いに節合されるだろう。

a／フーコーの操作を、〈定式〉の倒錯（*perversion*）と呼ぶことにしよう。その操作とは、クラウゼヴィッツの公理のうちに、先行する運動——近代国家の建設過程のなかに、国内の軍事技術と「社会的戦争」の言説とを同時に取り込んできた運動——の「反転（inversion）」の帰結を見いだすものである。[71] フーコーの操作がもたらす効果とは、シュミットが中立的な高次の〈権力〉の出現とみなすものの核心部に、直接、矛盾を据えつけることである。この〈権力〉が幅をきかせるのは、国内紛争を脱政治化された「私的」な衝突（端的な警察行為の対象）へと格下げし、相対化することによってであると想定される——あたかも、この主権権力がじっさいに国家化されるには、おのれが抑圧せねばならない国内戦争と「国内の敵」という形象を、矛盾を抱えながらおのれのうちに組み込むばかりか、部分的にはその発明に貢献しなければならないかのようなのだ。

b／レーニン的な操作を、〈定式〉の転覆（*subversion*）と呼ぶことにしよう。「帝国主義戦争を革命的な内戦に変形すること」という指令語（スローガン）が担うレーニン的な操作とは、内戦をもちいて、敵対関係を武装闘争にまで上昇させ、新たなプロレタリア国家を樹立するに到ることで、階級政治を「実現する」手段とすることではない（『政治的なものの概念』におけるシュミットのレーニン読解にあるように[72]）。そうではなく、もっぱら国家同士と帝国主義同士のライヴァル関係を利するべく、あらゆる政治的な内容

（あるいはあらゆる階級解放的な内容）を逆に破壊してしまう戦争の情況のなかで、暴力を再政治化するために階級闘争が帯びうる形態、帯びなければならない形態に、内戦を変えるのである。[73] ところですでに見たように、ガタリ＝ドゥルーズにおける戦争機械の概念（この観点からすると際立って弁証法的である）が、その一契機において志向しているのはまさに、かくなる戦争を変形する審級にほかならない[74]——好戦主義と平和主義の対立の此岸で、あるいはむしろ、それらの交替をめぐる政治的な整合性にかんして決断を下すことによって。[75] 換言するならつまり、戦争機械の概念が目指すのは、矛盾をはらむ運動をあらためて問題化することなのである。資本主義国家が物質化する戦争のプロセスと「融合」し、そのなかで消滅してしまう傾向にある政治は、この矛盾をはらむ運動によって、「戦争を革命化し」、戦争に対して政治的な敵対性をふたたび突きつけるという使命を担うことが可能になるのだ。こうして戦争機械を、政治じたいを変形する審級として思考するよう導かれることになる。それにともなって、この審級が戦争を分離する、すなわち、国家的独占へと集中させられている資本主義的な階級利害から、戦争力能を切り離すという条件へと導かれもするのである。

c／〈定式〉の反転（*inversion*）という語を、第一二、一三プラトーで展開されたかつてない限定的な意味のために、最後までとっておいたのは、世界規模の資本主義的蓄積が有する「包括」の力能に合致する、戦争機械の新たな布置を特徴づけるためである。それは国家じたいを、警察的-司法的な秩序としての「〈平和〉の秩序」の道具に変えてしまうのである。ひるがえってそれは、歴史的-政治的な領野を再政治化しうるオルタナティヴな戦争機械の戦略的な力と可能性の問いを、新たな条件のもとでふたたび立てることになろう。さもなければ、歴史的-政治的な領野は、新帝国主義的な経済戦争と、世界の秩序と無秩序に対する異議申し立ての力すべての犯罪化との結びつきによって飽和させられてしまう。

――オルタナティヴな戦争機械の戦略的な力と可能性は、世界的な戦争機械を革命的な戦争機械へと変形しうる。あるいはドゥルーズ＝ガタリ自身の言葉でいうならつぎのようになるだろう。そのレーニン主義的背景は望もうが望むまいがきわめて明白である。「資本主義を打倒し、社会主義を再定義し、世界的戦争機械に対して別の手段で反撃しうる戦争機械を構成すること（……）。戦争機械の目的はもはや絶滅戦争でも、全般化した恐怖としての平和でもなく、革命運動である」[76]。彼らはなぜ、階級闘争よりむしろマイノリティの闘争のなかに、こうしたオルタナティヴな戦争機械の手段を見いだすのだろうか（このことが部分的に意味するのは、しかるべき場所で、反復と移動を同時に呼びかけながら、階級闘争を「別の手段によって継続する」ことであって、ひとつの項を別の項へと抽象的に変換することではない）。それは、先取り‐祓いのけ、極化作用、包括、捕獲、戦争機械といった様々な機械状プロセスの分節と、どのように関係するのだろうか、また、どのような情況分析にもとづくのだろうか。本書最終部で扱わねばならないのは、こうした問題である。まずは、世界資本主義の力能の形式そのもの、すなわち、その特殊な機械状プロセスを検討しなおすことから始めることにしよう。

第三部　内-暴力——資本主義公理系

第五章　資本の公理系——諸国家と世界規模の蓄積

ドゥルーズ＝ガタリのマクロ政治学が、その究極的な根拠を見いだすのは、現代資本主義の分析であり、その特異性を考察するためにもちいられる概念装置の批判的検討である。彼らは『千のプラトー』において、現代資本主義に、「全世界的な包括」という一個の機械状プロセス、すなわち力能の特殊な形式を割りあてることで、世界‐経済の歴史家や、世界規模の資本蓄積に内在する不均衡関係や権力関係を主題とする従属理論家との対話を再開する。しかし一九七二年以来、資本主義的蓄積の力学は、マルクスによる経済学批判の再読解、すなわち、資本の生産諸様式と循環諸様式の分析、そして根本的には、資本主義的な社会関係の分析の再読解から着想を得ている。ドゥルーズ＝ガタリは資本主義的な社会関係の根本的な特異性を、公理系という概念、すなわち「資本によって公理化された」社会関係という概念のもとで再問題化するのだ。以下ではまず、『アンチ・オイディプス』におけるこの概念の配置を大まかに振り返ったあとで、それが一九八〇年の機械状‐史的唯物論の枠内でいかに練りなおされるのかを、より詳細に検討していくことにしよう。

資本主義の無制限化——コード、脱コード化、公理系

一九七二年に公理系の概念が導入されたのは、なによりまず、資本主義的な社会関係の特殊性ばかりでなく、資本が「社会関係」に付与する特異な形態を思考するためである。公理系の概念はそれゆえ、社会関係をめぐる他の概念（コード化、超コード化）との差異によって規定される。かくしてこの主題はただちに、ふたつの領域に位置づけられることになる。すなわち、経済人類学という領域と、資本主義的生産様式の分析論という領域である。そしてこの後者の分析論じたいが、系譜学、構造、力学‐傾向という三つの立場から検討を行うのである。[1] だが本質的なのは、経済人類学と資本主義的生産様式の分析論というふたつの観点の差異を、すなわちそれらを切り離すことで、両者を連続的に位置づけることを妨げる距離を、考察することにある。マルクスによる資本分析と経済学批判に対して、ドゥルーズ＝ガタリが遂行する操作は、この距離に直接かかっている。

じっさい、『アンチ・オイディプス』第三章で練りあげられる経済人類学の狙いは、社会学的ないし人類学的な不変項から普遍的な基盤をあきらかにし、人間集団が物質的な生存条件を生産する際にもちいる異なる諸様式を、その基盤上で区別しうるようにすることではない。そうではなく、準‐普遍的な条件を導きだすことで、そのもとでほぼすべての社会的生産諸様式が分節されるようにすることなのである（社会関係の「経済外的なコード化」）。ほぼすべて——というのも、まさに資本主義的生産様式は例外だからである。資本主義的生産様式は、これら準‐普遍的な条件じたいの相対化によって、傾向的に

はそうした条件の破壊によって（脱コード化）、はじめて避けがたいものとなるのだ。このことが、ふたつの可能な定式化を呼び込む。だが、そのあいだで選択の余地はなく、双方のあいだでの揺れ動きが、なにより理論的な困難を考察することを可能にしてくれるだろう。資本主義は、すでに長期にわたるその歴史をとおして、この理論的な困難を利用しながら、おのれ自身が理解されるのをずっと妨げ続けてきた。すなわち、資本主義とは、集団の人類学的な可能性を破壊する経済である。——資本主義とは非経済である。つまり、経済そのものを、非資本主義的な社会経済すべての否定によって、逆しまに定義しなおすことによって、はじめて資本主義は経済として定義されるのである。ようするに資本が「社会関係」を支配するとき、社会関係の意味も、この関係が社会をつくりだす仕方も変えてしまう。そして、それはなによりまず、社会関係が有する「社会的」な性格を破壊することから始まるのである。こうして資本主義的生産様式は、経済人類学の可能性そのものの限界‐関係に位置づけられる。資本主義的生産様式は、経済人類学において「最も深く否定的なもの」を、すなわち「あらゆる社会形成体の否定＝陰画」を構成する。それはあらゆる社会形成体のなかで、文字どおり不可能な位置を占めるのである[2]。

それゆえ、発生的にであれ構造的にであれ、「資本主義に先行する」生産諸様式から、資本主義的様式へと移行することを可能にする、単純な変形システムなど存在しない。資本主義的様式は逆に、ラディカルな切断——「通時的な分裂（スキーズ）」と不可分なのだ。それによって変形をめぐる構造的な観点が効力を失うわけではないが、それは破壊の観点と組み合わされ、緊張関係に置かれねばならない。破壊の観点の鍵概念となるのが脱コード化だが、それはまさに、本源的蓄積というマルクスの概念の再解釈にほかならない[3]。変形と破壊という語彙でなされる、「資本主義的切断」の分析のふたつの道のあいだには緊張関係がある。そしてこの緊張関係こそが、ドゥルーズ＝ガタリが『アンチ・オイディプス』のなかで、アルチュセール派の仕事に与える内的役割――たんなる補足などではなく、彼らの議論にとって本質的な役割――を考察することを可能にする。[4] しばしば、この事実を頑なに否認しようとする身ぶりがみられるが、そうなると、コードと公理系というふたつの概念が対照をなすように規定されていることがじっさいに理解できなくなり、それらがあいまいなメタファーに還元されてしまう。さらには、ドゥルーズ＝ガタリが一九七二年にマルクスを読解しなおす際の媒介を消去するなら、彼らの行った経済学批判の争点の再問題化に、わけの分からない呪文のような外観をまとわせることにもなるのだ。

ドゥルーズ＝ガタリがアルチュセール派から取り出す第一の特徴は、資本主義的生産関係にかんして、構造的な変形という組み合わせ論的な概念と、発生という目的論的な概念とを、同じ身ぶりで一気に斥ける把握法にかかわるものだ。[5] 資本主義という分裂が、ラディカルなものであるということの意味はまず、相互に独立する異質な歴史的プロセスがそこで無数に出会うということであり、その系譜学的な系統も、それらの歴史的な結合も、きわめて偶然的であるということだ。マルクスが『資本論』の本源的蓄積を論ずる章で分析した「解体」を（同職組合組織の解体、農村の封建的構造の解体、共同所有形式の解体、奴隷制と農奴制による搾取のなかでの服従をとおした「個人的なつながり」の解体など）、ドゥルーズ＝ガタリが「交換と生産の流れの脱コード化」という言語のなかへと転記しなおすのは、結合を究極的には不確かなものにする、類まれな多様性をただちに浮彫りにするためなのだ。たとえば、生産部門の私有化による多様な脱コード化の過程は、生産手段と共有財を対象とするものであり、まずなにより、「あらゆる道具にとっての道具」である土地と身体そのもののふたつを対象とする。[6] また、価値の抽象化による多様な脱コード化の過程には、貨幣記号の発展が歴史的にたどる様々な道によるものや、市場拡大、商品形態の全般化、「抽象労働」や「社会的労働量」の客体化といった様々な道によるものがある。さらに、多様な脱領土化の過程は、生産者を対象とするとともに（収用、農村人口の流出……）、土地資本や商業資本じたいを対象とする。土地資本や商業資本とは、「富」の特殊な客体性から独立した投資能力の単純形態やその「変身」であろう。くわえて、国家権力じたいの脱コード化の過程とは、国家が領土性や、商品交換や、貨幣の流れや、税制と負債のメカニズムを制御する能力の脱コード化である。[7] ドゥルーズ＝ガタリは、社会的な流れの脱コード化によって資本主義を定義しているとしばしば指摘されるが、それは不正確である。なぜなら脱コード化は、あらゆる社会形成体を横断する異質な歴史的プロセスの壮大な多様性を、類的に名指しているからだ。ドゥルーズ＝ガタリが、ピエール・ショーニュやエティエンヌ・バラージュ、ブローデルやマルクスその人といった様々な歴史家の指摘を取り上げ、「中国、ローマ、ビザンティウム、中世……」におけるプロレタリア化された人口の流れ、貨幣の流れ、私有財産と商品の流れといった、様々な流れの脱コード化の壮大なシークエンスを示すのは、まさに流れの脱コード化だけでは、資本主義的な生産様式ばかりでなく、生産関係を結晶化させるのにさえ十分ではないということを示すためなのだ。[8] 流れの脱コード化が行うことといえば、せいぜい、「いわば歴史の創造性を打ちたてる系列のなかに、資本家たちが代わるがわる出現する」ようにすることくらいである。「それは奇妙な群れであり、新しい創造的切断をはらむ分裂質（スキゾイド）の時間なのだ」。だが、「資本主義が誕生し、旧いシステムが死滅するためには、これらの脱コード化した流れが遭遇し、結合し、相互に反応しあわなければならず、さらにこの遭遇、結合、反応が同時に起こるという偶然が必要であろう」[9]。

歴史上の資本主義じたいのなかで、この「分裂質」の時間性が持つ射程を、さらに詳細に検討する必要があるだろう。というのも、資本主義を特異なものたらしめているのは、「脱コード化した流れの全般的な公理化」ばかりでなく、この公理化じたいがうちにはらむ矛盾した性格でもあるからだ。つまり、公理化が社会関係を拘束するとき、より大規模な流れの脱コード化をかならず引き起こすのだ。そうであるがゆえに、公理化がもちいる私有財産化、抽象化、脱領土化といった諸手段は、たえず実行しなおすべき恒久的な課題として立ちあらわれるのである。しかもそれは、おのれ自身の内的な限界のためばかりでなく、これらの諸手段が引き起こす抵抗と軋轢のせいでもあるのだ。[10] ここから、『アンチ・オイディプス』第三章における『資本論』読解の二重の焦点が生じる。一方には、マルクスによる内在的な限界そのものの分析がある。この点についてドゥルーズ＝ガタリは、利潤率の傾向的低下と過剰生産の危機＝恐慌を論ずる『資本論』第三巻の一節で、最も詳細に展開される定式化に従っている。他方には、『資本論』第一巻における本源的蓄積の方法の分析がある。この方法は、資本主義的生産関係やその「要因」の系譜学という観点ばかりでなく、資本の歴史的蓄積という観点からも考察されており、本源的蓄積の方法は、歴史的蓄積をつうじて変わらぬ常数であり続けている。資本主義的切断によって産出される社会人類学的であると同時に概念的でもある断絶は、不変項によってこの断絶を乗り越えようとする要求をかわしながら、上述の二重の関係のもとで資本主義的切断がまとう本質的に「通時的」な外観と結合されることになる。なぜなら、この断絶は到来するのに「時間がかかる」からであり、ひとたび到来すると、くり返し到来し続けるからだ。流れの脱コード化じたいについていうなら、上記のふたつの場合のいずれにおいても、それが資本主義的生産様式を定義することはない。流れの脱コード化がまず類的に示すのは、歴史的条件の総体なのだが、これを資本主義的生産様式が説明することはない。なぜなら資本主義的生産様式のほうこそむしろ、これらの歴史的条件を前提しているからだ。また、流れの脱コード化は、資本主義的生産様式が、その拡大する蓄積過程の途上で引き起こすプロセスを含んでいる。たとえば「本源的」蓄積のふたつの側面があきらかにするのは、資本は決しておのれ自身の条件と同時代的ではないということ、資本が資本自身ないしは資本に固有の切断と同期することは決してないということであり、さらには、資本の切断には終わりがないということ、分裂質の時間は資本を終わりなき「ネオ・アルカイズム」[11]に変えるということなのである。

この切断の恒久的な効果が最終的なかたちで考察されるのは、当の社会的な流れの新たな包摂様式によって、あるいは、「社会関係」をつくりだす新たな方法によってである。コード化された（非資本主義的な）社会経済関係と、（資本によって）公理化された社会関係とのあいだの差異は、ドゥルーズ＝ガタリの説明にあるように、構造的で傾向的な観点を取り入れることではじめて理解される。そしてこのとき彼らは、双方の弁別特徴を要約しながら、『資本論を読む』の仕事にあらためて依拠するのである。[12]

a／コードとは社会的な流れに質を与える操作のことである。コードは互いに異質な流れがそれぞれに有する質に応じて、間接的に社会関係を構築するにすぎない。プロトタイプとなる事例によるなら、ナイジェリアのティヴ族の経済は、消費財、威信の財、女性と子どもという、三種類の流れをコード化する。「貨幣が不意に登場してきても、この貨幣は威信の財としてコード化されるにすぎない。ところが商人たちは、この貨幣を使って、伝統的に女性が担ってきた消費財の分野を奪い取ることになる。こうしてあらゆるコードが揺らいでゆく（……）。輸出品を積んで出てゆくトラックを見送りながら、「ティヴ族の最長老たちはこの状況を嘆く。彼らはなにが起こっているかを知っているが、自分たちの非難をどこに向けたらいいのかわからない」[13]」。社会関係のコード化がこの第一の側面において祓いのけているのは、発展した価値形態の全般化であり、さらには、財を社会的に通約不可能にしているそれぞれの財の質を抽象化することで、どんな財をも無差別的に表現しうるようになる一般的等価物の全般化である。b／しかしより深いところで、すでに「コードにもとづく関係」がじっさいに祓いのけているのは、単純な価値形態の出現なのである。というのも、社会的な贈与と対抗贈与のなかには、流通しない要素、交換しえない要素、消費しえない要素が含まれており、それらの要素は、商取引から採取される対象でありながら、しかし無制限な交換系列（G-W-G'……）へと開かれる通約可能性や等価性の原理を持たないからだ。こうした要素（ドゥルーズ＝ガタリが「コードの剰余価値」の現象と呼ぶもの）、たとえば威信や恩義、地位や責務、友好や権威のしるしといったタイプの関係は、交換関係よりむしろ負債関係のなかで表現される経済外的な「価値」であり、そのことが証言しているのは、経済的関係は、社会政治的で、系譜学的で、宗教的で、宇宙論的でさえある非経済的な要因によって厳格に規定され、制約されているということなのである。c／だが最後に、価値の経済的決定の自律化を祓いのけることで、非経済的な要因が循環的な社会関係を支配するよう規定しているものとはなにかと問うなら、それはドゥルーズ＝ガタリが引き合いにだす生産関係、すなわち剰余労働の組織化の類型と、相関する剰余生産物の領有の条件である。この生産関係が、剰余価値の用語で表現されたりされなかったりするのである。

間接的、質的、限定的といった、コードの関係のあらゆる性格は、コードが決して経済的なものではなく、また経済的なものではありえないことを十分に示している。反対にコードは、つぎのような外観上の客観的運動を表現している。この運動によるなら、経済力や生産的接続は、登記の土台や代行者の役割を果たす経済外の審級に帰属し、あたかもそこから出現するように見えるのだ。これは、アルチュセールとバリバールがじつに的確に示していることである。たとえば封建制の場合、いかにして法的で政治的な関係が支配的であるように決定されるのか。なぜなら、剰余価値形態としての剰余労働は、労働の流れから質的かつ時間的に区別される流れを構成しており、したがって、非経済的な要因をともなう、それじたい質的な複合物のなかに入らなければならないからである。あるいはまた、いわゆる原始社会において、いかにして縁組と出自の土着的諸関係が支配的になるように決定されるのか。この社会においては、経済的な力と流れが、大地の充実身体の上に登記され、この身体に帰属するのである。（……）だからこそ、流れを流れさせ、切断させる経済的記号としての欲望の記号は、確かに経済のなかに自分の原因と結果とをもってはいるが、必然的に経済外的な力能の記号によって裏打ちされているのである。(14)

社会関係を公理化する操作は、逆しまに定義される。公理化の概念はこうして、資本の生産様式と循環様式とに同時にかかわる複数の諸規定を綜合するのである。これら諸規定は相互に節合されているとはいえ、線的な理論的発生によって互いを演繹しあうわけではない。公理系概念はまず、資本主義的生産様式の構造的特異性を示す。すなわち資本主義的生産様式は、おのれ自身の生産関係をまさにおのれ自身の前提として措定するのであり、しかも権利上、社会システム総体の唯一の前提となるよう措定するのである。ここからその「内在性」の意味が生じる。すなわち資本主義的生産様式は、経済外的なコードを破壊する。あるいは、経済外的なコードを従属的な地位へと追いやることによって、社会関係と、その関係のなかに場所を占めるよう規定された行為者とを再生産するための条件に貶めるのである。この基本的な特徴に対してドゥルーズ＝ガタリは、商品形態や交換価値の循環の無制限化を直接対応させるのでもなければ、たんに貨幣－資本の無制限化そのものを対応させるのですらなく、むしろ、搾取関係の特異性を対応させるのである。この搾取関係のなかで、貨幣－資本が権力関係、領有関係、労働の命令関係として実現される。その際の条件とは、経済外的な要因の仲介なしに、剰余労働の無媒介的に経済的な捕捉が、生産過程なかで行われることなのである。ところで、ガタリ＝ドゥルーズのマルクス読解によるなら、資本主義的な搾取関係の特異性が最終的にあらわになるのは、剰余価値がそこでまとうかつてない性格においてである。これこそ、経済主義的で数量主義的な剰余価値の解釈がたえず隠蔽しようとするものなのだ。いかなる意味で「アジア的」な枠組では、大灌漑工事や大建造物工事において組織される剰余労働が、想定される労働につけ足されるのではなく、逆に、客観的な基層をなしているかについてはすでに見た。この基層から出発して、多かれ少なかれ拡張された生産活動部門が、「労働形態」をまとうのである。いわゆる必要労働が、まるで剰余労働からの引き算によって算出され、剰余労働を前提としていたかのように（たとえば、唯物論的な公理の前資本主義的な解釈によるなら、搾取という力関係が、生産やその経済的な尺度よりも優位に立つ）。資本主義的生産様式――労働過程の「現実的」包摂、「相対的剰余価値」の生産手段、集団的な労働者の分業と協業の形態、機械化と巨大産業のなかでの社会人類学的かつ社会技術的な連結――は、労働／剰余労働の微分的差異を、実在的な非区別という高次の段階へともたらすのである。そして社会関係のなかで物質化されるこの非区別は、剰余価値を、資本主義社会のなかで客観的に局限不可能にするという効果を持つのだ。このことによって、経済主義がなにを隠蔽しようとしているかがはっきり見えてくる。すなわち、剰余価値とは経済的な事実ではない。たとえば、この社会形成体の客観的な表象のなかで「所与」となるような「現象」ではないのだ。そうではなく剰余価値とは、社会‐経済的な領野のなかで、この搾取という権力関係そのものが現前しつつ‐不在になる様式なのである。搾取という権力関係は、社会経済的な領野をつくりだしながら、しかし、この領野の客観的な現前化を条件づける運動のなかで、おのれの姿を消し去るのだ（その認識を強制しうるような力関係を利用する場合を除いて）。[15] これこそドゥルーズ＝ガタリが、資本主義的な搾取関係を、微分的関係として定式化する際の主要な動機のひとつなのである。[16]

公理系概念の示唆する最後の弁別特徴、そこに向けてほかのすべてが収束することになる特徴を挙げておくことにしよう。資本が社会関係を公理化するのは、そしてその核となる権力関係——労働力の搾取と過剰搾取の関係——が微分的関係として把握されねばならないのは、そのどちらも、おのれの発展に対する外的な制約に一切出くわさない、という意味においてのことである（たとえば生産的連結の形態、商品流通の条件と拡張、社会的生産物の分配と消費の規則と形態を、あらかじめ決定する経済外的な制約）。そのどちらも、マルクスが恐慌理論においてあきらかにしたように、おのれ自身に固有の傾向が抱える内的な矛盾にしか遭遇しないのだ。[17] 資本主義的生産様式が、社会的生産性の発展を「自己目的」として促進するのは、既存資本の価値増殖過程という制限された条件のなかでのことにすぎない。いい方を変えるならつまり、労働生産性と剰余価値生産の発展——生産それじたいに内在するものとなった唯一の決定的な目的としての発展——は、今度は生産関係に内在する限界をみずから生みださずにはおかない。その限界とはすなわち、一方の労働力の「生産的消費」能力と、他方の搾取率と利潤率の関係に応じた生産力の限界であり、「社会の異なる生産諸部門と消費能力との比率」に応じた剰余価値「実現」の限界である。こうした制限は、過剰蓄積された資本、大衆の失業、過剰生産の危機＝恐慌として具体化される。蓄積過程と価値増殖過程によって生みだされるこの制限が乗り越えられるのは、既存資本の定期的な破壊と新たな部門への投資の移動という手段によって、新たな販路と新たな市場の創造によって、そして最終的には、生産規模の拡大によってである。だが、生産規模の拡大は、たえず拡大されるその規模に合わせて、この制限を再生産するのである——「破滅したくなければ……」。[18] 資本主義が公理系として機能するのは、「資本主義じたいには外的限界がなく、資本そのものという内的限界しかないからなのである。そして資本主義はこの内的限界に到達するのではなく、それをたえず移動させながらみずから再生産してゆく」。すなわち、おのれ自身の飽和をたえず延期してゆくのである。[19]

私たちがふれているのはまさに、『アンチ・オイディプス』から『千のプラトー』にかけて、たえず主張される論点であり、まさしくこの論点によって、ガタリ＝ドゥルーズによる資本主義分析と、それを支えるマルクス読解にかんする変更を、よりよく識別しうるようになる。というのも、一九七二年から一九八〇年にかけて、公理系としての資本をふたたび問題化することの有効性が認められ、強化されさえしたのだが、しかし、重心の移動というう代償をともなうことになった。『アンチ・オイディプス』では、公理系とコードの対立が、資本主義的な社会的生産関係と生産様式のラディカルな特異性をあきらかにするとともに、資本主義的生産様式が資本の蓄積過程と、「内在的限界」としてのその限界とのあいだに設定する関係のラディカルな特異性を最終的にあきらかにする。そのうえで公理系とコードの対立は、部分的な歴史的判断と論理的発生とを結合させる分析をもとにして、資本の歴史的蓄積をめぐるふたつの主要な問いを前景化させる。一方では、資本主義国家がこの公理系のもとで帯びる新たな機能があり、資本主義国家の諸装置と、それが集中させる政治権力がある。国家は確かに、剰余労働を収奪し、剰余価値を領有するメカニズムの外部にある。このメカニズムは、いまや私的なものとなった生産関係のなかで規定されるものだ。だが他方で、国家は、現実的な抽象化が具体的なものへと生成変化する過程に介入するという意味で、同時に内在的でもある。つまり、価値増殖が行われる社会関係の再生産に奉仕し、さらには、労働力と貨幣というう「特殊な商品」の価値の再生産にさえ奉仕するというう意味で、内在的なのである。[20] この「内在的なものへの生成変化」、すなわち国家の社会化は、同時に国家を、蓄積の諸矛盾の主要な制御装置に変え、内在的な限界をずらす第一の実行者に変える。その際の手段が、利潤率の傾向的低下を抑えることであり、国家の有する反生産装置によって資本を吸収することであり、[21] 過剰資本を破壊し、労働力の価値低下を引き起こすことであり、新たな資源の獲得、新たな市場の開放、労働力の新たな予備要員のプロレタリア化によって、蓄積の基盤拡大をみずから援助し保証することなのである。くわえてこの枠組のなかでドゥルーズ＝ガタリが一九七二年に強調するのが、資本の「脱領土化」という決定的な機能である。それは国際的な分業として具体化されるとともに、蓄積過程、不等価交換、資本の非対称的な循環、搾取と過剰搾取の手段の不均等な分布を生みだす世界的構造として具体化されるのだ。

一九八〇年になると、この最後のふたつの側面が分析の中心へと移ってゆく一方で、もっぱら内的な相貌において考察される資本主義的生産様式なるものは、あまりに抽象的な出発点として後方にしりぞくといえよう。私の感覚ではこの変化こそが、機械状‐史的唯物論の新たな展望を示している。[22] この新たな展望は、資本主義に対して、その特徴的で支配的な生産様式ではなく、それが満たす特殊な力能の形式にもとづいて接近するよう後押しするのである（資本主義の支配的――だが排他的ではない――生産様式はこの力能の形式に依存する）。こうした力能の形式は、『千のプラトー』において「全世界的な包括の力能」として規定されており、それが資本を、無媒介的に世界的なプロセスに変えるのである。より詳細にいうなら、このプロセスは、資本主義的な生産関係と生産様式によってかならずしも統治されていない異質な社会形成体同士のあいだに、資本が樹立してゆく諸関係と不可分である。分析のこうした新たな中心を際立たせるのが、「全世界的な包括」という機械状プロセスについて行われる、まずは形式的な叙述なのである。

その主要な特徴を挙げてゆき、公理系としての資本の規定と、世界化した資本主義と国家の関係をめぐる問いが、いかにしてふたたび投げかけられるかを見る前に、上記の変更が、グローバルな歴史への観点にかかわる別の変更と相関している、という点を指摘しておくことにしよう。すでに第一章で示唆しておいたように、一九七二年の「普遍史」から一九八〇年の「世界‐経済」の分析にかけて、ガタリ＝ドゥルーズの政治思想は、すでに濃密な議論が交わされていた織物のなかへと、より徹底的な仕方で書き込まれてゆく。その議論とは、一方の脱植民地化闘争や、国際舞台における「第三世界」の出現に由来する不等価交換や従属の理論と、他方のブローデル以降の創意に富む後続世代における、「世界システム」の問いをめぐる経済史の記述の刷新とのあいだで交わされた議論のことである。ここでもまた、こうした議論にかんして無知を決め込むなら、ドゥルーズ＝ガタリの介入する問題領域をあいまいにしてしまうリスクがある。——だがこの議論は、当時からその重要性を一切失っていない。もちろんいくつかの用語があきらかに変化したとはいえ、この重要性を示すのが、デヴィッド・ハーヴェイの仕事の受容であり、「中国の道」という問題がふたたび投げかけた、K・ポメランツ『大分岐』からG・アリギ『北京のアダム・スミス』に到る論争である。その中心にあるのはまず、「生産様式」と「社会形成体」の概念にかかわる理論的な問題なのだが、理論的な問題がかくも大規模に、かくも論争的な仕方で備給されたのは、そこに政治的な問題が翻訳されていたからだろう。ソヴィエト連邦や中国において、植民地支配から近年解放されたいくつかの国において、「社会主義の建設」の道が破産したことが、政治的な問題を、マルクス主義の論争の前景へとふたたび押し出したのである。すなわち、「社会主義への移行」の問題と、その直接的な裏面をなしてきたもの、すなわち、先行する別の生産様式（「封建的」）から資本主義的生産様式への「移行」の問題である（それは社会主義への移行が、先行する他の移行と同じく必然的に起こるという確信に知的な保証を与えるわけではないものの、社会主義への移行という問題の解明に貢献するだろう）。この問題は、ヨーロッパ中心的で、「英国中心」的でさえあるマルクスの「本源的蓄積」期の分析を左右する限界にかかわるとともに、資本主義出現の時代区分――「切断」についてはなにもいわないでおくことにしても――を決定する困難にかかわるものだ[23]。これはつまり、この問題がより深いところで、歴史上の資本主義と、その核となる生産様式との暗黙の同一化を試練にさらすということだ。この問題は、資本主義的社会形成体を理解可能にする道具をいっそう複雑化するよう強いるのである。なぜなら、資本主義的社会形成体の力学は、資本の生産様式が有する傾向だけには還元しえないことがあきらかになるからであり、さらには、マルクスが発展や漸次的な実現といった目的論的な線ではなく、傾向としてはじめて精緻に示したものを把握しなおすよう、資本主義的社会形成体の力学によってうながされるからである。資本主義の「誕生」にかんして、歴史学者たちが提起した問い（「なぜローマではないのか。（……）なぜ一三世紀の中国ではないのか……」）に対するドゥルーズ＝ガタリの関心は、すでに見たように一九七二年以来、資本主義的な「分裂（スキーズ）」の継続的な性格を肯定するよう彼らを導いていった――この切断は、資本主義の系譜学的な上流に回帰するものであると同時に（あたかも資本主義が、その到来を妨害する要因をとおしてみずからを告知し続けていたかのように[24]）、資本主義の歴史をとおして、たえず実現され続けるべきものでもある（それゆえドゥルーズ＝ガタリは、歴史上の資本主義をとおして存在し続ける本源的蓄積技術の恒常性、この技術の地理的に不均等な分布、拡大する蓄積の諸制度とこの蓄積技術とが一緒になって編成しうる混合物について主張していたのである）。つまり資本主義の「誕生」をめぐる問いに対して、ドゥルーズ＝ガタリの寄せる関心が示しているのは、こうした議論のなかに自分たちの考察を位置づけることなのであり、それが『資本主義と分裂症』第二巻においていっそう明瞭なものとなる。

いわゆる「全世界的」な機械状プロセスと、その特殊な力能（「包括の力能」）の形式的な叙述から、ふたたび始めることにしよう。まず指摘しうるのは、包括の機械状プロセスを定義しうるのは、世界化した資本主義ではなく、むしろ逆だという点である。「国際的な集合が（……）、資本主義を待つことなく形成されたのは確かである。新石器時代以降、さらには旧石器時代からでさえも、遠隔交易の存在を証言し、ありとあらゆる多彩な社会形成体を同時に横断する全世界的組織の痕跡が発見されているのだ[25]」。第二に、これらの国際的な集合が、国家タイプの捕獲の力能や、さらには都市タイプの極化作用の力能から質的に区別される、独自の力能プロセスを実現しているとするなら、それは国際的な集合が示す、みずから拡散しながら、異質な諸社会形成体に浸透し、おのれを強制的に押しつけてゆく力のせいである。その際に利用されるのがまさに、異質な諸社会形成体同士の不均等な共存であり、国際的な集合はこの異質性から利益を引きだすのだ。

全世界的国際組織は、外部の環境を等質化するために、おのれを強制的に押しつける帝国的な中心から生まれるものではない。また、国家間関係のような、同一レベルの社会形成体同士の関係からなるものでもない（国際連盟、国際連合……）。全世界的国際組織は反対に、互いに異なりながら共存する様々なレベルを仲介する中間的な場を構成するのである。それゆえこうした組織は、たんに経済的で商業的であるばかりでなく、宗教的、芸術的などでもあるのだ。この意味で、国家、都市、砂漠、戦争機械、原始社会といった多様な社会形成体を同時に通過する能力を有するものはすべて、国際組織と呼ばれるだろう。歴史上の大きな商業形成体には、たんに極としての都市ばかりでなく、原始的、帝国的、遊牧的といった切片もあり、そうした切片を通過しながら、別の形態をとって再浮上することさえあった。(……)全世界的組織は、たとえ帝国的国家であれ、ひとつの国家から発生するものではない。帝国的国家は、全世界的組織のたんなる一部にすぎず、おのれに固有の様態にしたがって、つまり可能なものはすべて捕獲するという固有の次元に応じて、その一部となるのである。全世界的組織は、徐々に等質化を行うのでも、全体化を行うのでもなく、多様なものを多様なものとして、存立させ堅固にするのである。たとえば一神教は、普遍的なものであるという主張によって、土俗的信仰から区別される。しかしこの主張は、等質化するものではなく、いたるところを通過することによって価値を獲得するだけである。たとえばキリスト教が、国家や都市のものとなるとき、それに固有の徒党、砂漠、戦争機械を生みださずにはいない。同様に、固有の都市や帝国を持たない芸術運動など存在しないが、同時にそれは固有の遊牧民、徒党、原始人を持つのである。[26]

このあとに続く問題とは、いかにして「国際組織」としての資本主義が、こうした類型のプロセスのなかに挿入され、それにかつてない様相を刻印するのかを知ることである。サミール・アミンにならって、帝国、国家、都市といった大文明のあいだで活動を展開する商業組織に与えられる重要性が、この点を明確にしてくれるだろう。それはマルクスによる「形式的包摂」と「現実的包摂」の区別をふたたび取り上げることを可能にしながら、一方から他方への移行を、ただ一度きり決定的な仕方で到来する歴史的なシークエンスとしてではなく、社会関係への資本の影響という恒久的な傾向として把握するのであり、さらに特記すべきことに、この傾向を生産様式に直接かかわらせるのではなく、互いに異なる生産諸関係と生産諸様式を結合させている社会形成体同士の関係にかかわらせるのである。こうして地理‐経済学、それに地政学さえもが、資本主義的社会関係の核心に書き込まれることになる。つまり、資本主義的社会関係はそれらと不可分なのだ。資本主義が全世界的組織たりうるのは、たんにその過程と影響力の有する地球規模の次元のせいではなく、むしろこの世界的な次元――すなわち、不均等かつ「多義的な仕方で」世界的なその組織――が、分析的な意味で最も差別的でさえある諸要素のなかに、つねにすでに包摂されているからなのだ。歴史的‐機械状の区別とマルクスの区別とのあいだの新たな相同性はこのとき、以下のように定式化しうるだろう。全世界的組織による多様な社会形成体の形式的包摂が存在するのは、全世界的組織が、所与の条件として社会形成体同士の異質性を見いだすときである。これら社会形成体同士のあいだで、全世界的組織はおのれの力能を発展させるのだ（たとえば商業組織は、社会形成体同士のあいだでの取引を保証することで、商業的な利潤を引きだす。ただし商業組織は、これら社会形成体の生産様式と消費様式を変更することはない）。つまり、全世界的組織が有する包括の力能は、社会形成体同士の外的な共存を前提し、それを利用するのである。しかし、現実的包摂が生まれるのは、この包摂の力能が内的な共存関係に入り、これらの社会形成体をそれまで支配してきた力能（捕獲の、極化作用の、戦争機械の力能など）を相対的に従属させ、領有するときであり、社会形成体同士の関係と、個々の社会形成体内部の関係を、独自のやり方で分節化しなおすときなのである。この意味で、「資本主義は、全世界的または世界的組織の変貌を示すのであり、この組織はみずから存立性を獲得するのである。互いに異質な社会形成体や、社会形成体同士の関係から帰結するどころか、ひとつの世界的な公理系のほうが、大局的にこれらの社会形成体の分布を差配し、それらの関係を固定し、国際的分業を組織するのだ」[27]。とはいえ、ふたつの指摘をつけくわえておくことにしよう。

a／なぜなら、形式的包括から現実的包括（「公理系」）へのこうした「移行」はまさに、ひとつの傾向だからであり——おのれを解体するもののなかでたえず生みだされる運動、あるいは、おのれを制約するものをとおして別の仕方で生みだされる運動——、包括のふたつの形式の概念上の区別が、いやがおうにも両義的な状況をつくりだすからだ。利潤の追求はたとえば、労働力の生産的な「消費」の条件を制御する生産性と税制と間接賃金との微分、社会制度的制約と法的枠組との微分を利用するのであり、それと同時に、生産と消費の社会的規範や、これらの規範が凝縮させる階級関係を利用する。だが、社会的で税制的なダンピングというこの搾取において、包摂のふたつの次元は、包括によって、すなわち、既存の差異から利潤を引きだすと同時に、こうした異質性そのものを強調し、移動させ、人為的に引き起こす包括によって、緊密に結びつく。それは、この異質性がポテンシャルの差異となることで、搾取の新たな源泉や利潤率の上昇にとって有利に働くからにほかならない。それゆえ、帝国主義をめぐる政治主義的な解釈と経済主義的な解釈のあいだに、きっぱりとした境界線を引くことは客観的にいって困難である。たとえばD・ハーヴェイに見られるように、「権力の政治的論理や領土的論理」（国家の特殊な領土化様式にもとづく権力の国家的論理）が、不等価交換の特徴である空間的な非対称性を「維持する」か、再生産する一方で（空間的な非対称性はこのとき、「政治的な次元」の介入のない所与として前提される）、他方では、こうした非対称性をみずから生産することに寄与するのである[28]。

b／第二に、資本主義システムを、もっぱらその支配的な生産様式のみによって、世界的な社会形成体——世界化されているばかりでなく、世界化する社会形成体——として定義するのを拒むことは、（グンダー・フランクが主張しているのとはちがって）、いささかもこの社会形成体じたいの特殊性という問題を霧散させようとするものではない。問題はまさに、システミックで「全世界的」な形成体としての資本主義を思考しながら、資本主義が歴史的に、世界のシステム性そのものの形態を変えたという事実を考察することなのだ。この観点によれば、断絶主義的なテーゼ（そして、資本主義的世界システムの「一五〇〇年における切断」を指し示すことの困難）と、連続主義的なテーゼ（そして、たったひとつの同じ「世界システム」が、単一のサイクルで五千年もの長さを誇るものとして表象されてしまうという、分析的な射程の弱さ）とのアポリアが、除去されるとはいわないにせよ、少なくともずらされることになる。重要なのは、唯一の世界システムの同じひとつのサイクルが問題なのか、それとも、ある世界システムから別の世界システムへの移行が問題なのかを知ることではない。そうではなく、グンダー・フランクの表現を流用するなら、どうして移行というものがつねに、ふたつないしn個の移行のあいだの移行なのかを理解することなのである。この移行をとおして、「項」そのものが変化する間に、世界システムが別の仕方でシステムをなすようになる。つまり、システムのシステム性そのものが変わるのだ。このことによって、資本主義的社会形成体と生産様式との単純な同一化を断ち切るよう強いられるが、それは、諸々の生産様式とそれらの「節合」という問題系を、単純素朴に厄介祓いすることではない（これによってたとえば、第一三プラトーで世界資本主義公理系を叙述する際の主要な対話相手が、いまなおS・アミンであることが理解されよう）。

　こうした土台のうえで、公理的関係としての資本の社会関係という概念が、ふたたび提起されることになる。ある意味で争点は、一九七二年当時のままである。肝心なのは、ガタリ＝ドゥルーズによるマルクス読解を当時組織していた、ふたつの主要な問題系列のあいだの分節をそのまま維持することである。ふたつの系列とは、現実的な抽象化という観念の含意（そして最終的には、この抽象化が生産関係と搾取関係として、現実化され具体化されるその仕方を思考するという問題）と、内在的限界という観念の含意（そして、それと関連する利潤率の傾向的低下と過剰生産の危機＝恐慌というふたつの問い）である。しかしだからといって、公理化という用語による現実的な抽象化の定式が、一九八〇年にふたたび召喚されるとき、その構造的な相関物（「コードのなかに記入されている経済外的な要因」の仲介なしに、剰余労働を無媒介的に経済的な仕方で捕捉すること）を浮彫りにすることが、問われているわけではない。それよりむしろ、資本の生産関係と循環関係の構成そのものに奉仕する現実的な抽象化が、具体的なものへと生成してゆく過程のなかに、国家による捕獲が組み込まれてゆく仕方を浮彫りにすることが、そこでの争点なのである。すでに見たように、『アンチ・オイディプス』の時点ではっきり強調されていた国家の内在的なものへの生成は、よりいっそう強調されている。そして領土、雇用、貨幣をめぐる国家の諸公理（三つの捕獲「力能」ないし捕獲装置）は、価値の形成と、価値の再生産と、価値変化の限界とのなかに、直接的な仕方で含まれているのである。

> コード、超コード化、再コード化といった、あらゆる種類のコードから公理系を区別するものを、明確化しなければならない。公理系は、純粋に機能的な要素や関係をじかに考察する。これらの要素や関係は、その本性を特定されないまま、きわめて多様な領域で同時に無媒介的に実現される。これに対してコードは、これらの領域に関係しながら、質を規定された要素間の特定の関係を言表するものであり、これらの要素は超越によってのみ、間接的にのみ、高次の形式的統一性（超コード化）へと導かれるにすぎない。ところで、内在的公理系はこの意味で、様々な領域を通過するご

とに、いわば様々な実現モデルを見いだすことになる。同様に、権利としての資本、「質的には等質、量的には通約可能」な要素としての資本は、様々な生産部門や生産手段において実現されるといってよいだろう（あるいは「全体資本（グローバル）」が「細分化された資本」において実現されるといってもよい）。しかし、様々な生産部門がそれだけで実現モデルとなるわけではなく、実現モデルとなるのは国家なのである。それぞれの国家は、その資源、人口、富、設備などにもとづいて、複数の部門を集め組み合わせる。それゆえ資本主義によって国家が廃絶されるわけではない。国家は形態を変え、国家を超える世界的公理系の実現モデルという、新たな意味を帯びるようになるのだ。だが超えるとは、国家なしですませるという意味では決してない[29]。

資本主義の世界化を公理系として概念化する際の第二の原動力についていうなら（公理系の「飽和」の問題、すなわち、それがおのれ自身のうちに生みだす限界を破壊し乗り越えるのは、この限界を移動させ、より大きな規模で再生産することによってのみであるという限界の問題）、それが一九八〇年にふたたび取り上げられるとき重要なのは、全般的なものとみなされた「資本主義国家」の介入を、たんに認識するばかりでなく、逆に、諸国家、諸国家の異質な諸形態、国家間の不均等性を弁別する目印をつけることなのである。国家間の不均等性は、まさしく資本主義の世界化の特殊な統一性のために、この世界化自身によって要求され、利用され、その大半を生産されるのだ。第一三プラトーの最終命題（「命題一四――公理系と現状」）において展開されるこのふたつの側面に詳細に立ち戻る前に、論理学的な公理系との類比という迂回をとおして、彼らが、資本主義公理系の概念を深化させる方法を検討しておくことにしよう。論理学的な公理系との類比は、情況のはらむ多様な理論的‐政治的な側面と、グローバルな意味とを同時に辿らなければ、多くの誤解にさらされてしまうだろう。というのも、「資本の公理系」という概念は、二項間の比較――論理的‐演繹的な公理系との類似によって世界化した資本主義を表象する――によるものではなく、類比、すなわち関係同士の関係によるものだからである。すなわち一方の側には公理化の試みがぶつかる問題と、それに答える実践があり、他方の側には世界規模の資本主義的蓄積が生みだす問題と、それに対峙しおのれの責務を見いだす政治実践があるような、そんな関係のことである。(30) それゆえこの観点によるなら、類比が創出されるのは、経済体系と論理学体系との想像上の類似においてではなく、科学野に内在する政治――おのれ自身に固有の操作と要因を対象とする、力関係と権力関係をうちにふくんでいる(物理的かつ記号論的な流れ)――と、資本主義経済に内在する政治との対峙においてのことなのだ。後者の政治は、資本主義経済にあとから適用されるのではなく、資本主義経済に固有の要因を構成的に規定するのであり(領土、人口、商品の物理的な流れ、貨幣、商業、債券、金融にかかわる記号論的な流れ)、だからこそ「資本主義が実現されるためには、裸の労働力の流れというレベルでも、独立資本の流れというレベルでも、国家の新たな力、新たな法を必要としたのである(31)」。資本主義公理系という仮説が、資本主義政治という概念に到達するにしても、この政治が上述の類比によって、論理学的な一義性と演繹的な厳密性という幻惑を引きだす必要は一切ない。むしろ逆に、論理学的な公理化の手法そのものに働きかける多義性、偶然性、未決定、決定と不確定性といった要因を引きださなければならないのだ。「政治はむろん必当然的な科学ではない」(政治は「実験、手さぐり、投入、撤退、前進、後退によって進展する。決断や予見といった要因は制限されている」)。まさに、公理的な方法も同様である――

科学における公理系とは、実験や直観に対立する超越的で、自律的で、決定的な力能では決してない。まず一方で公理系には、独自の手さぐり、実験、直観様式がある。各公理がそれぞれ独立しているなら、さらに公理を付加できるだろうか、どの程度まで付加できるだろうか（飽和した体系）。公理を除去する場合、どの程度まで除去できるのか（「弱体化」した体系）。他方で、いわゆる決定不可能な命題に直面したり、もはや制御不可能な必然的に自分を上回る力能と対峙することが、公理系の特徴なのである。そして最後に、公理系は科学の尖端ではなく、むしろはるかに科学の停止点、秩序の再編をなすのであり、それが、数学や物理学において脱コード化された記号の流れがいたるところから逃走＝漏出するのを妨げるのだ。偉大な公理論者とは、科学における政治家〔国家の人間〕であり、数学においてかくも頻繁にあらわれる逃走線＝漏出線をふさぎ、一時的にせよ新たなネクスムの強制を要求し、科学に対して公認の政治を行う者なのである。(32)

第二に、この類比が叙述し分節することを可能にする政治－経済的な諸問題の系列は、一九七〇年代をつうじて資本主義権力が、その影響力を高めるべく画策した諸表象と切り離すことができない。重要なのはまずなにより、対称的で反転可能なふたつの表象に対抗することである。米国の経済的かつ政治－軍事的なヘゲモニー、ソ連ブロックの衰退、資本主義的蓄積過程への旧植民地と第三世界の一部の強制的統合が、このふたつの表象に新たな活力を与えている。ふたつの表象の一方は、〈資本主義システム〉であり、それは、国家の諸制度、その社会政治的な文脈、国内の力関係に対して無関心なままに、国境と国家のうえに張り出してくる（ドゥルーズ＝ガタリにおける、「〔資本主義〕公理系の内在的な実現モデル」としての世界資本主義国家という逆説的な主題化はここに由来する）。他方は世界－経済であり、それはその進化を調和させる能力を持つ政治的な審級によって、つまり国際復興開発銀行（IBRD）、関税貿易一般協定（GATT）、国際通貨基金（IMF）といった国際組織に代表される、国家的ないし超国家的審級によって秩序づけられるだろう。第二次世界大戦終結以降、これらの国際組織をつうじて、産業と金融の寡頭支配がその影響圏を拡大させ、脱植民地化闘争とブレトンウッズ体制の崩壊の直後に、第三世界の国々に襲いかかった。そして一九七五年、先進資本主義諸国のブロックによるG6創設をみずから演出したのである。これとは反対に、ドゥルーズ＝ガタリは「最終的な決断を下す世界的な超政府という想定の愚かさ」を強調する（「通貨総量の増加すら予見できないのだ……」）。そして同時に、資本主義公理系という概念は、リベラルな統治性がみずから生みだすテクノクラート的で学者的な自己表象を文字どおり受け取り、内側から解体しながら、それに対峙するのである。こうした自己表象を生みだすリベラルな統治性はこのとき、おのれの制度をとおして、学知の生産をとおして、経済学を規制緩和イデオロギーと、テクノクラート的な運営と、論理学‐数学的なモデル化とを特徴とする混合物の支配下に置くのだ。

公理系としての世界資本主義の仮説が最終的に目指すのは、これらの支配的な表象が省略する問題（「市場の名においてのみならず、その高次の脱領土化の力をもちいて国家に抗する［資本主義の］戦争の雄叫び」によって、あるいは、資本主義の様々な流れを制御するために必要な世界規模の超政府というパラノイア的な投影によって、省略する問題）を、開いたままにしておくことである。すなわち、世界的な資本主義的蓄積の特殊なシステム性と、このシステム性へとそれぞれ異なる仕方で不均等に――矛盾しながらではないにせよ――参加する諸国家とのあいだの関係の問題のことである。じっさい、論理学的な公理系との類比によって提起される主導的な問題、国家装置を論じる第一三プラトーを締めくくる「公理系と現状」という一節全体がそれをめぐって組織されるところの問題は、ひとつの同じ公理系を満たし実現する「諸モデル」の複数性と異質性に端を発するものである。それが想定しているのは公理系を、可塑的な構造化のシステムとして理解することである――それは弱体化や飽和の程度に応じて、不均等な仕方で可塑的なのだ（内在的限界としての蓄積と剰余価値実現への制約）。ひるがえってそれは、つぎのような点を規定する政治問題をふたたび開くのだ。すなわち、公理系はいかなる制約のもとで、どこまで様々なモデルの同形性を強制したり、この同形性じたいのもとでの異質性を要求したり、それを引き起こしたりするのか、また、いかなる制約のもとで、どこまで国家という実現モデルの現実的な多形性を必然的なものにするのか。

近代国家を考えるとき、「公理系的な方法が遭遇する」「問題」は、特異な仕方で政治的なものとなる。（1）資本主義公理系に対する、すべての近代国家の同形性があるのではないか。このとき、民主主義国家、全体主義国家、自由主義国家、専制国家などは、具体的な変数と、場合に応じてたえず再調整されるこうした変数の世界的な分布にのみ左右されるのではないか。資本主義的な唯一の世界市場しか存在しないからには、いわゆる社会主義国家もやはり同形的なのである。――（2）反対に、世界的資本主義公理系は、モデル同士の現実的な多形性を、あるいは異形性をも許容するのではないか。これにはふたつの理由がある。一方で、全般的な生産関係としての資本は、資本主義的でない具体的な生産部門や生産様式も十分統合できるからである。しかしもう一方でとくに、官僚的社会主義国家はみずから、異なる様々な生産関係を発達させるからであり、それが資本主義と結合するとき、公理系そのものからあふれでる「力能」を持った集合体を形成せずにはおかないからである［「核抑止力」による世界的戦争機械[33]］。

つまり、資本主義公理系という仮説の目標は、モデル化する理論ではなく、むしろ反対に、ひとつのモデルによる一義的な表象──「経済発展」モデルや国家形式モデルであれ、政治体制モデルや「経済的政治」モデルであれ──の脱構築を可能にする概念装置にあるということだ。つぎのように述べるのは愚かなことだ。あらゆる国家が「等しく価値を持つ」、あるときは現実的に（生産諸関係を調整する個々の社会政治的文脈に対して無関心であるとされる資本主義の力能によって）、あるときは傾向的に（様々な政治的社会的形態を等質化し、体制、法権利、統治性の差異をうわべの差異へと還元するとされる、資本主義の世界化傾向によって）。だが同じく無意味なのは、進化論的な経済主義を政治主義に移し替えることで、「良い」国家と「悪い」国家を区別することである。そこで差別化されるのは、「成長政策」によって約束された婚姻──市場経済と、資本の専横的な価値増殖と、自由民主主義との婚姻──に「合致しない」、「遅れた」国家‐形式なのだ。そしてこのとき「忘却されるのは、たとえば西欧民主主義と、それが他処にこしらえ維持している植民地主義や新植民地主義の専制政治とのあいだに、多形性が厳密な相補性をつくりだしているという事実なのである[34]」。

かくして最終的に、資本主義公理系の仮説と、「全世界的な包括の力能」という歴史的‐機械状の範疇とが結合されることになる（くわえて、「社会形成体は機械状プロセスによって定義され（……）、生産様式はそれに依存する」というテーゼとの結合）。世界規模の蓄積過程への諸社会形成体の現実的包摂は、これらの社会形成体じたいの社会関係と生産様式の現実的包摂を、必然的に前提するわけではない。それゆえ「不均等発展」の理論が、発展＝成長という規範的なイデオロギー表象を免れるのは、

「低開発の開発」という問題系を組み込む場合だけである。このとき、世界資本主義のうちにある不均等性は、線的な発展曲線に対する遅れや名残としてではなく、「アクチュアルな機能を有するアルカイズム」を秘めた〈中心〉による産物として分析される。このアルカイズムは、高度に発展した資本主義的部門の進出と結合されうるのである。こうして、「経済発展」と政治的「近代」というイデオロギーが、進化、等質化、漸進的な調和という線にもとづいて表象しようとする諸差異を、矛盾しつつ連関する様々な相関関係と傾向が織りなす見取図のなかに書き込むよう、うながされることになるのだ（たとえば、『資本主義と分裂症』の時期に練りあげられた「〈新たな経済的政治〉」のイデオロギーが、一九五〇―一九六〇年代に流行した凡庸でうぬぼれの強いスタイルのウォルト・W・ロストウの「近代化理論」のあとを引き継ぎながら、周辺諸国への強烈な公的債務を正当化するために、押しつけられようとしているところであった）。それゆえ、公理系としての資本の仮説は最終的に、「メタ経済学にこうして合流する近代国家類型」という形態のもとで叙述されることになる。この形態が巧みに叙述する国家‐政治的な分化の諸々の線によって、世界資本主義はシステムをなすのである（あるいは、ガタリが「〈統合世界資本主義〉」と呼んでいたものを形成する）。とはいえ、くり返しになるが、国家という実現モデルの同形性（資本主義的生産様式とこの生産の社会関係による）、この実現モデルの異形性（他の生産関係と生産様式による。だがこれらは、資本主義の環境と単一の統合世界市場の制約とによって包摂される）、この実現モデルの多形性（非資本主義的生産様式を維持し、さらには引き起こしさえする資本主義的生産関係による）のあいだの区別は、その意味を情況下で把握しなおさないかぎり、学者的なものにとどまるだろう。そこでこの三つの側面に対して、ドゥルーズ＝ガタリがなにを呼応させているかを見ておくことにしよう。a／商品、貨幣、金融の流れの規制緩和と、本源的蓄積の捕獲技術の反復とを結合させる新自由主義的統治性による、すでに明瞭に察知しうる攻勢。b／「現実社会主義」諸国や第三世界の社会主義政権が、資本の全世界的な包括に対立させる、現実的ではあるが両義的な抵抗。c／植民地的な服従を継承する依存関係を越えて、世界規模の蓄積システムのなかに、周辺諸国を強制的に統合していく新たな形態。この三者こそ、現代国家の「メタ経済学的」な類型学を下支えする情況の総体であり、この三つの大きな傾向が、国家による捕獲の力能と無能のなかに、主権のふたつの極の可変的な分布とそれに対応する国家暴力の様態のなかに、国家権力が足踏みし主導権を譲り渡す決定不可能性のなかに、登記されているのだ。この三つの傾向は、第一四命題の「「所与」の簡略な見取図」の対象となる〔第一三プラトー〕。この見取図が少なくとも目指すのは、諸々の臨界点や可能な分岐点からなる多様体の地図作成を行うことである[35]——「というのも、あらかじめなにも決定されてなどいないからだ」。

資本主義諸国家の同形性と異質性——新自由主義による世界規模の攻勢

ドゥルーズ＝ガタリが現代の公理系のうちに識別する最初の傾向、すなわち社会的‐国家的な実現形態が有する同形性への傾向は、資本の地理学による地球環境の現実的包括の力能を、最も直接的に表現しているように思われる[36]。「原始社会の冷酷で計画的な破壊だけでなく、最後の専制的社会形成体が崩壊したことも、例として挙げられるだろう——たとえばオスマン帝国は、資本主義の要請に対し、たいへんな抵抗と怠惰を示したのである[37]」。この傾向的な同形性はまずなにより、国民国家の唯物論的な系譜学と規定に起因するものだ。すなわち、「労働と資本が自由に循環している生産者集団、つまり資本の等質性と競争が原則的に障碍なしに実現されている生産者集団」である[38]。じっさい、国民(ネーション)の構成要素を「大地、人民」の結合に見いだすとするなら（逆にいうと「国民（ネーション）の問題は、人民なき大地と、大地なき人民という極端なふたつの事例において尖鋭化する」）、大地は「領土（公有地、帝国の属州、領主領など）の一定の脱領土化を前提」しており、人民のほうは「人口の脱コード化」（系族とカースト、親族集団と序列の脱コード化）を前提している——そしてこれこそまさに、産業発展以前のヨーロッパにおいて、農村の封建的組織と、都市の同職組合組織が祓いのけていたものなのだ。[39]

これらの脱コード化され脱領土化された流れのうえに国民（ネーション）は形成されるのであり、国民はそれに対応する大地と人民に存立性を与える近代国家と切り離しえない。人民を生みだすのは裸の労働力の流れであり、大地とその整備開発を生みだすのは〈資本〉の流れである。（……）可能なかぎりの多様性を呈する国民国家という形態のもとで、国家は資本主義公理系にとっての実現モデルとなる。これは決して、国民とは見かけだけのもの、イデオロギー上の現象だというのではない。反対に国民とは、抽象的資本の質的な等質性と量的な競争が最初に実現される、生きいきとした情熱的形態なのだ。[40]

本質的なのはしかし、同形性へと向かうこうした傾向を、等質化のプロセスから区別することである。この区別は、国家‐社会的な形態、民族自決的な構築物、国家の「国有化」様式を明白に変化させる具体的な変数によるばかりでなく、矛盾しながら共存するふたつの傾向をおのれ自身のうちに含む、同形性へと向かうこの傾向じたいの複雑性によるものでもある。矛盾しながら共存するふたつの傾向によって、同形性は、国家同士の大いなる異質性を容認し、それを産出しさえするのである。

資本主義の諸公理はもちろん、理論的命題でもイデオロギー的公式でもない。それはむしろ操作的言表であり、〈資本〉の記号学的形態をつくり、生産、流通、消費というアレンジメントのなかに構成部分として入っていく。これらの諸公理はいずれも一次的な言表であり、他の公理から派生したり、他の公理に依存したりするものではない。この意味でひとつの流れは、ひとつあるいは複数の公理の対象となりうる(公理の集合が様々な流れの結合を生みだす)。しかしある流れが固有の公理を持たず、その流れに対する処理が、他の複数の公理からの帰結でしかないということもありうる。さらに、流れが領野の外にあり、限界なしに進化し、システム内で「野性的」な変化状態に放置されることもある。資本主義には、たえず諸公理を追加してゆく傾向がある。(……)「社会民主主義」というきわめて一般的な国家の極は、投資の領域や利潤の源泉にかんする公理の追加や発明の傾向によって定義されうるだろう。(……)資本主義には、もちろん反対の傾向もある。すなわち公理を除去し、減算する傾向である。支配的な流れを制御するきわめて少数の公理だけに制限され、その他の流れは、帰結という派生的な地位を受け取るか(……)、あるいは、野生状態に放置されるが、野生状態だからといって、国家権力の凶暴な介入を排除するわけではない。むしろ逆である。これは公理の数を制限する傾向を体現する「全体主義」国家の極なのである(……)。ところで、双方ともに他方なしでは進行しない。あるときは異なりながらも共存するふたつの場所で、あるときは継起しながらも緊密につながる諸瞬間に、つねに一方が他方にかかわり、さらには一方が他方のなかにありさえするという具合に進行しながら、同じひとつの公理系を構成するのだ。[41]

公理の追加と減算というこのふたつの矛盾する傾向は、緊密につながるふたつの根本的な要因に関連づけられる。

1／まず様々な資本制国民国家の傾向的な同形性が、包括的な世界市場のもとへの包摂に由来するにしても、この包摂じたいが、統合された国内市場の形成の条件（あるいは逆に破壊の条件）に応じて、対照的な形態をまとう。国内市場は国外市場の要請と協力しながら、この両者が節合するところで、諸矛盾を移動させる役割を国家に担わせる。そして国家は、その制度と「統治性」のうちに組み込まれる階級闘争、社会的政治的な闘争、国際的な出来事をとおして、この諸矛盾を移動させてゆくのである。公理を追加する社会民主主義的な傾向を例示するものとして差し出される歴史のシークエンスは、この観点からするとより意義深いものとなる。「一九一四―一八年の戦争が終わると、世界恐慌とロシア革命の影響が合わさることで、資本主義は労働者階級、雇用、組合組織、社会制度、国家の役割、国外市場と国内市場にかんして、公理を増やし、新たに発明することを余儀なくされた。ケインズ経済学、ニュー・ディール政策は、公理の実験場だった。第二次世界大戦後に創造された新しい公理の例――マーシャル・プラン、援助や借款の形態、通貨システムの変形[42]」。他方で、第二の極が定義するのは、公理を除去し、人口、領土、貨幣の流れの規制緩和を行うという逆の傾向である。それは支配的な流れを対象とする特権的ないくつかの公理のためにあり、その他の流れ――相対的過剰人口、採算の合わない整備開発や「投資が引きあげた」領土――は、「帰結という派生的な地位」を受け取るか、あるいはシステム外で「野生状態に放置される[43]」。国外セクターと原材料や食料を輸出する産業への特別な支援、国外資本の呼び込みと国家の債務超過、国内市場の潰滅、賃金削減、所得の間接的再分配を行う所得税率の抑制――ここにはとりわけ、ＩＭＦの「構造調整」プログラムをとおして、北米資本のヘゲモニーのもとにある西洋国家が、「発展途上国」に一貫して押しつけようとしているいくつかの方法が見いだされるだろう。さらにはガタリ＝ドゥルーズの定式が、資本主義的蓄積の歴史的中心でこうした傾向が展開される可能性を、意図的に残していることも強調しておくべきだろう。というのも、ある特定の情況のもとで、部分的に超国家的なものと化した資本家階級内部の分派同士の力関係の変動に応じて、搾取の条件と利潤の源泉が、国内市場の粉砕と解体を経由しうるからだ。[44]「同形性は決して等質性を意味しない。生産様式が同じであれば、全体主義国家と社会民主主義国家のあいだには同形性があるが、異質性もあるのだ（……）。追加と除去を両極とするモデルの同形性は、それぞれのケースにおける国内市場と国外市場の分布に帰着する。（……）この両極は、資本主義的生産様式のもとにある、中心の国家群にも当てはまる」[45]。全体主義－資本主義の極によるなら、究極的には、通貨と金融の流れを対象とする公理のみが維持され、対外貿易と国外からの利潤の取り込みを後押しする。その一方で、土地とその整備開発、社会とその人口じたいはもはや特定の公理が責任を負う「所与」ではなくなり、コラテラル・ダメージとして周縁で処理されるだけの、たんなる帰結にすぎなくなる。[46]「野生状態の展開はとりわけ、雇用の変化、農村人口の流出や都市のスラム化などといった現象としてあらわれる」。それは制度的規制の周縁にあらわれ、究極的にはあらゆる承認から排除（エクスクリュ）され、社会的知覚そのものから排除（フォルクロ）され、必要とあらば、国家による法的ないし準法的な弾圧に引き渡される。

この極を全体主義と呼ぶことでドゥルーズ＝ガタリは、一九七〇年代をとおして一般化したこの主人のシニフィアンの強制的な使用法とは一線を画すことになる。当時それは、現実社会主義の批判的分析ではなく、アンチ共産主義のプロパガンダという、より横柄な目的のためにたえず利用されていたのだ。ドゥルーズ＝ガタリが全体主義的な極を、リバタリアン・イデオロギーのうちに見いだし、一九七〇年代初頭から大規模な実験が始まった新自由主義政治のうちに見いだすのはまさに、「官僚制社会主義を、全体主義的資本主義国家と同一視するのは不正確である」[47]と結論づけるためにほかならない。全体主義的資本主義国家という表現は、多くの人びとにとって挑発的な撞着語法として響くにちがいない。「全体主義国家とは、最大化した国家ではなく、むしろヴィリリオの定式によるなら、アナルコ・キャピタリズムの最小国家なのである（チリの例）」[48]。だが、全体主義的資本主義国家という表現は、ドゥルーズ＝ガタリが主張しようとするつぎの論点を、よりいっそう浮彫りにするだろう。つまり、相関しあいながら矛盾するふたつの傾向が、資本の戦略と集団的な抵抗に応じて、資本主義公理系のたえざる手直しによって要求される資本主義政治を横断し、分断しているのだ。「あるときは異なりながらも共存するふたつの場所で、あるときは継起しながらも緊密につながる諸瞬間に、つねに一方が他方にかかわり、さらには一方が他方のなかにありさえするという具合に進行しながら、同じひとつの公理系を構成するのだ。典型的な例は、「全体主義－社会民主主義」とのあいだで曖昧な交替をくり返す現在のブラジルだろう」[49]。

2／こうして、矛盾をはらみながら資本主義政治を貫通するふたつの傾向のかくなる分布と錯綜を、資本主義公理系とその拡大再生産という体系的な水準において思考するための第二の要因が生じる。まったく別の状況にかんして、サミール・アミンはつぎのような指摘を行った。すなわち、本源的蓄積の方法が一段と補完的になるのは、自国の市民階級（ブルジョワジー）が、主に国内市場の拡大に接続される部門のなかで利潤を出し、きわめて間接的な仕方でのみ国外市場に依存するようになるときである[50]。ドゥルーズ＝ガタリの描写する公理の追加と減算というふたつの傾向の矛盾をはらみながらの統一が、資本主義政治のなかで表現するのは、資本主義的蓄積が、おのれ自身の内在的限界とのあいだに持つ矛盾した関係なのだ。

資本主義には内在的な法則しかないからこそ、公理系なのである。資本主義は、〈宇宙〉の限界、資源やエネルギーの尽きる究極的な限界に突きあたっているようなふりをするのが好きである。だが資本主義はおのれ自身の限界に突きあたるだけであり（既存資本の周期的な価値低下）、資本主義が押しのけ移動させるのも、おのれ自身の限界だけである（利潤率の高い新しい産業における新資本の形成）。石油と原子力の場合がこれにあたる。ふたつが一緒になっているのだ——資本主義がおのれの限界に突きあたるのと、限界を移動させ、より遠くに設置しなおすのは同時なのだ。公理の数を制限しようとする全体主義的な傾向が限界との衝突に対応するなら、社会民主主義的な傾向は限界の移動に対応するものだといえよう[51]。

こうして、二重の相関関係が設置される。一方は公理の追加と、拡大する蓄積手段とのあいだの相関関係であり（内在的限界の移動）、それは賃金制の全般化とその統合に依拠している。それは社会国家、「自力による発展」、国内消費の発展、設備やサービスなどへの公共投資の増加（領土や都市、住居や移動手段といったインフラ、保健衛生サービス、教育など）を結合させる制度体系のなかで、力関係と階級分断にしたがって変化してゆく。他方は、公理系の減算と本源的蓄積技術とのあいだの相関関係である（利潤率の傾向的低下と過剰蓄積の危機＝恐慌というふたつの側面のもとで、蓄積の限界に突きあたること）。そこでは、非生産部門による既存資本の吸収、既存資本の破壊、労働力の価値低下、賃金条件の規制緩和、「相対的過剰人口」に対処する制度解体といった手段と、「略奪による蓄積」の技術、剥奪と強制的な脱領土化による、私有化＝民営化による蓄積の技術とが絡み合う。だがこのとき、上記のふたつの相関関係に、第三のものが覆いかぶさってくる。それは、主権的暴力の経済とそれ固有の二極性にかかわりながら、私たちがすでに第一部で示したように、本源的蓄積／拡大される蓄積という区別との節合を前景化させるのだ。[52] 一般的に「規制緩和」と呼ばれるものはしばしば、制約を与える規範や制度的装置のたんなる除去ではなく、そうした規範や制度的装置が、特定の流れだけに適応されるよう移動させることであり、排除される他の流れには、派生的な取り扱いしか行わないか、あるいは、システムの外に投げ捨てるかである――ドゥルーズ＝ガタリが指摘するように、これは排除される流れに対する暴力的な弾圧を排除するものではない。むしろ逆である。公理の削除がふたたび高揚させるのは、国家暴力の「主権的－パラノイア的」で、非経済的な体制なのだ。これに対し、公理を追加する傾向のほうは、国家暴力を「公民的」な経済へと向かわせる。これが意味するのは、たんに国家暴力が法的に制限されるということではなく、微分的差異にもとづいて選別され統合される流れを、個別的に標的にするということなのだ（「第三世界に適用された社会民主主義でさえ、貧しい人たち全員を国内市場に統合するよう提唱しているわけではなく、むしろ統合可能な要素を選別する階級分断を行っている」[53]）。しかし、ここでの本質は依然として（主権性の「原－暴力」にかんする先述の分析にあわせていうなら）、資本主義政治の矛盾する二極化と、主権的暴力の採用する相関する形態が、ふたつの極のどんな組み合わせにも、そして敵対する階級間の力関係が強いる一方の極から他方の極への移動にも、当てはまるという点にある。[54] 次章でマイノリティの問題を扱う際に、こうした与件を記憶にとどめておくことにしよう。

多形性、新帝国主義、国内の植民地化

資本主義公理系が下支えする、国家という実現モデルの複数性を規定するにあたって本質的な第二の極は、ただちに地政学的な意義を有している。「中心には、西側と東側という第二の二極性、資本主義国家と官僚制社会主義国家という二極性が設置された。ところでこの新しい区別は、先の区別における特徴のうちのいくつかを再度取り上げるとはいえ（いわゆる社会主義国家はこのとき、全体主義国家と同一視される）、問題は別の仕方で提起される。東側諸国と西側諸国とのあいだの一種の等質化を示そうとしている数多の「収束」理論には、ほとんど説得力がない。もはや同形性ですら適切ではなく、現実に異形性が存在しているのだ。なぜなら、たんに生産様式が資本主義的でないからというばかりでなく、生産関係が〈資本〉ではないからだ[55]」。それゆえ、市場と資本の価値増殖とのための生産ではなく、計画経済を支配的な生産関係とする「現実社会主義」の国家が、それでもなお、「たったひとつの外在的な世界市場の存在」との関連で、資本の公理系の実現モデルをなすには別の観点が必要であり、この「世界市場の存在は、それを生みだした生産諸関係さえも超えて、ここでも決定的な要因であり続けている」。それによって確認されるのは同じ公理系のなかでの、現実的包括の力能と、形式的包括の様式との絡み合いである。たとえば「官僚制社会主義の計画が、資本の計画に寄生する機能を帯びることで、「ウイルス」タイプのより大きな創造性を発揮することさえありうるのだ[56]」。

　世界市場のなかに「包括される」生産諸関係の異質性が、実現モデル同士の異形性を決定するとき、ドゥルーズ＝ガタリはさらに多形性を区別し、それが資本の地理学における第三の二極性の相関物であるとする。それは、従属と不等価交換という所与を登記し、とりわけ脱植民地化運動とポスト植民地主義的な新たな支配形態をとおした、利潤の搾取と領有の微分的形式の変形を登記する。というのも、「世界－経済の中心と周辺の（可動的な）区別は、搾取戦略の地理的かつ政治的－文化的な分布に対応してもいる」からだ。[57]『資本主義と分裂症』において、資本主義の枢軸国家に対する第三世界国家の多形性は、植民地主義的な帝国主義の結果として提示されると同時に、「植民地化に代わるものの公理」――あるいは諸公理の可変的な総体として提示される。この点にかんして、ドゥルーズ＝ガタリはS・アミンの分析に最も多くを負っている。a／「輸出活動へと向かう偏向（外向性）」は、国内市場の不十分さから生まれるのではなく――すでに見たように、「中心」においては有効な問題系を、周辺にも応用しようとする標準的な発展理論が望んでいるのとはちがって――、「あらゆる分野における中心の生産性の優位」から生じるのだ。この優位が、「周辺の役割を限定することで、自然の優位がものをいう生産物の補助的な供給者にしてしまう」のであり（原材料、農産物、鉱産物）、自力での産業発展の可能性を叩き壊してしまうのだ。[58] b／第三次産業へと向かう偏向、その特殊な膨張は、需要の構造だけでも、生産性の構造だけでも解明することはできず、むしろ「周辺の発展に固有の限界と矛盾――すなわち、不十分な工業化と増大する失業、地代の重要性の高まり」の結果なのである。[59] c／「近代的な生産技術を手段とする（……）軽工業部門にとって有利に働く偏向」もまた、生産の国際的な専門化の結果である。d／生産装置のこの三重の偏向から生じる「節合解体＝脱臼」の連鎖――すなわち、中心の需要に合致するよう、周辺の生産の方向性が調整されること、それによって、発展した極における経済的進歩の恩恵が、経済体全体に行きわたることが妨げられること。中心による経済的支配による貿易構造への影響、また、融資構造に左右される周辺の成長への影響。生産性と所得の分配における極端な不均等。[60]

周辺にかかわるこれらの公理は、ポスト植民地国家を、世界市場における資本主義的競争に統合してゆく。ポスト植民地国家の包摂はもはや、直接政治的に服従させるわけではないが、中心における利潤率の相対的な上昇をそれなりに保証し続けるのだ。新帝国主義的な権力構造への転換点はこのとき、獲得された従属関係のなかでの双方の政治的力関係の変化によってばかりでなく、資本投資の反転傾向と、利潤の一方的で大々的な捕捉によっても標定されるのだ。

周辺そのものの外への移動が、なによりまず伝統的なセクターやアルカイックな領土性に由来すると考えることは、大きな誤りであろう。これは逆に、強力な剰余価値を生みだす近代の産業と大農場(プランテーション)に由来するのであり、ついには低開発国に資本を供給するのは先進国ではなく、まさにその逆であるという事態にまで到っている。[61]

第三世界の大部分における一般的生産関係は資本であり、さらには、社会主義化されたセクターもこの関係を利用し、自分のために使いうるという意味では、第三世界全体における生産関係も資本であるといえよう。だが、生産様式はかならずしも資本主義的なものではない。いわゆるアルカイックな形態や過渡的形態においてばかりでなく、最も生産性が高く工業化が進んだセクターにおいても、かならずしも資本主義的なものではないのだ。それゆえこれは、世界的公理系に含まれる第三の場合となる。つまり、非資本主義的生産様式において、資本が生産関係として機能するのである。[62]

同形性、異形性、多形性へと向かう三つの傾向は、一九世紀と二〇世紀から引き継いだ資本の地理学のなかをまずは移動しながら、最終的に、〈中心〉、〈東‐西〉、〈南‐北〉からなる、比較的単純な経済‐政治的な地勢図を描きだすように思われる。しかし同時に、ドゥルーズ＝ガタリが転回点を同定する歴史的シークエンスにおける変動は、これら三つの傾向の相対的な融合として読解されうると同時に、世界‐経済のなかで分化したこれらの空間の錯綜または包摂として読解されうるものである——それによって、世界‐経済を語る語彙そのものが、揺さぶられることになるのだ（「中心」／「周辺」、「先進国」／「第三世界」……）。

1／第一に事実として、同形性と、それが抱える社会民主主義的な追加傾向と、新自由主義的‐権威主義的な減算傾向との矛盾は、もはや〈中心〉にのみかかわるものではない。というのも、「大局的に見て米国と、南米の血まみれの暴政とのあいだ（またはフランス、イギリス、西ドイツと、アフリカのいくつかの国々とのあいだ）には同形性が見いだされる」からだ。[63]

2／第二に、東西ブロック間の衝突の軸と、新帝国主義の中心‐周辺の軸は、その大部分が連動している。米国という超大国がおのれのヘゲモニーを手直しするために、いずれかの軸のうちでおのれの正当性を見いだそうとする場合ばかりでなく、（第四章で）すでに分析した世界的戦争機械がそこで特殊な形態をまとう場合も、ふたつの軸は連動するのである。一九七〇年代冒頭以来、〈国防〉の理論家が発展させてきたテーゼに寄せる、ドゥルーズ＝ガタリの関心はここに由来する。「過剰軍備の均衡をはじめとして、中心における東西の均衡が進めばすすむほど、南北軸では不均衡、または「不安定化」が進み、中心における均衡を不安定なものにする」。[64] ドゥルーズにとって、とくにレーガン政権による軍備政策の推進と、一九八三年のパーシング・ミサイル事件によって、このテーゼがアクチュアリティを取り戻したことは、すでに指摘しておいた。より一般的にいうなら、一九八〇年時点における世界的資本主義公理系の見取図のなかには、複数の傾向が登録されており、それがもたらす帰結はいまだ予見しえないものであった。なぜなら、「世界秩序」の再編が起こりうることにくわえ、「中心にある国家間の古典的な紛争（そして周辺における植民地化）」に代わって、「互いに交叉しあうことで全体を覆う、東西と南北というふたつの大きな紛争の軸」が設置されることで、戦争の力能が相乗効果的に高まるからだ。「東西の軸における過剰軍備は、局所的な戦争という現実を全面的に存続させるばかりでなく、それらに新たな力と新たな賭金を与えている。過剰軍備はふたつの大きな軸に沿った直接的な衝突という「黙示録的」な可能性に根拠を与えるばかりでなく、戦争機械が産業、政治、司法上の特殊な代補的意味を帯び始めるようにみえる」(65)。それじたい高度に重層決定されたこの意味のなかで、少なくとも三つの系列の要因が融合している。

——かつてない次元の資本蓄積と、不変資本への世界規模の投資。つまり、「既存資本の価値低下と新資本の形成がまとうリズムと規模は、戦争機械を必然的に経由する」。そして戦争機械は、相互に連携する軍事‐金融、技術、産業の複合体として具体化され、「海洋資源や地球資源の搾取によって要請される世界の再分配」へと直接動員される(66)。

——世界市場の競争に強制的に組み込まれることで、周辺の流れを脱コード化する規模が拡大し、「別の条件のもと、すでに古代帝国に該当していた最古の公式」に、新たな意味を与え始める。すなわち、「古代帝国は、流れを超コード化すればするほど、脱コード化した流れを発生させていたのであり、その流れが古代帝国に向かって逆流し、帝国の修正を強制していた。現在では、脱コード化した流れが中心の公理系のなかに流入すればするほど、その流れは周辺へと逃れ、公理系が解決することも制御することもできないような問題を提起する傾向を示している」〔MP, 585 / 下巻・二三五―二三六頁〕——さもなければ、世界的な戦争機械の動員という目論みが、いっそうの暴力をともなってなされるとき、その目標は大衆化されると同時に分子化され、局所化しえないものとなる。エネルギー資源の流れ、人口の流れ、食料の流れ、都市化の流れ(「世界‐経済または公理系の代表者たちを悩ます四つの主要な流れ」)は、野蛮な都市化、飢餓によって大量死する人口、強制移住という無規律(アノミー)なかたちをまとうと同時に、多少なりとも組織的な抵抗や反撃というかたちをまとって顕在化することもある。そしてこの抵抗や反撃は、国家的ないし反国家的であったり、解放的または虚無主義的であったりするのだ。

——最後に、世界的戦争機械それじたいには、潜在的に二重の進化がありうる。ドゥルーズ＝ガタリはしばしばそれを、「安全保障のマクロ政治学」と「不安保障のミクロ政治学」の相関関係として表現する。すなわち、平和と「世界秩序」の維持という名目で正当化される大規模な恐怖政治と、アイデンティティ・パニックを養分とするファッショ的な警察化との結合である。しかもこの警察化じたいが、資本主義の世界化がもたらす混乱を、アイデンティティ・パニックへと変換するのに貢献しているのだ[67]。ここから、第四章で見た複雑な錯綜が生まれる。それは、(「ブロック」間の衝突という戦線から、「文明」の衝突という別の戦線へと[68]) 潜在的に転移可能な、絶対化され神学化された敵、〈悪〉や〈アンチキリスト〉という一方の形象と、「公理系の要請にしたがって」本質的に移動可能で反転可能な、不特定の敵という分子化された他方の形象、すなわち「国内外の「任意の敵」(個人、集団、階級、人民、出来事、世界)……」とのあいだを循環するのである[69]。

3／ところで第三に、これが最後だが、こうした進化は第一三プラトーにおける資本主義公理系の見取図のなかにあらわれる、極同士の最終的な錯綜と不可分であるように思われる。「中心にある諸国家は、たんに第三世界とのあいだに問題を抱えるだけでなく、つまり外部にそれぞれ第三世界を持つだけでなく、中心の国家の内部に生じ、内側から作用する第三世界というものが存在するのである」。従属理論と資本主義世界システム論の理論家によって展開された分析は、ドゥルーズ＝ガタリにおいて強化されると同時に、再問題化される。この再問題化は、資本循環、投資、利潤の不均等な地理学の観点からなされると同時に、搾取手段や蓄積手段と、これらの手段が動員する暴力の体制の観点からもなされるものだ。近年、E・バリバールが「全般化される植民地の仮説」という名で提案したものは、ローザ・ルクセンブルクによる帝国主義の分析に依拠しながら、「資本主義的支配を、それが誕生した地の「周辺」にまで広げることを可能にした植民地化という根絶手段と、世界-経済の「中心」に資本主義の支配を押しつけるために行使される、ときに同じくらい暴力的な手段」[70]とのあいだでマルクスが行った比較を、左右対称的につりあわせるものであった。それが一九八〇年のドゥルーズ゠ガタリにあっては、以下のように定式化されている。

いくつかの点で、周辺と中心は互いの規定を交換しあうとさえいえるだろう。中心の脱領土化によって、つまり領土や国民の集合に対する中心の脱コード化によって、周辺の社会形成体が投資の真の中心となる一方で、中心の形成体が周辺化する現象が起きている。（……）世界的な公理系が、周辺に高度産業や高度に産業化された農業を設置しながら、中心にいわゆるポスト産業的活動（オートメーション、エレクトロニクス、情報処理、宇宙開発、過剰軍備……）を暫定的に割りあてていくほどに、この公理系は中心にも低開発の周辺地帯を、内なる第三世界を、内なる〈南〉を設置することになる。不安定な雇用（下請け、臨時雇い、非合法労働）に追いやられた「大衆」が存在し、その生計は公然と、国家の手当と不安定な賃金収入によってのみ保障されている。[71]

ところで、こうした国内の周辺化や第三世界化のプロセスに相関して、——中心の資本主義国家においては、労働闘争が過剰搾取形態を制限し、拡大された蓄積回路に相対的に組み込まれた賃金条件を要求してきた一方で、植民地化された周辺では、労働力の過剰搾取と本源的蓄積のこのうえなく粗暴な手段がもちいられてきたという、歴史的なシークエンスのあとで——、拡大された蓄積回路や本源的蓄積技術の地理的な分布や、国家暴力のふたつの極の相関的な分布に、変化が生じることとなる。それによってついに、周辺の諸国家の多形性の問題と、「中心」から雇用と領土性の公理を減算する新自由主義的-権威主義的な傾向とが、識別不可能になる地帯とはいわないにせよ、隣接しあう地帯が生じるまでに到るのだ。まるで新自由主義が、独自の仕方でローザ・ルクセンブルクの教訓を再解釈したかのようだ。というのも資本が、「本源的」蓄積や、プロレタリア化や、非資本主義的な社会関係の破壊や、資本関係の強制的な社会化や、集団的領土性の社会人類学的な論理を労働力の流動性と固定化という矛盾する論理に従わせること、といった局面と手を切ったことなどかつて一度もないからだ。単純にいうなら、資本が「おのれ自身の中心をふたたび植民地化し」始めるとき、本源的蓄積の技術はそこで、拡大された蓄積をさらに伸張させる手段となるばかりでなく、逆に、既存資本の価値低下と、生産力、科学技術力、人的な力の価値剥奪を、壮大に遂行するのである。新自由主義とはじっさいのところ、資本主義自身のネオ・アルカイズムに適合する、原始(アルケオ)リベラリズムなのである。[72] この自由主義は、蓄積の危機=恐慌を糊塗するために、資本主義社会、その人口、その制度が、まるで「前資本主義的」社会であるかのように扱うのだ。そこから生まれるのが自由主義の特殊な時間性であり、みずから加速させる危機=恐慌に対する自由主義言説の無理解なのである。危機=恐慌は、資本主義自身の「アルカイズム」から、際限なく前近代的なその時代からついに解放された、つねに来たるべきものである資本主義へと先送りされるのだ。

第六章　マイノリティへの生成変化、革命的なものへの生成変化

マクロ政治学とミクロ政治学——マイノリティ戦略における分断

『資本主義と分裂症』でマイノリティに与えられた重要性は、あまりに目につくものであると同時に、謎めいたものでもある。その理由を解きあかしてゆくことにしよう。ドゥルーズ＝ガタリによるマイノリティの定式化はいまや、きわめて異なる政治思想のあいだでさえ、相対的に共有されるものとなった問題領野と相互に共鳴しあっている。だがその一方でこの定式化は、過剰でラディカルな形態を維持しており、そのことが、彼らの定式化を究極的には、あるいは文字どおり受け取るなら、維持しえないものにしてしまうのだ。彼らの定式化は、このいずれの側面においても意義深い。おそらく、この定式化のもたらす結合こそが、それに対するアクチュアルな関心をいまなお生みだしているのである。

第一の側面からするなら、マイノリティをめぐるガタリ＝ドゥルーズの理論は、現代の政治思想の多くの諸潮流に合流し、それらと分岐する地点に位置している。現代の政治思想の諸潮流が依拠するのは、国民内（ナショナル）のマイノリティと無国籍のマイノリティをめぐるアーレントの古典的な分析、サバルタン研究の批判的な歴史記述、規範をめぐるフーコーの分析論、〈批判理論〉を起点として取り上げなおされた承認を求める闘争の問題である。これら諸潮流はそれぞれ独自の仕方で、脆弱な要素としてのマイノリティの地位を問題化している。マイノリティのうちには、現代の国民国家を貫通する主要な緊張、すなわち、国民国家が有する市民制度と市民権を維持するためのたえざる闘争や、国民国家による社会的紛争の制御メカニズムや、経済的、文化的、性的、人種的な不平等の再生産メカニズムといったものが、凝縮されているのである。こうして近年指摘されてきたのは、現代の数多くの仕事によって、市民的かつ政治的な平等と自由の条件の実現を目指すマイノリティの闘争が、市民権の制度化そのものが賭けられる唯一の場ではないにせよ、決定的な場のひとつとなったということであった。「都市における権利要求の「典型的」な担い手であり、排除と包摂のあいだの、獲得済みの権益の防衛と潜在的な普遍化のあいだの揺れ動きの象徴」であるマイノリティは、「市民権の「ゲーム」のなかで行われる包摂と排除の弁証法」を一身に引き受けているのにくわえ、「市民権を所与の地位（特定の「行為者」がその恩恵を受けたり受けなかったりする）としてではなく、このゲームの力学そのものとして、このゲームが社会空間をとおして導入する戦略の賭金として理解する可能性」を一身に引き受けているのだ[1]。つまり特異な反転によってマイノリティは、現代の政治空間の主要な主体、すなわち〈人民〉に新たな名を与え、「人民の人民」ないしは新たな「普遍的階級」を、平等な自由（*aequa libertas*）の終わりなき探究としての「民主主義の発明」の現実的な行為者を、構成するだろう。

こうした理論的な備給が有する傾向とは、ある種のマイノリティの闘争こそが、（もっというなら、種類の区別なしにマイノリティの闘争こそが――しかし「マイノリティ」という用語は、「民族自決的」な固有の使用法から離れると、まさに浮遊するシニフィアンとなるがゆえに、問題なのはむしろ、この「浮遊状態」がどう理解されるかを知ることである――）、たんに特殊なだけでなく典型的な政治的主体化の場であり、現代の民主化闘争にとって根源的であると同時に本質的な主体化の場であるとみなすことである。もちろんこうした理論的な備給は、政治思想そのものに対して、再帰的で批判的な効果をもたらすことになるだろう。なぜなら政治思想は、おのれの概念を自律性と普遍性の地平に結びつけており、マイノリティの概念はその両義性じたいによって、この地平に対する二重の剥奪を表現するように思われるからだ。すなわち一方では、多数派（マジョリティ）を抑圧する少数派（マイノリティ）が存在している。他律的な権力に服従させられているこの多数派は、想定される普遍性をみずから要求するものの、この他律的な権力によっておのれの要求から切り離されているのだ。他方では逆に、保護監督下にある特殊な状態、さらには（カントの言表を社会的規範化の社会学へと横すべりさせながら）、ある共同体が、社会構造内でのおのれ自身の特殊性、すなわち特殊な利害、特殊なアイデンティティ、特殊な地位や機能に服従させられているという事態がある。つまり、ドゥルーズ＝ガタリが「下位システムとしてのマイノリティ」と呼ぶもの、あるいはランシエールが「ポリス」の秩序のなかでの「持ち分＝分け前」と呼ぶものに服従させられているという事態である。これも同じく、普遍性という理想が担う政治的な自律性からマイノリティを切り離すものだ。じっさい、ここに見いだされるのは、解放と変形の実践空間としての政治をめぐる思考すべてを特徴づける緊張だが、ただしそれが逆説的な極限にまで推し進められている。というのも、共和主義の伝統は、他律と自律を区別し、主権者である人民という統一形態のもとで、他律から自律へと移行することとして、解放（マイノリティの状態から抜け出すこと）を理解するよう教えてきたからだ。また、マルクス主義と社会主義の伝統は、普遍的階級がおのれの他律的な生存条件を変えることによって獲得される解放過程のなかで、他律と自律を弁証法化することを教えてきたのである。「マイナーな政治主体」という観念はまさに、このふたつの伝統を交叉させるように思われる。あたかも、それらの距離が問題含みの短絡――手の施しようのない短絡とまではいわないまでも――のなかで消去されてしまうかのようなのだ。そうなれば、この短絡は当然、それじたい不可能な理論的形態のうちで、主体の空白を覆い隠してしまいかねない。別の仕方で事態に向き合い、歴史的‐概念的で、政治的でもある危機の痕跡――現在の状況を、多様な闘争的解釈の場へとひらく危機の痕跡――を刻み込む兆候的な意味を、この逆説的な形象〔マイナーな政治主体〕に与えるのでないかぎり。換言するなら、この逆説的な形象を、民主化政治の主要な形象が歴史のなかで逢着してきた危機が、現在の状況のなかに生みだすアポリアの分析装置につくりかえるのでないかぎり。この逆説的な形象は、このときようやく――不可能ではないにせよ――民主化政治のなかで位置を占めるようになるだろう。

　この観点からして意義深いのは、政治的主体をめぐるこの問いが、戦後三〇年間のあいだ、集中的な再問題化作業の対象となってきたことである。それゆえ現在におけるその定式化の多くは、言説の指示対象を変化させつつも、この定式化じたいの優柔不断さや袋小路の事後的な効果として理解されうるほどだ。だがそれは、政治的主体の問いが、特殊な現代的座標を持たないという意味ではない。そうではなく、これらの探究が向き合ってきたきわめて複雑な世界的情況との結びつきを、政治的主体の問いが維持し続けているということなのだ。たとえ暗号化された遺言の相続人としてであれ、この世界的情況に依存するかたちで今日のわれわれはあるのであり、この世界的情況が、遺産と喪失物のいずれをもあいまいにしているのである。この情況のなかで同時に結びつき、同盟し、衝突するのは、政治的主体をめぐる主要ないくつかの枠組であり、この二世紀というもの、集団的闘争の大きなサイクルはその枠組をもちいてきた。まず人民の共和主義的な形象、すなわち国民という形象があり、それは解放と帝国主義、民主主義とファシズムという相矛盾する備給とそれじたい不可分である。つぎに、プロレタリアートの形象があり、同様に植民地化された者たちの形象がある。最後に、「サバルタン集団」と「マイノリティ」という、本質的に多数多様で問題提起的な政治的主体の新たな形象が出現する。この情況のなかで、社会的政治的な批判言説の形成も根本から再編成された。第一に挙げられるのは、社会的政治的な批判の言表行為、表象＝代理、問題化をめぐる諸様式を一身に引き受けるマルクス主義的言説の形成である。その成功は、逆説的なことに、衝突に満ちた多様な遺産、引き裂かれつつ同時に引き裂くものでもある遺産と切り離せない。なぜなら、こうした内部分裂こそが、一世紀近くのあいだ、マルクス主義によるマルクス主義批判を発展させることを可能にしてきたからだ。それが最終的に散開と散種の点にまで達すると、反主流派も含めたマルクス主義のこうした自己言及性が、さらに複雑なものとなってゆく[2]。同様に、世界大戦から始まった労働運動の危機が深刻化し、両大戦間に直面したファシズムに敗北するとき、大衆運動と階級対立の弁証法のなかで構成されてきた革命的プロレタリアートという形象によって、それまで労働運動が保証しうると信じてきた政治の主体の同一化が、徐々に有効性を失ってゆく[3]。複雑であると同時に不確実なこの状況総体を集約する定式こそ、ドゥルーズ＝ガタリがほとんど強迫的にくり返す「人民が欠けている」なのだ──この点についてはあとでまた論じることにしよう。

こうした批判的遺産にかんして、マイノリティをめぐるガタリ＝ドゥルーズの理論は、最も雄弁な証言となっている。なぜなら、憂鬱な解釈や、反動的な断罪から距離を取りながら、彼らの理論は、ふたつの命題を同時に組み合わせることで、きわめて印象的な定式化を行うからだ。そのふたつの命題は、いずれも「過剰」なものであり、さらにいうなら、それらの言表の外観上の親近性にもかかわらず、二律背反的なものでさえある。

1／一方には、現在の状況の根本的傾向にかかわる命題がある。すなわち、政治的主体化と集団的解放の新たな形態を決する「万人のマイノリティへの生成変化」であり、もっというなら、「世界的運動の前提」を産出する「人びとの革命的なものへの生成変化」である。この世界的運動にかかわるマイノリティは「長期的に見て、もはや資本主義経済も、国家－形式も経由しない編成を促進している」[4]。意義深いことに『ディアローグ』の末尾と、第一三プラトーの世界資本主義の公理系の見取図に見いだされる定式化は、普遍的階級――政治的「意識の普遍的形象」――の問いを、反転させつつ問いなおすものであり、その際に、資本主義権力とそれを実現する社会的－国家的なアレンジメントの実践のなかに、否定性を書き込むのである。つまりそうした実践の陥る危機こそが、革命的な状況を傾向的に「解き放つ」のである。

私たちの状況を特徴づけるものは、同時に国家の彼岸にありかつ此岸にある。国民国家の彼岸では、世界市場の発展、多国籍企業の力能、「地球規模の」組織体の素描、社会体の隅々にまで行きわたる資本主義の伸張が、まさに貨幣、産業、技術の流れを超コード化する巨大な抽象機械を形成している。（……）しかし、機能障害を抱える抽象機械は、自分自身の領土内や領土同士のあいだでそうした機能障害をうまく調整できない国民国家と同じように、誤りを犯しやすいものだ。国家は、この機械からの社会的なしっぺ返しに備えることを可能にするような政治的、制度的手段や、財政的手段さえ、もはや意のままにもちいることができない。（……）［それゆえ］巨大な地滑りが、国家の此岸で生起する（……）。マイノリティ、言語、民族、地方、性差別、若者差別をめぐるありとあらゆる種類の問いが、たんにアルカイズムとして再出現するばかりでなく、まったく内在的な仕方で機械のグローバルな経済と国民国家のアレンジメントとを問いなおす現行の革命形式のもとでも再出現していることは驚くに当たらない。革命の永遠の不可能性と戦争機械全般のファシズムへの回帰とに賭ける代わりに、なぜ新しいタイプの革命が可能になりつつあることを思考しようとしないのか、なぜ変異し、生きているあらゆる種類の機械が戦争を遂行していること、それらの機械が相互に結合しあっていること、〈世界〉と〈国家〉の組織化平面を侵食する存立平面を描いていることを思考しようとしないのか。というのも、もう一度いうが、世界とその諸国家がおのれの計画＝平面（プラン）の支配者でないのと同じように、革命家もおのれの計画＝平面（プラン）の歪曲を余儀なくされているわけではないからである。すべては勝敗の定かでないゲームとして演じられている。「顔と顔をあわせて、背中と背中をあわせて、背中と顔をあわせて……」。革命の未来にかんする問いは悪しき問いである。なぜなら、その問いを立てるかぎり、それだけ革命的なものへと生成しない人びとが増えるからであり、この問いはまさにそのことのために、つまり、あらゆる水準における、おのおのの場所での、人びとの革命的なものへの生成変化の問いを妨げるためにつくられているからである。(5)

大げさな自己陶酔とともに、当時のメディア空間に広まっていた過去の革命の不吉な総括の決まり文句に反撃する、革命的なものへの生成変化の概念は、解放闘争に直面した歴史言説が行う両価的な道具化に対抗しようとするものだ。革命への参加（アンガージュマン）という実存的でも政治的でもある実践的な問題に、正統性を与えたり、あるいは信用失墜させたりする言説として、歴史を機能させないこと。歴史のうちに、目的論的な大いなる保証の威光を探し求めないこと、また、革命という言葉そのものと「全体主義」の亡霊とを並置する黙示録的な警告の眩惑を探し求めないこと（歴史の言説を、保証の神学に結びつけるふたつのやり方）。つまり、歴史の道程のなかでの運命をあらかじめ決してしまう「発展の計画＝平面（プラン）」の名のもとで、人民の闘争に正当性を与えたり正当性を剥奪したりする、たえまなき往復運動から歴史言説を引き離すこと。これこそ革命の歴史から、人びとの「革命的なものへの生成変化」を峻別するようながすものである。生成変化は予見不可能な切断によって、集団的主体性を触発＝変様しうる。この切断の出現はつねに特異なものであり、それがもたらす効果はときに連結可能で一般化可能であるものの、歴史的な線形性には決して還元しえない。歴史的な線形性とは、こうした切断を、権力や反権力の一義的な言説のなかに記入することを可能にするものなのだ。もちろんこの身ぶり〔革命の歴史と革命的なものへの生成変化とを峻別すること〕は、ドゥルーズ＝ガタリが一九七五―一九七七年から問題化しようと傾注し始めた「マイノリティ戦略」にふさわしく、歴史化の規範をめぐる問題の逆を行くことをも目指している。支配的なイデオロギー（プロレタリアートに対抗するブルジョワジーの、マイノリティに対抗する国民（ネーション）のヘゲモニーの、植民地の「歴史なき民」に対抗する帝国主義国家の支配的なイデオロギー）は、「歴史的」な行動として認められうるか否か、承認しうるか否か、あるいはもっと単純に「歴史的」な行動としての意味を持ちうるか否か、そう知覚することが可能か否か、といったことをめぐる歴史化の規範をたえず押しつけてくるのだ。先ほどの引用が示すように、そして『千のプラトー』ではよりいっそう明快になるのだが、生成変化／歴史を分離することは、たんなる言説やイデオロギーの問題ではなく、社会的かつ政治的な実効性へと最終的に移行してゆく。それをしるしづけるように、社会闘争の中心が、歴史的表象全般の組織化原理である国民国家の軸から、相対的にずれてゆくのである。まさしくこの契機において、生成変化の概念が、カフカ論で開始されたマイノリティをめぐる問いに接続され、「マイナーなものへの生成変化」という概念的な混淆を引き起こす。それは、解放をめぐる古典的な定式を転倒させながら、しかしそれによって、解放をめぐる争点を定義しなおすように思われるのだ。

ところで――これこそが問題の靭帯であり、それを起点とすることで、一九九〇年代以降の彼らの受容の分岐を辿ることができるのだが――、この契機は同時に、先ほどの同じ引用が証言するように、ドゥルーズ＝ガタリが、「統合世界資本主義」の公理系の分析を発展させながら、つぎのような発見をする契機でもある。すなわち社会闘争の中心の移動は、単純な意味でも、優先順位という意味からいっても、新たな闘争形態がもたらした結果なのではない。社会闘争の中心の移動はむしろ、資本主義的蓄積の新たな力能――それは国家による社会的経済的な介入手段から、利益を引きだすと同時にそれを侵食する――の発展を、あいまいな仕方で利用しながら遂行されるのだ。あとで見るように、マイノリティの闘争を彼らが問題化することによって識別される複数の戦線がここから生ずるのだが、それと同時に、国家に対する両価的な立ち位置も生まれてくる。すなわち、定式の急進性（「国家‐形式を廃絶すること」）と、国家‐形式に備給する理由と方法にかかわる含みを持たせた判断（「これは公理レベルでの闘争には重要性がないという意味ではない。逆にそれは決定的である……」）とのあいだで、揺れ動きが生ずるのだ。革命的なものへの生成変化と革命の歴史との区別が、不可避的に、革命の観念じたいの内的分断――すなわち歴史概念としての革命と、実践的〈理念（イデア）〉としての革命とのあいだの分断――を内包するという事実を考慮するなら、この揺れ動きは問題含みというだけではすまない。少なくともこの区別が今度は、これらの分節をめぐる新たな理解に訴えかけることが予想されるだろう（「革命的情況」をめぐるマルクス＝レーニン主義的概念が独自の仕方で提起していたように[6]）。だがドゥルーズ＝ガタリの定式化は、この点にかんしても、いっこうに定まらない立場のあいだでまたも揺れ始める。彼らの定式化は一方で、革命的なものへの生成変化がいまなお政治を活気づけているという事実を、理解しえないものにする危険をおかしながら、ふたつの極〔生成変化と歴史という二極〕の異質性を強化する。[7]他方で彼らの定式化は、ふたつの極を弁証法化することによって、生成変化を、社会の歴史的な厚みのなかへと「落とし込むこと」を、「ミクロ政治学」の賭金に仕立てあげる。ミクロ政治学は、生成変化が有する歴史的でマクロ政治学的な有効性の閾をめぐる問いを、無際限に先延ばしにすることなどできないのだ。[8]

2／こうした困難はまったく解決されることなく、むしろ、マイノリティへの生成変化の第二の定式化によって省略されてしまう。マイノリティへの生成変化は、マイノリティを新たな普遍的階級の前哨へと投射するどころか、第一の言表を、スタイルにおいてきわめて異なるばかりでなく、その意味を根本から反転させてしまう別の言表によって覆い隠してしまうのだ。たとえば一九七八年にドゥルーズによって「哲学とマイノリティ」という短いテクストのなかで導入され、ガタリとの共著の第四、一〇、一三プラトーに再録された理論的母胎を見てみることにしよう。それが定式化するのは、マジョリティ／マイノリティの区別に依拠する支配システムである。この区別は、アイデンティティの割りあてを行う記号学の観点から、すなわち論理的で記号的な操作の観点からなされるものであり、この操作によって規範的集合は、諸々の「下位集合」（マイノリティ）における社会的実践と社会的多様体の不均等な登記を制御するのだ。すなわち、同時に言表の体制と主体の地位の体制のなかで、集団と人間が個体化され、その利害と要求が分節され、その帰属と同一化が決定されるのである。

マジョリティは、表現や内容の定数を前提している。それはちょうどメートル原器のようなものであり、マジョリティはそれとの関係で評価されるのだ。この定数ないし原器が、任意の〈人間〉－白人－男性－大人－都市住民－スタンダードな言語の話者－ヨーロッパ人－異性愛者だと想定してみよう（ジョイスやエズラ・パウンドのユリシーズ）。たとえ「人間＝男性」が蚊や、子どもや、女性や、黒人や、農民や、同性愛者……などより少数だとしても、「人間＝男性」がマジョリティを握っているのはあきらかだ。つまり人間＝男性は二度あらわれるのである。一度目は定数のなかに、二度目は定数の由来たる変数のなかに。マジョリティが権力と支配の状態を前提しているのであって、逆ではない。マジョリティがメートル原器を前提しているのであって、逆ではない（……）。定数とは別種の規定はそれゆえ、数の多寡がどうあれ、その本性によってマイノリティ的なものとみなされるだろう。すなわち下位システム、またはシステム外のものである。（……）だが、この点ですべてが逆転する。なぜなら、抽象的な原器のなかに分析的に含まれているかぎり、マジョリティは決してだれでもなく、つねに〈ひと〔だれでもない者〕〉――ユリシーズ――だからである。その一方でマイノリティのほうは、モデルから逸脱してゆくかぎり、万人の生成変化であり、その潜勢的な生成変化なのだ。確かにマジョリティの「事実」というものが存在するが、それは〈ひと〉の分析的事実にすぎず、万人のマイノリティへの生成変化に対立するものだ。それゆえ私たちは、等質的で定常的なシステムとしてのマジョリティ的なものと、下位システムとしてのマイノリティと、創造されたものであり創造するものである潜勢的な生成変化としてのマイノリティ的なものとを、区別せねばならない。(9)

この第二の定式化も独自の仕方で、ある種の情況評価によって基礎づけられている。自由から生まれる成長と市場の美徳への讃辞、人権尊重の道徳、市場に統合されたマス・メディアによって自由に操作される意見(オピニオン)の自由の賞讃[10]とを結合させる「リベラル・デモクラシー」の周囲で、コンセンサスを再組織化しつつある統治性の社会‐自由主義的な表象を転倒するこの第二の定式化は、一連の操作を綜合する。この一連の操作によって、政治の外観上の座標系ないしは公然たる宛先としての「マジョリティ」が、支配関係を前提とすることになる一方、ひるがえってマジョリティのほうは、この支配関係が、ヘゲモニー的な支配としておのれを組織化することを可能にするのである。だが同時に問われているのは、こうしたヘゲモニーが、循環構造のなかで、いかに再生産されるかを示すことである。そしてこの循環構造は、ヘゲモニーを、必然的にマイノリティ化のアレンジメントに仕立てあげるのだ。一方でこのマジョリティ的座標系は、確かにある内容を持っており、それは所与の支配状態に呼応する特殊な諸内容を、ヘゲモニー化することによって構成される(ドゥルーズが借用した語彙によるなら、いくつかの独立変数が引きだされ、定数としての地位を確立される)。だが、これらの内容のなかで主体化されるのは、マジョリティへと同一化される者たち(そしてマジョリティにおのれを同一化させる者たち)ばかりでなく、そうしない者たち、そうすることができない者たちでもある。すなわち、(まさにマジョリティに同一化しないし、そうすることもできないがゆえに)、剥奪的な同一性の裏面である弁別的な実定性にみずからを同一化させうる者たちの主体化が行われるのだ。それゆえ、定数の二重の登記(定数がその規範を決定するマジョリティのなかへの登記と、定数が剥奪的な仕方でその変数を決定するマイノリティのなかへの登記[11])は、ふたつの意味で読解されうることになろう。第一に、支配関係の結果として——それは、マジョリティ的なものの諸基準が有する、つねに同語反復的な性格のなかで表現される。[12] だが第二に、被支配者たちがおのれの要求を表明する手段や「言語」として――さらには(「自国の、身元のはっきりした、男性の、三五歳以上の労働者」[13] というマジョリティ的なものの事例から理解されるように)、被支配者自身の言語と同一化をもちいて、支配者が、おのれのヘゲモニーを少なくとも部分的に確立する手段として。

だが、論理を限界まで突き進めるなら、この装置の可塑性を生みだすものは同時に、この装置をあらゆる不均衡にさらしもするのである。まず事実としてマジョリティは、政治がそのために、その名において、それを目指して遂行されるところの集合に準拠する。そしてそれによって、おのれ自身のうちで空虚な普遍を定義し続けながら、論理的限界への移行と具体的な政治的技術とから同時に発生するのである。限界への移行は、ドゥルーズ=ガタリが頻繁に取り上げる系列のなかで、様々なヴァリアントをもちいて例示される。すなわち、〈人間〉-白人-男性-大人-賃金労働者-「理性的な者」-都市住民-スタンダードな言語の話者-ヨーロッパ人-異性愛者……――潜在的にいえば、このリストはもはや、だれもそれに完璧に適合しえなくなるまで引きのばしうるものだ。それが開くのは、政治的な情況と目標に応じて標的を変える、差別化の基準の流動的な道具化という問題であり、同時に、これらいくつかの基準のあいだでの「交叉」の問題であり、それに呼応する異なる支配関係同士の融合の問題である。最も一般的な水準におけるマジョリティは、空虚な普遍を定義し、以下の事実を表現する。すなわち、マジョリティの定数として固定された規範は、それに適合させるために制定されるのではなく、規範に適合しない者たちを判別し、そうした者たち同士のあいだの隔たりを示差的に同定し、カテゴリー化するために制定されるという事実である(規範に適合しない者たちと、規範的言表のなかで固定されることが想定される同一性とのあいだの単純な隔たりではない)。フーコーの教訓によるなら、規範的言表は、たんに同一化や適合を要請するだけではない(「正常化」)。規範的言表が可能にするのは、想定される呼びかけ(そして事後的に習得されるものでもある呼びかけ)[14]に対する異なる振舞い方を記録すること、異なるものを同一的なものにするというより異なるものを同定すること、不等なものが分布する再生産可能な空間のなかで「逸脱」を測定して固定すること、逸脱のいわゆる「矯正」を不服従、逸脱、「不適合」への新たな非難の再生産手段にすることである。このような包摂的排除の操作において、マジョリティが〈ひと〔だれでもない者〕〉の分析的な事実だとするなら、この操作じたいによって「状態」として構成されるマイノリティは、その人数にかかわらず、なんらかのだれかの綜合的な事実である。このなんらかのだれかは下位システムに寄せ集められ、支配的な規範によって数えられ、数量化されるものとなる。それゆえ、こうした装置のなかでは、普遍と特殊のあいだで無数の弁証法が結合されうるのであり——ついには「システム外のもの」を生みだすまでになる。なぜなら、構成され‐承認される社会状態の境界線上で、システム外のものは遺棄されるからだ。構成され‐承認される社会状態こそ、マジョリティを真に代理するもの、すなわち、マジョリティの空虚な普遍性を正当な仕方で代理表象し、おのれの名をマジョリティに与えることができる唯一のものなのである。[15]

しかしまさに(マイノリティへの生成変化をめぐるこの第二の叙述と、第一の叙述との隔たりが、ここで最大になる)、マイナーなものへの生成変化、あるいは、「創造的かつ創造されたポテンシャルとしてのマイノリティ的なもの」の観念が際立たせるのは以下の点である。すなわち、こうした権力のアレンジメントが閉鎖的な封じ込めへと向かうのは、様々なプロセスがこのアレンジメントから逃れ、それを内側から不安定化させるときのみであり、このアレンジメントが閉鎖的な封じ込めを行おうとするほどに、様々なプロセスがそれを不安定化させるのである。なぜなら、第一に、こうしたマイノリティ的なもののプロセスは、たんに逸脱によって定義されるものではなく、このプロセスが分配的ないし微分的な諸々のポジションのなかに導入する隔たりの、コード化も規則化もされない特徴によって定義されるからであり、それがカテゴリー化しえないもの、分配しえないものに場を与えるよう強制し、二項対立を掻き乱すからだ。こうしてマイノリティ的なもののプロセスが支点となることで、客観的表象が自閉するのを妨げ、また、社会システムが対立関係の構造と一致するのを妨げるのだ――この対立関係の構造こそが、社会システムを弁別された諸々のポジションからなるシステムに変えるのである。[16]「ポジション」同士のあいだには、十全に生きることも操作することも可能な、ポジション横断的な主体的プロセスが存在している。同一性（アイデンティティ）の「諸状態」のあいだには、肯定的に思考することも実践することも可能な、客観的な生成変化がつねに存在しているのだ。

　それゆえ本質的な点は、「同一性を-横断する」マイノリティ的なもののプロセスの特殊な効力にかかっている。こうしたプロセスこそが、ヘゲモニー的でマジョリティ的なあらゆる構築物を、内部から脆弱化させるのだ。『カフカ――マイナー文学のために』から「言語学の公準」のプラトーまで、言語の問いが、マイナーなものへの生成変化の練りあげにおける特権的な領域をなしてきた理由が、こうして理解されるだろう。それはもちろん、国民内（ナショナル）のマイノリティの独立闘争において言語的統一の構成が果たす役割に鑑みてのことであり、より根源的には、国語こそが基礎的ヘゲモニーであり、ほかのあらゆるヘゲモニーを下支えするヘゲモニーであるという事態に鑑みてのことである。国語は、特権的な道具であるという以上に、ヘゲモニーの物質的なエレメントそのものなのだ。ところでドゥルーズ＝ガタリはすでに、このエレメントじたいにおいて、あらゆるヘゲモニー的構築物の還元しがたい不安定性を分析している[17]。二言語使用をめぐる、言語実践に内在するコード変換のゲームをめぐる彼らの考察の政治的な賭金がここから生じるのであり、究極的には、あらゆる言語に内在する多言語使用というテーゼが生じてくるのだ。「言語」という対象の認識論的な単位の脱構築は、F・ガタリが『機械状無意識』で実践し、その翌年には第四プラトー〔「言語学の公準」〕でふたたび取り上げられるものだが、この脱構築が逆に結論するのは、言語的統一はつねに権力の作用によって強制されたものであり、この権力は等質的な表現体系のなかで、不可能を押し通して言表行為の集団的アレンジメントを打ち砕くのだということである[18]。「今日、自分のものではない言語のなかで生活している人たちはどのぐらいいるのだろうか。自分たちの言語をもはや知らないか、まだ知らない人たち、やむをえず使わされているメジャー言語をよく知らない人たちはどのぐらいいるのだろうか。移民、とりわけその子どもたちの問題。マイノリティの問題。マイナー文学の問題、だがわれわれすべての問題でもある。言語活動に穴を穿ち、簡素な革命の線に沿って言語活動を引きのばしてゆくマイナー文学を、自己固有の言語からいかにしてもぎ取るか[19]」。マイノリティへの生成変化は、ヘゲモニー的規範の空虚な普遍に対抗すると同時に、下位システムとしてマイノリティを包摂しつつ‐排除する特殊化にも対抗する。規定されたアレンジメントが、この生成変化を実践的に領有するなら、マイノリティへの生成変化は少なくとも、この二重の効力を獲得しうるだろう。これこそマイナーな「表現機械」であり、カフカは文学的言表行為の平面上で、その範例を差し出している。マイナーな表現機械は、マジョリティの規範的な定数を内側から弱体化させるマイノリティの立場を占めるのだが、しかし同時に、このマイノリティじたいを下位システムという状態から免れさせる変形に導いてゆくのだ――この変形は、マイノリティの「逸脱」を廃絶するのではなく、むしろ逸脱を散逸的なもの、つまり局所化不可能なものにする。すなわち、隔たりの測定と不均等なアイデンティティの割りあてからなるメジャーな規則には、測定不可能なものにするのである。[20]

それゆえ第二に、これらのプロセスは特殊化も普遍化もできないがゆえに、共同体の普遍性と、そのなかで様々な持ち分や立場を分配する特殊性とのあいだの弁証法に入ってゆくことはない。そうではなく、バタイユ的な意味での「異質なもの」、さらにはクロソウスキー的な「シミュラクル」となにより親和的になるのである。一九六七―一九六八年のドゥルーズは、プラトンにあって要求者（ここでは「人民の名」のもとでの要求者）の選別の試練がつまずく臨界点を再解釈するための着想を、クロソウスキーのシミュラクルから獲得していた。とはいえ、この異質なものは、全体化の地平のなかの残余や穴として理解されるのではなく、むしろ、メジャーな主体／マイナーな諸主体のあらゆる二項関係を本質的に攪乱させる「非排他的選言命題〔包摂的離接〕」の論理によって理解されている。それゆえ異質なものは、敵対的な抗争の構築や、ヘゲモニーに対抗するマジョリティの構築に積極的に参加するわけではない。それは異質なものがこうした構築の外部にあるからではなく、反対に、異質なものが、この構築の核心においてその同盟や編成をずらすからなのだ。このずれは、割りあてられ‐承認される同一化、メジャー化ないしマイナー化される同一化が、包摂しながら差別する他者によって、みずから触発され変様するその仕方じたいによって生まれるものだ。[21] これはたんに別のものへの生成変化ではなく、E・バリバールやE・ヴィヴェイロス・デ・カストロが異なる観点から示したように、他者への生成変化でもある。[22] それを取り巻くねじれは、政治的な主体化をめぐる、すなわち相互に包含しあう脱同一化と不可能な同一化をめぐる、ランシエールの「異他的論理（ヘテロロジー）」を告知せずにはいない（「他者の大義[23]」）。このプロセスの批判的有効性が作用することで、ヘゲモニー的規範の空虚な普遍に対抗すると同時に、下位システムとしてマイノリティを排除しつつ‐包摂する特殊化にも対抗するという着想がこうして生まれる。

マイナーなものへの生成変化とは、「メジャー」な主体自身を根本的に触発＝変様するプロセスである。だがそれは、第一の定式化とはまったくちがって、資本の脱コード化や、規制緩和を「規則化する」社会国家的な公理の追加と減算の効果のもとで行われるものではない。それはマイノリティ自身が、おのれ自身の「変数」を触発＝変様するマイナーなものへの生成変化に突入するかぎりで生じる事態なのだ。

状態としてのマイノリティでは、この状態へとおのれを再領土化したり、おのれを再領土化するに任せる動きが出てくる。しかし生成変化のなかでは、ひとはおのれを脱領土化させるのである。ブラックパンサーの活動家は、黒人ですら、黒人へと生成変化する必要があると主張したものだ。女性ですら、女性へと生成変化する必要がある。ユダヤ人ですら、ユダヤ人へと生成変化する必要がある（ひとつの状態に甘んじるだけでは不十分なのだ）。しかし、そうだとすれば、ユダヤ人への生成変化は、ユダヤ人ばかりでなく、非ユダヤ人をもかならず触発＝変様するだろう。女性への生成変化は、女性ばかりでなく、男性をもかならず触発＝変様するだろう……。[24]

女性、ユダヤ人、黒人……が、「彼／彼女たちがそうであるもの」に生成しなければならないというのではない。事態はまさに逆である。「能動的なミクロ政治学」の問題とは、他性の点を創造することなのだ。この他性の点は主体のなかに包摂されるが、しかし同時に、この他性の点を、自己言及的な様態で引き受けること（女性、ユダヤ人、同性愛者としてのわれわれ）は不可能である。つまりミクロ政治学の問題とは、一連の視点（必然的に特異な視点であって、「個人的」なものではない）を構成することにあるのだが、これらの視点は、それに備給する主体がアイデンティティをもとにした構築物――主体がそのなかで自己承認するよう定められた構築物――を解体し、転移させ、ずらすことなしには占められないような視点なのだ（この「異邦化」、異化、内的な離接こそ、ドゥルーズがのちにアイデンティティの「仮構作用」と呼ぶものであり、あるいはクロソウスキーに依拠しながら、アイデンティティのシミュレーションと呼ぶものである）。

マイノリティへの生成変化をめぐる一方の定式化から他方の定式化へと移行するとき、主題の統一を強いられることはない。――すなわち、資本主義公理系とその諸国家の現在の布置によって強制される傾向としてのマイノリティへの生成変化と、「脱ヘゲモニー化」の創造的かつ創造されたポテンシャルとしてのマイノリティへの生成変化のあいだでの統一ばかりでなく――さらには、マクロ政治学によって生産されるマイノリティ的なものと、ミクロ政治学によって召喚されるマイノリティ的なもののあいだでの統一を、強いられることもない。このときドゥルーズ＝ガタリが明白に回避しようとしているのは、否定性と、否定の否定の図式であり、つまりは転向の目的論である。それが想定しているのは、資本主義の破壊性を政治的な創造性へと反転させることであり、搾取と抑圧を解放の力へと反転させることであり、さらには、権力のアレンジメントと服従化の技術としてのマイノリティ化を、支配的秩序からの脱同一化としての、潜勢的に敵対的な主体性の再政治化としてのマイナーなものへの生成変化へと反転させることである。だがそれでもなお、ドゥルーズ＝ガタリはふたつの概念地図を重ね合わせ続ける。彼らが支配的公理によって定義されるマジョリティと、制度的、身分的、法的な承認のなかに不平等な仕方で「統合」され、下位システムとして隔離されるマイノリティと、「（場合によっては）システム外」に捨てられるマイノリティとを区別するとき、この分配は明確に以下の区別と合致する。すなわち、その区別のなかでは、支配的な流れを処理する公理、公理に由来する派生的な命題、「野生状態」

に放置され遺棄される流れをめぐって、資本主義政治が有する社会‐民主主義的傾向と、新自由主義‐権威主義的傾向とが結合され分割されるのだ。そしてついには、「過大」な項や「過少」な項――過剰として産出されるか（脱コード化され、規制緩和され、「脱公理化」され、国家の抑圧的暴力へと遺棄される流れ）、それとも、ヘゲモニーの組織化と包摂的排除の不平等なゲームからおのれを切り離し、能動的に防御を張り巡らすか（アイデンティティの割りあての中断としての「マイナーなものへの生成変化」のプロセス）――は、それらが有する真逆の価値にもかかわらず（あるいはそれゆえに？）、否定とその止揚の図式のなかで最終的に再節合されるように思われる。たとえば、第一三プラトー末尾の定式化で両義性が浮彫りになるのは、論理学的公理系との類比を描き出す最後の叙述が、公理系じたいによって産出されながら、公理系には処理できない「決定不可能な命題」の問題をあきらかにするときである。そこで、著者たちがいうよりもさらに決定不可能な仕方で結びつくのは、以下のものである。すなわち一方には、資本主義の破壊性、国家の抑圧、さらにはしばしば自己正当化される「マジョリティ」の憎悪とからなる、複合的な暴力に大々的にさらされることがある。他方には、支配権力が、それを破壊しうる反撃と分岐の「力能」に主導権をあけわたす抵抗線がある。

状況は解きほぐしがたいようにみえる。なぜなら、公理系がこうした一連の問題を生みだし続けるとき、同時に、その公理はたとえ増殖していたとしても、公理系から問題解決の手段を奪うからだ（たとえば、世界中の食糧供給を可能にするはずの流通と分配）。第三世界に適用された社会民主主義でさえ、貧しい人たち全員を国内市場に統合することを提唱しているわけではなく、むしろ統合可能な要素を選別する階級間の分断を行っていることは確かである。そして中心にある諸国家は、たんに第三世界とのあいだに問題をかかえるだけでなく、（……）中心の国家の内部に生じ内側から作用する第三世界［の問題をかかえているのである］。（……）［ここでもまた］雇用の公理を放棄する全体主義的傾向と、身分を増殖させる社会民主主義的傾向は結合しうるのだが、それが目指すのはつねに階級の分断である。こうして、公理系と公理系が制御できない流れとのあいだの対立がますます尖鋭化する。[25]

したがってマイノリティを定義するのは数ではなく、数に対する内的関係なのである。ひとつのマイノリティは、多数でもあれば無数でもありうる。これはマジョリティにしても同様である。マジョリティとマイノリティの区別とは、マジョリティの場合、数との内的関係は、無限集合であれ有限集合であれ、つねに数えられる集合をなすのに対し、マイノリティの場合は、その要素の数にもかかわらず、数えられない集合として定義されることだ。（……）ところで公理系が扱うのは、たとえ無限集合であっても、要素が数えられる集合でしかないが、マイノリティが構成するのは数えられず公理化できない「ファジー」集合なのだ（……）マイノリティの特性は、たとえたった一人の成員からなるマイノリティであっても、数えられないものの力能を際立たせることだ。これは多様体の公式なのだ。[26]

これら一連の困難は、世界資本主義の公理系と、その社会国家的な様々な実現モデルに対抗する闘争の実践的‐政治的な問題に直接影響を及ぼすものだが、これらの困難が、先ほど喚起しておいた兆候的読解によって明確化されるだろう。こうした読解が可能にするのはとりわけ、以下の仮説を精査することである。つまり、一連の反復と反転をつうじて、ガタリ＝ドゥルーズ的なマイノリティ概念が、革命的プロレタリアートというマルクス主義の概念の立ち位置を占めると同時に、革命的プロレタリアートの概念が有する問題提起的ないくつかの前提と、いくつかの結び目を内面化する、という仮説である。それゆえこの仮説はとりわけ、マルクス主義がみずから保証しうると信じてきた解放の主体の同一化を維持することの困難、現下の情況のなかでたえずより明白なものとなる困難を、定式化する可能性となるのであり、同時に、マルクス主義の退潮によって穿たれる空白のなかで思考することの困難を定式化する可能性となるのである。しかし、私が思うにこの仮説は、ドゥルーズ゠ガタリのその後の諸々の解釈の分岐を明確化するためにも同じく有効であり、その揺れ動きは、まさにこの二人の著者の彼方で標定されうるものだ。揺れ動くその一方は、散種され、明滅し、究極的には局所化しえぬものとなる主体の表象であり（ランシエールの「分け前なき者」という匿名的審級が、その卓抜な例である）、他方は、新たな普遍的主体の表象である（おそらくネグリ゠ハートによって生みだされた「マルチチュード」の形象は、その想像喚起力によって、最も象徴的なヴァージョンとなっている）。これらふたつの極のあいだであらゆる種類の交流が生まれ、問題提起的な同じ非‐場所の存続をともに証言するのだ。

現代の資本主義公理系内でのマイノリティ化とプロレタリア化――社会‐自由主義的な統治性

「マイノリティへの生成変化」をめぐる上記のふたつの定式化のあいだでの循環的効果を理解するためには、むろん、一方の「創造的かつ創造されたポテンシャル」としてのマイノリティへの生成変化と、他方の「状態」としてのマイノリティ、権力システムによってマイノリティ化される下位システム――下位システムを構成するのはこの権力システムである――としてのマイノリティとのあいだの明白で、なにより概念的な区別を維持するのが望ましい。だが、後者に言及せずに前者を理解するのはむずかしい、という事実を無視することはできまい。後者に言及しなければ、マイノリティを英雄化すべく理想化を行ったり、あるいは逆に、『資本主義と分裂症』の作者たちが生成変化の概念のなかにしばしば響かせる他律性、脆弱性、偶然性の試練を過小評価したりすることになってしまうだろう。この観点からすれば、ドゥルーズ＝ガタリのマイノリティ戦略と、その理由を凝縮するマイノリティへの生成変化の概念は、世界資本主義公理系の情況をふまえた地勢図のなかに書き込まれるのでなければ、またも理論的に理解不可能なものになると同時に、政治的にも虚無主義的とはいわないまでも、空虚なものになってしまうだろう。世界資本主義公理系という基盤のうえでこそ、ガタリ＝ドゥルーズの分析においてマイノリティの闘争が、階級闘争を引き継ぐという仮説を検証しうるようになるのである。このことが意味するのは、マイノリティの闘争が階級闘争にとって代わるということではなく、むしろ階級闘争を引きのばしながら、階級闘争の座標を複雑化させ、階級闘争の実現様式を変形するということであり、しかしそれと同時に、階級闘争のいくつかの前提と困難を内面化するということなのだ。すでに見たように、こうした情況判断のなかでこそ、「マイノリティ」は、まさに浮遊するシニフィアンであるにもかかわらず、統合世界資本主義の統治様式の中心的な座標系として知覚されるようになる。つまり情況判断こそが、ドゥルーズ＝ガタリにおいてマイノリティの問いが帯びる広がりのマクロ政治学的な実質的原因となるばかりでなく、マイノリティというモチーフが政治思想のなかに散種されること――そうした政治思想は決して、状態や階級といった客観的ないし主観的な同一化原理のもとに、マイノリティの多様体を包摂しようとはしない――のマクロ政治学的な実質的原因ともなるのだ。情況判断が同じく可能にするのは、彼らの最初の定式化の動機となったカフカという範例的な事例を超えて、マイノリティ特有の闘争性という主題をあきらかにすることである。この闘争性こそが、マイノリティ集団の増加のうちに、政治的意識化の形式をめぐる変形の指標と、世界規模の革命的な主体化形式をめぐる変形の指標を指呼するよう、ドゥルーズ＝ガタリを駆り立てるのだ。

第一に、マイノリティを構成する要因は、根本的にはプロレタリア化の要因と別のものではない。ドゥルーズ＝ガタリが「マイノリティの力能、特殊性の力能は、プロレタリアのなかにその普遍的な形象や意識を見いだす」[27]と書くことができるのは、まずなにより、彼らのマイノリティの概念が、マルクス主義的コミュニズムとユートピア的コミュニズムとを分かつ基本的な分割線を再駆動させるからだ。これはつまり、社会経済的構造のうちに亀裂を入れる力を、矛盾をはらむ力学から独立に考えるのを拒絶することである。この矛盾をはらむ力学によって、社会経済的構造は亀裂を入れる力をおのれ自身のうちに生みだし、少なくとも部分的にであれ、それが結晶化し表出する形態を条件づけるのだ。だからこそドゥルーズ＝ガタリはまず世界資本主義の体系的な力学のなかで、マイノリティへの生成変化の位置づけを示すのであり、この力学がじっさいにマイノリティへの生成変化の現実的な一般化を行うのである。「〈中心〉」と「〈周辺〉」のあいだの不均等な従属関係のなかで行われる資本蓄積の地理経済学的で地政学的な軸によれば、飢餓を生みだす食糧の流れの脱コード化、居住環境の破壊や野蛮な都市化による人口と都市化の流れの脱コード化、政治と通貨の不安定性を生みだす資源－エネルギーの流れの脱コード化が、彼らの目には、マイノリティ諸集団を生みだす主要な要因であるように思われる。中心諸国における不変資本／可変資本の関係の変化によって、「その生計が公然と、国家の手当と不安定な賃金収入によってのみ保障される」浮遊する労働の発展と、もはや賃労働ですらない「強化される剰余労働」の発展が、中心諸国じたいのうちに低開発の周辺地帯を形成する。こうした「国内の第三世界」こそが、「言語、民族、地方、性差別、若者差別……」といったあらゆる領域において、マイノリティの新たな闘争を引き起こすのであり、こうした闘争じたいが、統合世界資本主義というシステムに由来する不平等性によって重層決定されているのだ(28)。

この意味で、世界資本主義システムはマイノリティ化と同時に、プロレタリア化をも遂行している。それだけに、ふたつの視点の差異がより詳細に問われねばならない。プロレタリアートというマルクス主義の概念は、少なくとも以下のものを含意している。〔1〕生産構造のなかでの立場。これは生産手段の剥奪と、生産過程のなかへの純粋な抽象的労働力としての参入によって規定される。〔2〕巨大産業に組み込まれた労働者たちの生の条件。これは貧窮する生存様式の等質化へと導くばかりでなく、人口の一極集中へと、産業拠点の間隙における未曽有の連帯、関係、集団的意識の形態を引き起こす協働形態の獲得へと駆り立てる。〔3〕階級としてこのように構成されようとするものが有する生成変化の力能。あるいは、マルクスにおいて「階級の視点」の有するあらゆる含意をそれまで凝縮させてきたプロレタリアート概念が、『資本論』において驚くべき希薄化を被ったことについて問いながら、E・バリバールが記したその「移行的」価値。「あたかも、搾取された労働力が「生産力」そのものとして生産の領域内部で果たす積極的な機能と、プロレタリアート自身とのあいだには、なんの関係もないかのようだ。あたかもプロレタリアートは、価値形成や、剰余労働の剰余価値への変換や、「生きた労働」の「資本」への転化には、なんの関係もないかのようだ」。最終的には、プロレタリアートが含意するのはまるで、「労働者階級が有する「移行的」性格」にほかならないかのようだ。すなわち、プロレタリアートとは、「正常な」社会生活に比べて不安定な状態にある労働条件のなかに、資本主義的蓄積――それは「先行する移行を無効にするであろう別の移行」の物質的条件をすでに準備している――の歴史的に維持不可能な性格を刻みつける方法であるかのようだ(29)。ところで、きわめて似た仕方で、ガタリ＝ドゥルーズ的なマイノリティ概念には、不確かな（プロブレマティク）シニフィエしかなく、それゆえこの概念は、根本的に不安定で、究極的には指定不可能な社会的基層へと向かう移行のベクトルしか示していないように思われる（「万人のマイノリティへの生成変化」）。だがそのことによって、マイノリティ概念のシニフィアンが抹消されることは決してなく、むしろ反対に、一九七五年から一九八〇年にかけて行われる分析のあらゆる水準において、このシニフィアンが増殖してゆくのだ。この増殖は、シニフィアンの様々な生起や事例を、主体、組織、戦略といった統一的形態のもとに取りまとめようとするあらゆる意志を、試練にさらすのである。

　なぜなら、マイノリティとはプロレタリア化された大衆にほかならないからだ。ただしそれは、国民国家の制度的、社会的、法的、イデオロギー的構造のなかで、マイノリティが直接形成されるかぎりにおいてのことだ。プロレタリアートの経済的規定からも、労働者階級の厳密に社会学的な規定からも距離を置くことで、マイノリティ概念は、国家の社会化プロセス、すなわち、国家権力を資本主義的形成体の社会的制度的な構造に組み込んでゆくプロセスを、記録することになる。それゆえ、プロレタリア化のプロセスにみられる内的な距離、すなわち、生産構造のなかであらゆる社会的権力を剥奪されるものと、身分と象徴の承認、社会的で政治的な権利、代表組織や代表団などによって法治国家の形態のなかに部分的（かつ不平等に）再統合されるものとのあいだにある内的な距離を、マイノリティ化と呼ぶことができるだろう。ここからいくつかの帰結が生じる。

　1／マイノリティの概念は、還元不可能な多様体にかかわる。この多様体は、資本／労働の矛盾という筋書きのなかにも、想定される労働条件の等質性のなかにも解消しえない。マイノリティ諸集団は、その構成じたいにおいて、この諸集団を制御し、微分的な差をつけながら統合する国民的枠組と国家装置の可変性に関連づけられる。ただし国民的枠組と国家装置は、マイノリティ諸集団において、ただちに多様なものに直面することになる。つまり、〔a〕国際的な分業のなかでの諸国家の立場の可変性、それぞれの国内市場の世界市場への不均衡な統合。[30]〔b〕政治的諸構造と諸体制の可変性。すなわち、社会民主主義的な極と全体主義的な極のあいだでのそれらの可変性、ないしは、「下位システム」としてのマイノリティの制度的かつ法的な統合と、国家の抑圧的暴力にさらされるマイノリティの「システム外」への排除とのあいだでのそれらの可変性。[31]〔c〕マイノリティの闘争と社会経済的な闘争という、ふたつの闘争の形態とその発展度合とに相関する可変性――これらの闘争の強化、勝利と敗北が、マイノリティの扱いにたえず影響する。〔d〕マイノリティを政治的に道具化する類型の可変性。その目的は、生産者同士を競争させ、労働者階級を分断するという古典的な手法を強化することであったり、あるいは、社会的政治的な衝突を、それじたい多かれ少なかれ自然化され、一見すると経済的搾取の規範とは直接関係を持たない「文化的」な規範へと、ずらすことであったりする（居住地、民族・言語・宗教といった基準、世代間関係、性的な操行など）。もちろん、このようにずらされた衝突じたいがひるがえって、国家に多くの問題を提起することもあるだろう。[32]

2／そうだとするなら、ドゥルーズ＝ガタリがいかなる意味で、ふたつの概念地図を重ね合わせうるのかも理解されよう。まず、公理の追加／減算という資本主義的統治性の二極がある（そしてこの統治性が拘束する脱コード化された流れ、あるいは反対に規制緩和し、「システム外」に捨てる脱コード化された流れがある）。つぎに、マジョリティ／マイノリティの二極がある（そしてメジャーなものから逃れるばかりでなく、下位システムとしてのマイナーなものからも逃げ去る「マイノリティへの生成変化」がある）。マイノリティの状態は、不変量や定数の指標によって記述可能な「状態」として分析されるものではない。つまり、安定性を投影することで分析されるものではない。というのも、マイノリティ化じたいが、当の安定性を奪い去ってしまうからだ。マイノリティの状態は、変化の曲線として分析される。この曲線は、その二極化をうながす極限的状況、すなわち、一方の社会的政治的な要求と承認からなる回路への傾向的な包摂と、他方の、究極的にはもはやなにも包摂せず、追放か絶滅を行う最大限の排除（システム外でマイノリティ化される人口は、国家の警察的暴力にゆだねられ、究極的には、公理系といかなる関係も持たず、「人間のクズ」の地位にまで貶められる）[33]とのあいだに位置づけられる、包摂的排除の構造によって示されるのだ。したがって、こうした包摂的排除の構造を理解することはつまり、この構造を定義する交叉配列（さらには社会的政治的な制度の核心で、この構造が可能にする政治的な反撃）を理解することであり、さらには、一義的な境界線をまったく引くことのできない諸状況のあいだの、変化や横すべりのスペクトルを理解することでもあるのだ。それによって、ガタリ＝ドゥルーズの分析は、構造的かつ情況的な要因の判別へと向かうことになる。この構造的かつ情況的な要因は、ある隔離様態から別の隔離様態へと移行させたり、あるいは、人口と雇用にかかわる公理や、通貨と領土にかかわる公理を削除することによって、ふたつの隔離様態を結合させながら（社会的な周縁化、空間的かつ文化的な隔離、経済関係と政治関係からの排除）、両極端への上昇を後押ししたり、失速させたりするものだ。これらの要因においては、マイノリティを代表する組織が、国家的で国際的な公的政治制度のなかで遂行する闘争こそが、本質的かつ問題提起的なものとなる。だがいずれにせよ、「承認を求める闘い」が逢着する困難を免れることは決してできない。これは、マイノリティ化のアレンジメントの定式化が示唆しているように、本性上、両義的な闘争である。代表する審級は、おのれが代表するものの同一性を固めることに寄与しなければならない、あるいはより正確にいうなら、ある同一化の体制を別の体制に置き換えなければならない。そして代表する審級が有効性を獲得するのは、呼びかけの相手である国家的審級の言表体制のなかで行動するときだけであり、その代償となるのが、当該集団の生存の実践にまつわる複雑性の還元なのだ。こうした還元は、組織に応じて変化するものであり、これらの組織同士の政治的かつ戦略的な分岐点のなかにも、この還元が刻み込まれることになる。「マイノリティ」が、「民族自決的」なマイノリティとして構築されうるものであったがゆえに、こうした対比の還元は、周知のように、ただひとつの歴史的解決しか受け取ってこなかった。すなわち、国家の樹立であり、社会的、言語的、文化的な「イデオロギー装置」による国民（ネーション）の国家化と諸共同体の国民化である。それが諸共同体を規定し、自分たちの政治的なアイデンティティと一体性を、「自分たちの」国家のなかで承認させてきたのだ。しかしそのほかの到るところにある、

アマゾネスの国家、女性の国家、不安定な労働者の国家といった「拒絶」からなる国家がどういうものかはわかりにくい。マイノリティが、文化的、政治的、経済的に長続きする国家を構成しないのは、国家形態も、資本の公理系も、それに対応する文化も、マイノリティには適合しないからだ。資本主義はしばしば、まさにマイノリティを潰すために、長続きしない国家を必要に応じて維持し、組織してきたのである。[34]

3／最後に、第一三プラトー末尾の箇所で特権化されている、雇用をめぐる公理の削除と、賃金条件の規制緩和の問題は、戦後の社会－資本主義的な国家におけるマジョリティ側のコンセンサス構築のまさしく核心的な操作子を構成してきたものにかかわる。こうした事実によって、この問題は「プロレタ

リアへの生成変化」と「マイノリティへの生成変化」の差異を、プロレタリアートじたいに内在する差異として理解し、ガタリ＝ドゥルーズのマイノリティ戦略を、「資本の生政治」やその「人口法則」をめぐるより最近の議論と突きあわせてみる可能性を開いておくのだ。かつてマルクスはこの人口法則によって、資本蓄積と労働力搾取の構造的矛盾が引き起こす「相対的過剰人口」の問題をあきらかにした。マルクスにとってはじっさい、資本主義的支配の特性はプロレタリア化することなどではまったくなく、むしろおのれがプロレタリア化する人口を分化させることであった。資本の拡大再生産が実現されるとき、既存資本、蓄積の源泉、剰余労働の搾取率に応じて、資本がじっさいに「消費」しうる労働力を上回る過剰なプロレタリア化が、かならず行われる。マルクスが相対的過剰人口と呼ぶもの、すなわち、プロレタリア化されていると同時に賃金労働関係の外部にある過剰人口、労働市場（過剰人口は労働市場の形成に貢献してさえいる）に包摂されながら、（労働力の価値低下、技能の軽視、構造的失業によって）労働から排除される過剰人口は、包摂的排除の基礎的な規定なのであり、包摂的排除はそれを、資本主義国家の「社会民主主義的な傾向」（公理の追加）と「全体主義的な傾向」（公理の減算）という二極のあいだで演じるのである。しばしばいわれるように――ドゥルーズ＝ガタリ自身もいうように――、マイノリティの闘争は、資本に抗する労働闘争とたんに同じものではない。このことは明白である。なぜなら、相対的過剰人口のなかから、国家はまずおのれのマイノリティを集め、それを切片化するからである。マイノリティ化は、プロレタリア化と一体のものではない。そうではなく、資本関係に服従させられる人口と、「員数外＝余計」であることによって特殊な包摂の問題を提起する人口とのあいだでの、内的な分化と一体なのだ。だからこそ、マイノリティはどんなときであれ、プロレタリア化という経済的で社会的な収奪プロセス――それは文化や領土の破壊と「残存」の様々な組み合わせと不可分である――のなかに、ある程度までとらえられているのである。だがそれは、マイノリティが万が一の場合には、おのれのコードの一定程度の自律性を維持したり、コード化――民族的、宗教的、言語的など――を自律性の証とみなしうる理由でもあるのだ。このコード化のもとで国家は、マイノリティを「下位集合」として「承認」するのである。

相対的過剰人口というこのシステム由来の与件は、マイノリティの扱いに直接影響を与える。なぜならそれは、資本主義的統治性による公理の追加と減算の結合、（「下位システム」への統合と「システム外」への排除とのあいだで）マイノリティ化の構造が具体化する国家暴力の特殊な経済、拡大する蓄積と本源的蓄積という方法の社会的かつ地理的に不均等な分布、という三者の分節にかかわるからである。事実、「過剰-人口」という微分法は、様々な力学のもとで、同じように駆動するわけではなく、その「相対的」な性格は同じ意味を帯びるわけではない。この様々な力学が命ずるのは、a／ヨーロッパにおける本源的蓄積（予備的なプロレタリア化）、b／世界規模の資本の拡大再生産の原動力として、歴史的な蓄積によって再生産される本源的蓄積（植民地化）、c／当初の中心が周辺化される際に、資本の内向的な再生産の原動力として内面化される本源的蓄積（国内の周辺化や植民地化）である。人びとはマルクスが、本源的蓄積と固有の意味での蓄積とを、継起する歴史上のふたつの局面として区別してしまったことによって、それらの節合こそが、資本の拡大再生産の変わることなき条件となっていることを分析しそこなったと批判することができた。しかし、この区別によってマルクスは、過剰人口の異なる諸形態と、それに対応する国家権力の諸機能を区別しえたのである。国内の周辺化をめぐるガタリ＝ドゥルーズのテーゼは、こうした諸形態と諸機能の絡まりを、現在の情況のなかで再考すべくうながしている。本源的蓄積のなかで[35]、資本蓄積によって支配される経済構造のふたつの基本的な要因（独立した投資能力としての貨幣－資本の形成と、媒介なき生産者の収用と脱社会化による「裸の」労働力の形成）を解き放つことは、国家権力のたえざる直接的介入がなければ実現しない。国家権力は、合法的暴力と野蛮な抑圧を変幻自在に混ぜ合わせながら、介入を行ってくるのである（小農民からの土地収用、共有財の私有財産化、浮浪を禁じる立法と抑圧など）。もっというなら、国家権力のこうした介入は、労働市場の設置に先立つ条件としての過剰人口の暴力的な生産によって、これらふたつの要因の結合そのものを強制するためには必要不可欠なのだ[36]。だが、生産諸関係が組織されないかぎり、プロレタリア化した大衆のこうした「蓄積」は、過剰人口そのものと一体化することになる。それゆえ過剰人口は無差別的に、相対的とも、絶対的ともいわれうるのだ――相対的といわれるのは回顧的にであり、あるいは、いまはまだ存在しない社会経済的な諸関係に応じた予測的な再帰によってである。過剰人口が絶対的に過剰なもの、絶対的に利用価値のないものとなるのは、それじたい非生産的な抑圧の暴力に絶対的にさらされることで、潜在的に絶滅可能なものとなるときである（員数外の＝余計な大衆に対する数々の「残虐非道な立法」の歴史）。それゆえ、「員数外のもの＝余計なもの」は、員数を数える規則よりも先に来る。つまり、人間の多様体を数えられるようにする社会関係よりも先に来るのである[37]。

　しかし、〔貨幣－資本の形成と、裸の労働力の形成というふたつの要因の〕結合が「根をはり居座る」からには、そして、新たな生産諸関係じたいがおのれ自身の再生産の条件を直接決定するからには、われわれが見たように、その結果として起こるのは国家暴力の消滅ではなく、その経済（エコノミー）の変形なのである。直接的な国家暴力は、この暴力自身が創設に貢献した生産諸関係のなかに組み込まれる一方、そこに組み込まれない残余を法的関係のなかで再コード化する。そしてこの法的関係が、生産諸関係を国家の権威のもとで保証するのである。かくして、この暴力は構造的なものとなり、社会関係の「正常」な秩序のなかで物質化され、まるで自然なものであるかの如くとなる。それゆえ、この暴力が凶暴なものとしてあらわれるのは、いまや例外的な手段だけに限られており、その暴力は「例外的に」のみ行使されるという合法性の剰余価値を獲得するのだ[38]。きわめて重要な点は、過剰人口が、社会的な生産諸関係のなかに資本の系譜学的な暴力を組み込む際の、有機的な部品になっているということである。過剰人口が、労働市場の存在を条件づけるのだが、労働市場は、おのれ自身に由来する内因的な強制を、諸個人に行使しているだけであるかのようにみえる。なぜなら、国家による外的な強制であるものを、員数外のものたちによる無言の圧力に置き換えてしまうからだ。それゆえ、過剰人口は法治国家のなかに形式的に包摂されながら、包摂と排除のあいだでの、公理の追加と減算のあいだでの国家権力の揺れ動きを凝縮すると同時に、それに対応する国家暴力の諸様式をも凝縮することになるのだ。こうした与件との関連で、資本主義的統治性の基本戦略が、「過剰-人口」という微分法を統御するやり口にもとづいて分配される。すなわち、社会-自由主義的な戦略は、相対的過剰人口を、生産諸関係のなかに統合された人口として扱い、それに対応する社会制度のなかで過剰人口を考慮しようとする傾向がある（マイノリティを下位システムとして構成し、「分け前なき者」に分け前を与えること）。新自由主義的な戦略は、統合された人口を相対的過剰人口として扱い、社会制度の破壊を熱望する。その際に、資本にしか関心を示さない妄想に従うのだが、この妄想は、「人的資本」としてコード化しえないものを抹殺することによって実現されるのだ。これらの戦略はいずれ劣らずシニカルなものである。というのも、シニシズムとは構造そのものに内在する次元だからである[39]。員数外のもの＝余計なものがそこでまとう新たな形態が、そのことを示している。

このような条件のもとでも、資本主義公理系は、おのれの戦争機械が絶滅しようとするものをたえまなく生産し、再生産する。飢餓の組織化でさえも、餓えた者を殺しながら、餓えた者を増やしていく。(……)大量虐殺はつねに存在するにもかかわらず、もしある民族や集団が公理系の要素との十分な結びつきを示すなら、一民族、一集団を完全に抹殺することは、第三世界においてさえ相対的に難しい。(40)

ある意味で、生産関係が組織されるとき、本源的蓄積との関連ですべてが変わるように思われる。そして、人口/過剰人口の微分の本性や、相対と絶対の意味もまた変わるようなのだ。生産関係が、おのれ自身の拡大された蓄積循環の前提を生みだすなら、それ以後、過剰人口が生産関係自身によって決定されることになる。すなわち、この生産関係による非資本主義的な社会関係の破壊のリズムと規模によって、この生産関係による労働力の消費能力によって、過剰人口が決定されるのである。相対と絶対が区別されないことはこのとき、資本の現実的な一般化との関係で、客観的でアクチュアルな意味を帯びる。資本には、ほかのあらゆる社会関係を排除しようとする傾向があるのだ。それゆえ、この社会関係から「相対的に」排除される人口や、搾取されるのに必要な関係すら公理系とのあいだに持たない人口は、絶対的な排除に合流する傾向を帯びる(「産業予備軍」ではなく、「予備軍という死に値するお荷物」)。拡大される蓄積を担うのが飽和傾向だとするなら、本源的蓄積は空洞化傾向と結びつくといえるだろう。(41)空洞化傾向の等価物としては、植民地企業以外にみあたらない。植民地企業は、現地住民を搾取するのではなく、まず空洞をつくることから始めて、あとから搾取の対象となる人口を持ち込むのだ。(42)あるいは、公理系の要請により適ったいい方をするなら、留め置かれた公理にしたがって、まるでたんなる「自然な」帰結であるかのように、空洞が*おのずと*生まれるが*ままに*する傾向だといってもよいだろう（飢餓、気候や疫病による災害）。最終的に、国内の周辺化が資本主義的〈西洋〉を本源的蓄積の空間にふたたびつくり変えようとするとき、資本は白紙（タブラ・ラサ）への奇妙な欲望という形態――「住民追放」を行う一方で、「土地を居住不可能」にすること[43]――をまといながら、かつての中心を再植民地化するだろう。この奇妙な欲望は、大いなる空洞化を再開するが、今度は過剰蓄積の中心部でそれを行うのである。中心部だからといって、暴力が穏やかになるわけではない。それは、強制移住という形態をふたたびとるか、あるいは、われわれの市街の真んなかで「まさに死滅しつつある」人たちの、緩慢で不可視なものとなった死という形態をふたたびまとうのだ。

マイノリティの闘争における自律性と普遍性――同盟のブロックと革命的なものへの生成変化

「プロレタリアへの生成変化」に対する「マイノリティへの生成変化」の最後の差異は、『共産党宣言』以来、人びとのあいだに広まっている公理にかかわるものだ。その公理は、ブルジョワジーとプロレタリアートという「真向から対立する二大階級」の対立を、いっそう不可避にするとされる敵対性を傾向的に単純化してゆく。[44]ドゥルーズ＝ガタリにあってマイノリティの問いが、資本主義的な社会機械と、それを破壊しうる諸力の政治化との関係の問題をふたたび活気づけるにしても、だからといってマイノリティの問いが、統一した基盤や、潜在的に統一可能な主体を保証しうるとはまったく思えない。そうした基盤や主体とはつまり、客観的に規定可能な一階級のようなものであり、自覚的意識の可能性や自覚的意識の政治的構築作業がそこに位置づけられるような階級である。なにより政治的な困難がここにあるのだが、それは、敵対性の単純化というテーゼが表現し（さらには隠蔽するリスクをたえず負っていた）困難と対になるものだ。なぜなら、ある意味でこのテーゼが示してきたのは、国家の外でプロレタリア政治を構築する必要性なのだが、それに対して労働闘争は、市民階級（ブルジョワジー）が国内の一階級として再構成されるよう強いてきたからだ。だが、資本主義の発明能力を過小評価し、資本主義的な生産諸関係を発展させうる制度的かつ国家的な諸公理の可塑性を過小評価してしまうマルクス主義のなかで培われてきたこのテーゼは、同時に、国家の外でプロレタリアの政治を構築する必要性を見誤る傾向があった。なぜなら、それに関連する実践的な問題は、生産様式の不可避的な歴史的傾向によって、ただちに解決されるとみなしたからだ。[45] 資本の諸機能とそれが決定する諸利害との多様化、生産・流通・消費過程の複雑化、資本主義的社会関係と社会的な富の分配様式に対する国家介入の増加、それに続く階級分断と階級構成への国家の侵入は、たえずよりいっそうのアポリアをはらむ条件のもとで、革命運動の自律的な政治という決定的な問題を提起しなおしてきたのだ。たとえば、抗争の非対称的な性格を維持しうるような組織、文化、実践の独創的な形態を創出することをとおして、ブルジョワ的な政治形態や資本主義国家による権力実践をモデルとしない政治の諸条件、革命プロセスに内在する諸条件を創造するという問題があるだろう。戦争機械の理論をめぐって示唆しておいたように、この問題系は一九六〇年代以来、労働運動の歴史のうちなる制度的創造性をめぐるガタリの考察の核心に存在していたものだ。ドゥルーズ＝ガタリもそこから離れることはないが、同時に、この問題系に十分なほど不安定な定式を与えることによって、理論的規定を超過する問題をも指し示すのである。

革命の問いが、ユートピア的な自然発生性や国家の組織化であったためしはない。国家装置のモデルを忌避し、あるいは国家装置の奪取をモデルとする政党の組織化を忌避しても、だからといって、つぎのようなグロテスクな二者択一に陥ったりはしない。すなわち、自然状態に、自然発生的力学に訴えかけるか、それとも、不可能な革命の自称明敏な思想家になり、革命が不可能であるほどに大きな喜びを味わうか。問いはつねに組織にかんするものであって、まったくイデオロギーにかんするものではない。たとえ来たるべき国家を前もってかたどることになるにせよ、国家装置をモデルとしない組織は可能なのか。このとき、おのれの逃走線とともにある戦争機械はどうなるのか。[46]

ところで今度は、マイノリティの闘争自身が、こうした問題に直面するばかりか、よりいっそう甚大な仕方でこれに突きあたることになる。なぜならマイノリティ集団は、国家の社会‐制度的な織物のなかでじかに構成されるからであり、国家の矛盾する諸傾向（社会‐民主主義的傾向／新自由主義‐権威主義的傾向）と、その結合を変化させる人民の闘争とじかにつながり、それに参加するからである。この点がいっそう重要度を増すのは、新たな革命運動の政治的な自律性という問題のうちに、労働運動の両義的な成功に対するガタリ＝ドゥルーズの評価が凝縮されてあらわれるからである。すなわち労働運動は、諸階級の二元性と敵対性を課すことによって、プロレタリアートをマイノリティの状態から、すなわち、サン＝シモン主義者たちのいう新たな「産業システム」に統合される下位システムから、脱出させることに成功した。しかし労働運動が、おのれの階級的アイデンティティ――そして、移行を取りしきる新たなヘゲモニーを確立する使命をもたらす「普遍的階級」としてのアイデンティティ――を問いに付す能力を徐々に失ってゆくにつれ、その政治的かつ組合的な装置が徐々に国家‐形式に組み込まれてゆき、その結果として、社会国家のなかの紛争調停機関となるか、あるいは官僚制国家‐政党による支配と「伝達の仲介者」となるのである。[47] ここから生じるのがオペライズモ、とりわけマリオ・トロンティの「拒否戦略」への関心である。トロンティは、フォーディズム国家の枠内で整備された資本の戦略と「計画化」に対する、労働者の抵抗の先行性を重視する。フォーディズム国家は、労働者プロレタリアートじたいを、資本の機能‐階級として組織することによって、「階級なき階級闘争」（マイノリティの闘争は依然としてその一形象であろう）の空間ではなく、むしろ反対に、闘争なき労働者階級の空間を切り拓いてしまう危険があるのだ。(48)

だがドゥルーズ＝ガタリはそこに、マイノリティ戦略と革命戦略――革命戦略は、あるヘゲモニーを、それに代わる別のヘゲモニーの構築によって転覆させることを目指す――の区別を維持しておくべき補足的な理由を見いだす。だが、そのとき同時に、国家の制度的、法的、政治的な構造のなかで行われるマイノリティの闘争の還元しえない限界もまた指摘されるだろう。(49) マイノリティ戦略の身ぶりは、絶対自由主義的（リバタリアン）な躍動によって突き動かされており、革命戦略の身ぶりは、議会主義と改良主義へのおなじみの批判を再演するかに思われるだろう。だがガタリ＝ドゥルーズの分析は、この二者択一にうまく収まるものではない。なぜなら彼らの分析は、資本制国民国家に内在する諸矛盾に切り込むからだ。すなわち資本制国民国家は、蓄積と拡大再生産の過程によって要求される生産諸関係を、国家の枠内で発展させせようとするが、しかし、蓄積と拡大再生産の過程じたいのほうは、世界的な分業と国家を超える資本の運動を経由する。資本の価値増殖の道具であると同時に、システム由来の不均衡と恐慌を制御する道具でもある国家制度は、蓄積過程のあらゆる矛盾を抱え込む。そして国家制度は、その政治的、経済的、法的な装置の社会化の度合に応じて、また、それに対応する社会闘争の状態に応じて、こうした諸矛盾の社会的な波及と、どうにか折り合いをつけているのだ。マイノリティ集団じたいが、制度への統合と抑圧との可変的な混合物のなかにある以上、また、マイノリティ集団が国家に内在する諸矛盾に関係している以上、マイノリティ集団による闘争は国家のうちに持ち込まれざるをえず、「その戦術は必然的にそこを経由するのだ」。「公理レベルでの闘争は（……）決定的なものだ（以下のようなまったく異なる様々なレベルにおいて――参政権、中絶、雇用のための女性たちの闘争。自律のための様々な地域の闘争。第三世界の闘争。東側世界や西側世界における抑圧された大衆やマイノリティの闘争……）」[50]。もっというなら、政治的経済的な制度における闘争は、戦術的に不可避であるばかりでなく、戦略的にいって必要不可欠である。なぜ必要かといえば、国家がおのれの秩序と権力に見合うかたちで、世界的な資本主義的蓄積の生産諸関係を発展させる際の諸条件に圧力をかけ、その方向を変えること、そのために必要なのだ（純粋かつ単純に国家を超越する資本主義システムというまやかしの表象の逆を行くこと）。また政治的経済的な制度における闘争は、世界的蓄積がもたらす制約と、その経済的、社会的、政治的、エコロジー的な影響を「制御」できない国家の無能性とのあいだの隔たりを際立たせるためにも必要なのだ（国家内でのあらゆる闘争を「回収する」ことを目指す全能のテクノクラシーという、同じくまやかしに満ちた表象の逆を行くこと。こうした回収から逃れるために人びとは、部門（セクト）的な闘争という空虚な営みに身を投じ、グローバルな戦略一切と、外部からの支持一切を放棄してしまうのだ）[51]。つぎの点を強調しておこう。かくも多くのイデオロギー的な読解がこの点を歪めてきたのだが、この観点からすれば、マイノリティの闘争と労働者階級の闘争とを対立させることにはまったく意味がない。同じ難題に立ち向かっている以上、いずれの闘争も必要なのである（それゆえ問題はむしろ、労働者階級、ないしは傾向的にいうなら賃金労働者階級が、雇用にかかわる公理の除去と相対的過剰人口をめぐる制度解体によって、ふたたびマイノリティ化されつつあるとき、これらの闘争がいかなる形態をまとうのか、いかなる形態をあらためてまとうのかという点であろう）。

公理レベルでの闘争を切り捨ててしまうのは誤りだろう。資本主義内、あるいはひとつの資本主義国家内におけるすべての公理は、「回収」を構成するといわれることがある。しかしこの幻滅に満ちた概念はあまりよい概念とはいえない。資本主義公理系のたえまない手直し、つまり付加（新しい公理の言表行為）と除去（排他的公理の創設）は、闘争の目標なのであり、それは決してテクノクラートの特権事項ではない。事実どこでも、労働闘争は、とりわけ派生的命題にかかわる企業の枠組を逸脱するものだ。闘争は直接、国家の公的支出を決定する公理や、国際組織（たとえば、多国籍企業はある国に置かれた工場の閉鎖を勝手に計画できる）にかかわる公理を対象とする。(……)生きた流れの圧力、この流れが提起し強いる問題の圧力は、公理系の内部で行使されなくてはならない。全体主義的縮小に対して闘争するためにも、公理の追加の先を行き、それを加速させ、方向づけることで、テクノクラートの倒錯を妨げるためにも。[52]

ここで喚起される「局所的(ローカル)な闘争」は、「とりわけ派生的命題にかかわる」部門的(セクト)な闘争から明確に区別される。部門的な闘争の限界は、ガタリ＝ドゥルーズの用語法によるなら、「個々の公理の独立性」に直接起因するものである。この独立性は、「資本主義的生産様式の分業と部門」、さらには資本の諸機能の社会技術的かつ経済的な構造化に由来するものであり、それが証言するのは、ダイナミックな不均衡のなかでは、「公理それぞれの差異と独立によって、公理系全体の整合性＝存立性が脅かされることはまったくない」という事実なのだ。[53] これに対して「局所的」な闘争は、ガタリ＝ドゥルーズがその周辺の箇所で与える諸事例が示しているように、「国家的かつ国際的な公理を直接の標的としつつ、まさに公理が内在野に挿入される地点で行われる」(頻繁に引かれる例として、ある国家に置かれた生産拠点の閉鎖を計画する多国籍企業……)。そしてそれによって、資本主義的政治がたんに、おのれの公理の帰結を引きだしているだけだと主張するまさにその場所で、資本主義的政治に対峙する粘りづよい特殊性をあきらかにするのだ。「要求がいかに些細なものであれ、人びとが自分自身の問題をみずから提出し、少なくともその問題がより一般的な解決を得るための特殊な条件を決定しようとするとき(革新的形態としての〈特殊なもの〉にこだわること)、その要求は公理系が許容できない一点をたえず示すことになる」[54]。この論点は二次的であるどころか、ドゥルーズ＝ガタリが、フランス社会の陥った冬の時代の診断を一九八四年に行う際、ふたたびその中心点になるだろう。彼らの眼には、〈六八年五月〉の抑圧(ルフルマン)こそが、冬の時代の兆候なのである。[55] 外因性の要因(フランに対する国際資本の攻勢)と、内因性の要因(社会‐自由主義的なその一翼に好意的な社会党内部の力関係の伸張)が、一九八三年春の「緊縮政策への転換」の説明のために一般に引き合いにだされるが、さらにドゥルーズ＝ガタリは原理的な要因をつけくわえる。その要因がなければ、外因性と内因性の要因が、あのような制約を行使することなどなかっただろう。すなわち、一九八一年以来、社会変革のなかに人民の動員とイニシアチヴを組み込むことが放棄されたのだ。本来であれば、まさに「社会が、新たな主体性に対応する集団的なアレンジメントを形成し、この主体性が変動を欲するようにしうる」のでなければならなかった。それがなければ、あらゆる「真の「再転換」」は、あらかじめ窒息死してしまうだろう。まさしく、人民の動員にかかわるこの制度的で組織的な創造性のレベルにおいて(「革新的形態としての〈特殊なもの〉にこだわること」)、自然発生主義と組織化とのあいだの微分が決せられ――産出され、ずらされ、物象化され、手直しされるのである。自然発生主義と組織化との微分は、第三インターナショナル内部での議論が最終的に、二者択一として定着させたものであり、残存と固定の問題は、実践的な意味でこの差異に突きあたりうる。なぜなら残存と固定が、革命的変形を主導すると主張する行為者たちの水準において、この革命的変形そのものを危険にさらしてしまうからだ。[56] 一九八四年に診断された〈六八年五月〉の「非‐場所」〔『狂人の二つの体制』所収の論文「〈六八年五月〉は起こらなかった［=場所を持たなかった］」を指す〕は、その効果の失敗を示しているのではなく、制度化のプロセスによって、その効果を実践的、言説的、理論的、組織形成的な痕跡のなかに書き込むのに失敗した、ということを示している。こうした制度化のプロセスのみが、出来事によって必然のものとなった政治的主体性の再編成（アレンジメント）を支えるのだ。この非‐場所は、主体的‐制度論的な問題の排除（フォルクルジオン）と対になっており、それが差し出す二者択一は、たったひとつしかない。すなわち、「必要な経済的再転換を高みから取りしきる」全能のテクノクラシーの幻想か、それとも、「管理された「遺棄状況」」へと引き渡され、脆弱化される主体か、という二者択一である。このとき、「アメリカ流の野蛮な資本主義」の提案に身をゆだねるか、それとも、〈家族〉、〈宗教〉、〈国家（ネーション）〉という色褪せた旧来の制度的解決策にしがみつき、〈秩序〉の反動的な妄想と〈アイデンティティ〉をめぐるヒステリーの震源となるか、という解決策しかもはや残されていない。[57]

だがそうだとするなら、国家装置とその諸制度のなかで遂行される様々な闘争の場である運動じたいの内部において、これら闘争が同時に、「共存する別の闘いの指標」にもなることがあきらかになるだろう。この別の闘いは、直接ないし間接的に、世界資本主義の公理系そのものに疑義を投げかける。まさに、国家の政治に特有の「実現」機能が、国家の政治そのものに課す様々な限界に、闘争が立ち向かうほど、そうした疑義は高まってゆくのだ。

同じ歴史がくり返されていることには驚くばかりだ。最初はささやかなマイノリティの要求が、それに対応する最も些細な問題さえ解決できない公理系の無能と出会う。ようするに公理をめぐる闘争は、流れに対する命題と公理に対する命題という、ふたつのタイプの命題のあいだの隔たりをはっきりさせ、この隔たりを拡大するとき、いっそう重要なものとなる。(……)問題は決して、アナーキーか組織かではないし、中央集権か地方分権かでさえもなく、数えられる集合の公理系に抵抗する数えられない集合についての問題の評価であり、概念形成なのだ。ところでこのような評価は、それに固有の構成や組織、さらには中央集権化さえともなうが、それは決して国家の道や公理系のプロセスを経て行われることはなく、マイノリティの生成変化を経由していくのだ。[58]

ドゥルーズ＝ガタリによれば、この同時的な第二の戦線において、マイノリティ戦略の自律性はなによりまず、ふたつの切断に抵抗する闘争を経由する。このふたつの切断によって資本主義国家は、社会集団を国民(ネーション)という形態へと、すなわち基盤的公理ないしは「集団的主体化の操作そのもの」[59]へとコード化するのである。そしてマイノリティはこのふたつの切断を、多かれ少なかれいつも内面化しているのだが、しかし必然的に葛藤をはらむ仕方でそうしているのだ——a／国民／国民外の切断。この切断には、マイノリティ(象徴的には移民というマイノリティだが、潜在的にはあらゆるマイノリティであり、隔離の基準がなんであるかを問わない)を、内なる異分子に仕立てあげ、さらには「内なる敵」に仕立てあげようとする傾向がある(「中心」の資本主義の変動をめぐるガタリ＝ドゥルーズの分析によるなら、この傾向は、国内の「第三世界化」や「周辺化」にかかわる要因によって尖鋭化することが予測される)。b／個人／集団の切断。この切断は、「メジャーな」国民的主体性の構造のなかに、私的‐公的の分割を書き込むのだが、マイノリティの主体的なポジションにとって、あきらかにこの分割はとりわけ問題含みである（だがこの分割は、「管理社会」論〔『記号と事件』所収〕のなかで分析される公的空間の中性化の手法と対をなすものでもある）[60]。マイノリティの闘争の孤立化、この闘争の「共同管理」とは、微分的差異によって国民的な共同体と国民的なアイデンティティに統合しようとする国家の戦略であり、それがまさにこの二重の切断から生まれるのだ。この二重の切断は、マイノリティの闘争の要求を、厳密に個人的な問題のみにかかわるものとして、私的な圏域に封じ込めてしまうか、あるいは、その集団的な射程と政治的な意義を受け容れる場合も、マイノリティの闘争が国際的な座標と結びつき、ほかのマイノリティ集団と結びつくことを認めはしないという条件付きである。

世界のアクチュアルな生成変化が、「万人の生成変化という マイノリティ意識の普遍的形象」の出現を規定するのなら、そして、他のどんなヘゲモニーをかりそめに構築してみても解決できない諸問題を、万人の生成変化が引き起こすのなら、そうした諸問題はなおのことあらかじめ妨害されるのであり、そのとき人びとはおのれのマイノリティ性、おのれの特殊性、肥大したおのれの周縁性文化にはまり込むのである。「方言のようなマイナー言語をもちいたり、地域主義や隔離区（ゲットー）をつくりだしたりしても、革命的になるわけではない。自律的で予見しえない特殊な生成変化を発明するには、多くのマイノリティの要素を活用し、それらを連結し、結合しなければならない」[61]。このとき生成変化は、国家空間と国家間空間で行われる、異なる様々な闘争同士の横断的な連結をかならず経由してゆく。ここにこそ戦略の線があり、価値評価の基準もある。なぜならいうまでもなく、マイノリティであるというだけで革命的なわけではないからだ。そんなはずがない。だが問題は依然として、マイノリティたちが遂行する闘争じたいに内在する価値評価の問題である。すなわち、その闘争の実践スタイルに、マイノリティたちが前提する生存様式に、マイノリティたちが言表する問題に、マイノリティたちが行う要求に（あるいは、多かれ少なかれ意識的にマイノリティたちが内面化する言表に）内在する価値評価の問題なのだ。こうした価値評価をめぐって、ドゥルーズ＝ガタリにとって基本となる基準は、他の闘争と連動する可変的な能力、グループの利害やアイデンティティの観点からすればきわめて異質でさえある他の問題と、自分たちの問題を接続する可変的な能力であり続けている。「構成主義」、「ダイアグラム主義」は、それぞれの場合において、問題の条件の決定と、問題同士の横断的つながりによって作動」しており、それはある意味で、資本主義の諸公理のオートメーション化とも、官僚的なプログラム化とも対立する」[62]。こうしたあらゆる意味で、現下の情況において――すなわち、ドゥルーズ＝ガタリが「われわれの時代はマイノリティの時代となった」と主張し、そうした現在の傾向が「あらゆる水準における、おのおのの場所での、人びとの革命的なものへの生成変化の問い」をふたたび開く時代において――、マイノリティの闘争がもたらす真理効果は、共同体主義ではない。それは、法治国家において具体化される普遍性のなかで、すでに共和主義化したマイノリティ概念に従うものにすぎない。マイノリティの闘争がもたらす真理効果とはむしろ、国家‐形式を排除する新たなインターナショナリズムであり、その課題とは、「マイノリティ的普遍」を構築することである。それは、資本制国民国家の普遍性よりも、じっさいにいっそうリアルな普遍性の実践を表現すると同時に、資本主義システムに対峙するにあたって、歴史上の労働運動と少なくとも同じくらい強力な力能の構成を表現するだろう。

だが、周知のように、あらゆる問題がまさにここにある。あるいはむしろ、こういったほうがいいだろう。「意識の普遍的形象」、すなわち政治的な主体化の「普遍的形象としてのマイノリティへの生成変化」は、壮大な実践的‐政治的な問題を類的に名づけようとしており、この実践的‐政治的な問題の困難は、ここ四〇年来ずっと経験され続けてきたものだ[63]。少なくとも、革命的な労働運動は、数多の盲目性を代償としながら、現実的な傾向的普遍性であることをみずから主張することができた。その普遍性は、資本の集中という歴史的な運動に対応するものであり、資本は自分自身のうちに、このうえなく深いおのれ自身の否定＝陰画をかき立て続けてきたとされる。この否定＝陰画とはすなわち、普遍的利益を担う新たな集団的主体であり、普遍的社会じたいの先触れである。この普遍的社会とは、社会野を敵対的に特殊化し分断する原理である私的所有権から解放された社会のことだ。ところでマイノリティたちはおそらく、おのれ自身の特殊性に対して、政治的に働きかけなければならない――「特殊なもの」の要素を手放さないこと。なぜならそれこそが、社会的、経済的、政治的な諸問題の構成様式を活性化させ、社会国家的な諸制度を支える階級分断をもちいるテクノクラート的な行政に対抗するからだ。たいていの場合、おのれ自身の特殊性に対して政治的に働きかけることが意味するのは、社会国家的な諸制度によって準備された「特殊性への固執」を逆撫でするように、政治的に働きかけることである。マイノリティたちはおそらく、内的切断（私的／公的）と外的切断（国家的／国際的）という、二重の切断に対抗して闘わなければならない。この二重の切断によって、マイノリティ集団の国家的(ナショナル)なコード化が行われるからだ[64]。したがって、その他の社会的かつ政治的な諸々の同一化の実践との関係で、ドゥルーズ＝ガタリにおける「マイノリティ戦略」の意味は決せられるように思われる。マイノリティ戦略は、制度化された集団的な同一化（その原理は、文化的価値、経済的利害、行動規範、さらには政治文化のなかにさえ見いだされる）に対して距離をとることで道を切り拓く。だがそれは、「ブルジョワ」革命以来、民主化闘争の主体化を主導してきた提喩的な図式に再備給することはないだろう――社会にとって有益な課題すべてを引き受けながら、自分などなんでもないとみなし、なにものかでありたいと切望するシエイエスの第三身分。産業プロレタリアート、すなわち特性なきもの（*eigentlos*）、ブルジョワ社会の個別的利害を分配する私的所有権から排除されることによって、普遍的な利害の担い手となる者。「分け前なき者たち」の考慮されることなき分け前、無条件的な平等を資格なしに担うことで、共同体から排除されているものをめぐる係争を政治化し、共同体という空虚な名前を奪還する者たち……。

この二重の隔たり、マイノリティへの生成変化と共存するこのふたつのポジションのあいだのか細い道が説明するのは、マイノリティへの生成変化は最終的に、同盟の問題、同盟の構成の問題と一体化するということである。この問題は、マジョリティとマイノリティの関係にかかわるとともに、マイノリティ同士の関係にもかかわるものだ（だが、権力の技術としてのマイノリティ化がつねに、マイノリティ同士のあいだの序列化――と権力関係――を含むという事実に鑑みるなら、ふたつの問題は連関している）[65]。現代の資本主義世界の諸矛盾にかかわる革命プロセスによって構築されながらも、新たな主体のメシア的な普遍性という幻想を抱くことのない「マイノリティ的普遍」を構想するという問題に対して、「同盟のブロック」の理論は、強度的な普遍性の実践を思考すべき課題として差し出す。この強度的な普遍性は、共通の利害や共通のアイデンティティの普遍性ではなく、共-変形の普遍性に依拠するものだ。ドゥルーズ＝ガタリが、マイノリティさえもマイノリティに生成変化しなければならないと書くとき（「ひとつの状態に甘んじるだけでは不十分なのだ」）、彼らは同時にそこに「行為者」を、すなわち「能動的媒体」を形成する手段を見いだしている。この媒体をとおして、別の主体が「マイノリティへの生成変化に組み込まれ、自身のメジャーなアイデンティティから引き離されるのだ」[66]（これは、資本主義の世界化の歴史上の中心を「脱西洋化する」という観点から、国内の周辺化というテーゼが国際関係の水準において含意していることでもある）。能動的媒体であるマイノリティは、そのことによって、消滅する媒介者となる。なぜなら、マイノリティは「同時的な二重の運動」を一身に引き受けるからであり、「一方は、ひとつの項（主体）がマジョリティから離脱する運動であり、他方は、ひとつの項（媒体ないし行為者）がマイノリティから脱け出す運動である。分離不可能で非対称的な生成変化のブロック、同盟のブロックがあるのだ」[67]。政治的主体化の異他的論理の母胎であるこの二重の生成変化は、すでに指摘しておいたように、ランシエールが数年のちに定式化するものと親和的である。ランシエールは、ヘゲモニー化された同一化の点に対する脱同一化と、数に入れられていない〈他者〉への不可能な同一化とが織りなす結び目によって、定式化を行うのだ。だが、ドゥルーズ＝ガタリにおいて、諸公理――マジョリティを数に入れること、マイノリティ化された「下位システム」を数から除外すること、「システム外のもの」を数え損ねることは、これらの公理に依拠している――に疑義を呈する力を持つ「数えられないもの」の力能には、同盟の実践が関与している。同盟の実践の可能性は、割りあてられた同一性（マジョリティとしての、あるいはマイノリティとしての同一性）からの脱同一化から生まれるものではなく、反対に、脱同一化を条件づけ、引き起こすものなのである。それは、マイノリティ化された分け前なき者たちの係争を、一定の範囲に封じ込めるのを防ぐものである――この係争が、マジョリティの秩序やそこで主体化した者たちに対して及ぼす波及効果については、ふれないでおくにしても。さらにくわえて、この観点からつぎのように自問することもできよう。すなわち、同盟のブロックの母胎は、ある種の「敵対関係の単純化」の根底にあるものではないか。とりわけ、同一性にまつわる諸々の可能性――まさにその諸々の可能性のあいだで、この二重の生成変化が喫緊かつ必須のものとなる――を還元する行為の根底にあるものではないか。しかし、ガタリ＝ドゥルーズによる当初の定式化を超えてミクロ政治学の賭金を引きのばしていくなら、このことは同時に、マジョリティが、みずからマイナーなものへと生成変化していく際に対置させうる反応を問うことにもなるだろう。そのとき、こうした反応の両義性、抵抗、さらには極限的暴力を見誤らないようにせねばなるまい。

だがこのことは、つぎのことを意味する別の手段にすぎない。すなわち、こうした「同盟のブロック」、つまり二重の生成変化の増殖によって、政治的構築物としての「万人のマイノリティへの生成変化」が進行しうるにしても、そのプロセスじたいは、噴きだす「生」の自然発生性によるものでもなければ、タイミングのよい「〈歴史〉」の覚醒によるのでもないということだ。ドゥルーズ＝ガタリにおけるマイノリティの政治を蝕むふたつの理論的な誤謬を放置するなら、おそらく事態はあいまいなままだろう。それはただちに、ふたつの政治的な誤謬となる。なぜならこの誤謬はまさに、彼らの思想をあまりに「理論主義的」に見ることから生まれるものだからだ。すなわち、〔1〕つねに具体的状況のなかで起こる生成変化の組み合わせを脇において、抽象的な生成変化「なるもの」について、長々と屁理屈を並べ立てること。だが、具体的状況における生成変化の組み合わせこそが、アイデンティティにもとづく立場をじっさいに抽象的なものに変える力を持つ、集団的実験の問題を生みだすのだ。〔2〕存在や超越論的構造のなかで、多数多様なものを（理論的に）一個の所与にしてしまうこと。だが、多数多様なものは（実践的に）作成されるべきものであり、非対称的な生成変化たちの動的な組み合わせによって、その結合のなかで、はじめてじっさいに構成されるのだ。「存在以前に、政治がある」[68]。そして存在論以前に、戦略がある。同盟の構築こそが、推進すべき多様体の類型を決定し、発明されたり再生産されたりする同一性の諸実践を決定する。おそらくこのとき、集団的意識がもちうる内容としては、共通のアイデンティティ（「客観的な利害」、問題や条件にもとづくアイデンティティ）以外にない、と想定するのをやめなければならない。そうすることによって、普遍的意識に正当な権利を認めることができるようになるだろう。この普遍的意識の内容とは、相互に依存しあう様々な変形からなる共同体であって、しかもそれは、めぐりめぐって普遍の形式そのものを変容させることができるような共同体なのだ。それは、関係創出プロセスの普遍性であって、包摂的なアイデンティティの普遍性ではない。アイデンティティへの最大限の統合を目指すのではなく、異質なもの同士のあいだの最大限の横断的つながりのなかでおのれのプログラムを作成し、おのれの手直しをする普遍性である。カテゴリーや階級としての社会‐学的な普遍というよりむしろ、同盟の実践のダイナミクスとしての戦略的な普遍である。そこでは、様々な項を高次のアイデンティティへと統合し、等質化するのでもなければ、微分的に異なるアイデンティティを相互に対峙させるのでもなく、むしろ、非対称的な生成変化たちのブロックによって事態が進行するのだ。このブロックにおいて、ひとつの項が他なるものへと生成変化するのは、別の項じたいが他なるものへと生成変化するからであり、さらには、この別の項が開かれた系列のなかでn番目の項に接続されるからなのである。最後に、それは外延的で量化可能な普遍性ではなく、むしろ、数えられない内包的＝強度的な普遍性である。それが意味するのはつまり、主体たちのアイデンティティへの固定が可塑性を帯びることで、この固定に手直しをくわえ、変形することが可能になるようなプロセスのなかで、主体たちがともに生成変化するということだ。この観点からすれば、生成変化とは転移の実践なのである。生成変化は、政治的組織化の問題の核心に、制度論的な転移の問いを据えるのだ。この制度論的な転移の問いは、マイノリティ的な新たなインターナショナリズムによって要求される自律性をめぐる、根本的に構成主義的な概念に直接つながっている。[69] 万国のマイノリティよ、生成変化せよ……？ 過激な定式が告知された。この「過激さ」のなかで、はっきりとした兆候をなすものをめぐる結論で、締めくくることにしよう。

結論　ミクロ政治は起こらなかった

上述の最終章で私が特権視したのは、マイノリティ的なものというガタリ＝ドゥルーズの概念が、一連の変形をとおして、プロレタリアートの形象を再解釈するその仕方であった。プロレタリアートの形象とはまさに、マルクス主義と社会主義における革命的なものへの生成変化の概念にほかならない。だがこの形象が、関連する唯一のものだというわけではない。それどころか、特記すべきことにマイノリティの主題は、ドゥルーズ＝ガタリが援用した諸事例や、彼らが考察した分析事例をとおして、多数多様な時間性や地理を混ぜ合わせ、そうした時間性や地理のはらむ情況や闘争を交流させているのだ。一般的かつ明白な第一の所与は、もちろん、〈国民(ネーション)〉というイデオロギー的‐政治的な形態のなかでの、マイノリティの構成である。国民的主体性を構築する多岐にわたる歴史過程じたいのなかにあって、マイノリティとは、その過程に相関してくり返しあらわれる一個の結果なのである。[1]「[国民]」とはたんに、帝国のシステムや発達したシステムに対抗し、封建制に対抗し、都市に対抗する活発な闘争によって構成されるばかりでなく、同時に国民内（ナショナル）の「マイノリティ」、すなわち、少数民族（マイノリティ）の現象あるいは「民族自決」の現象と呼びうるものを押し潰すのである。マイノリティとは、国民に内側から働きかける者たちであり、必要に応じて古いコードのなかでより大きな自由を獲得していた者たちである。国民を構成するのは、大地と人民である[2]。ひとつの人民がマイノリティの地位へと追いやられるのは、人民からその大地と言語を剥奪しながら、大地を人民なき大地として扱い[3]、言語を死せる言語ないしは民間伝承（フォークロア）的な言語として扱うときである。だがその一方で、国民の構築によって産出される、ないしは「対抗－産出」される民族自決の現象も回帰する。この回帰が生じるのは、国家を超える市民階級（ブルジョワジー）の形成と、資本家階級じたいを断片化する敵対的な分断をとおして、国民国家が、国民のヘゲモニー的な機能の逆流に見舞われるときである。それによって国民はあらたに、分離独立派の要求のために利用しうるものになるのだが[4]、しかし、その反動的な埋め合わせとして、アイデンティティをめぐるヒステリー化に、国民を引き渡すことだってありうるのだ。

　この第一の地層に部分的に折り重なりつつ、マイノリティの問いが、彼らのカフカ研究のなかで導入されたという事実に、特別な価値を与えなければならない。それによって、彼らの文学的仕事が特定の情況のなかに位置づけられることになるだろう。だが、この情況の進展と事後的な効果もまた、われわれの時代を含む異質な諸時代を交流させることになるのだ。カフカのマイナーな「表現機械」を、ドゥルーズ＝ガタリは分析プロセスとして辿ってみせるのだが、この分析プロセスは、いまはまだ表象不可能な近未来の諸力を、社会野のなかでつかまえることに成功したばかりでなく、世界大戦、ヨーロッパのナショナリズムの急進化、官僚制権力の新たな形態、大西洋の向こう岸での資本主義の変容……をとおして出現しつつあった、言表行為のアレンジメントと、欲望の集団的なポジションとを示すことに成功したというのである。[5] このことによって、カフカの作品の仕事は、ヨーロッパの主体性の分裂分析や地層学にもなりえているのだ。まずもって作動しているのはもちろん、社会的で歴史的な座標であり、カフカのエクリチュールは直接そこに接続される。すなわち帝国主義の歴史、大陸上の最後のふたつの多民族帝国の解体、国家併合運動や国家樹立、一九一四年の大戦の結果である領土再分割や人口移動といったものと連関する、国境線の変更と移民の運動である。しかし、世界資本主義公理系の見取図と、ドゥルーズ＝ガタリがそこに識別する地理経済的かつ地政学的な傾向的変動の側から見るなら、カフカの置かれた情況のうちで彼らが第一に指呼するマイノリティの問題は、抑圧されたものの回帰の兆候ともなる。そしてそれは、ある歴史的なシークエンスの批判的な閉域のなかに、ヨーロッパ的な主体性を書き込むのだ。この歴史的なシークエンスを開始させたのは、世界‐経済の中心がアメリカ合衆国の権力へと移ったことであり、ソヴィエトのブロックの構築であり、世界‐経済の地政学的な二極化であり、各地ですでに抗議にさらされていた植民地支配の執拗さであった。回帰するのは、こうしたシークエンスを開始させながら、同時に、直接的にヨーロッパという次元のなかに「マイノリティ問題」を生みだした情況である。第一次世界大戦が終結すると、マイノリティの条件がヨーロッパ化されたが、それは、勝利した巨大権力と敗北した巨大権力が、平和を回復したヨーロッパの政治システムの条件を決定する際にもちいたのと同じ手段によるものであった。これらの巨大権力は、マイノリティを、大衆を服従させる新たな実践の実験場にしたのである。そこでもちいられる手段は、権利剥奪から、純粋かつ端的な国籍剥奪や国外追放にまでわたる。[6] 終わりなき事後的効果が回帰し続ける。ヨーロッパ大陸における国民国家形式の体系化は、その報いを被り続けているのだ――国民（＝）国家における領土とアイデンティティの節合にもとづく、大陸内の掟（ノモス）の有機的な部品としてマイノリティがつくりだされること。領土とアイデンティティの節合と一体をなすマイノリティ化の技術を、このシステムは構造的に避けて通れないこと。大陸内での経済的政治的な敵対関係や、各国家内での人民の闘争と要求を金儲けの種にするためには、マイノリティ化の技術を定期的に復活させる必要があること。周知のように、この情況下で一連のシニフィアンが大々的に結晶化することになった。まずは「マイノリティ」というシニフィアンじたいに始まり、国際法の法的語彙のなかでこの語がとつぜん急増し、さらにそれが一連の新たな切断と結合のなかに書き込まれていった――たとえば、国内移民／無国籍者、内なる敵／外国人労働者、植民地化／プロレタリア化……。こうした一連の切断と結合のなかで、マイノリティ化が権力のアレンジメントとして再定義されたのである。こうした切断や結合などもはやわれわれには関係がない、などと考えることを許すものはなにもない。こうした情況を分析しながら、アーレントは通りがかりにつぎのような決定的な指摘を行った。「東側諸国の民族解放運動と西側諸国の労働運動は、それらが有する革命的な側面のために、多くの点で類似していた。双方とも、ヨーロッパ住民の「非歴史的な」層を表現していたのであり、承認を勝ち取り、公的な事柄への参加を得るために闘ったのだ。なぜなら目標は、ヨーロッパの現状（スタトゥス・クオ）を維持することだったからであり、ヨーロッパの全人民に、国民としての自己決定権と主権を保証することが、まさしく不可避であるように思われたからだ。唯一の代替案は、彼らを植民地住民という地位へと容赦なく突き堕とすことであり（これは併合主義運動がたえず提案してきたことである）、ヨーロッパの問題のなかに植民地主義的手法を持ち込むことであった」(7)。大地の新たなノモスのなかでの揺れ動き――あたかも国家が、ヨーロッパ的平和（パクス・エウロパエア）を締めくくるふたつの解決、ふたつの手法のあいだで躊躇したかのようだ。すなわち、全般化したマイノリティ化か、それとも、大陸内部の植民地化か、である。後者の大陸内部の植民地化は、戦争を勃発させ、それに勝利した権力は大陸全土に国民国家を広めることを選択し、市民権制度を国民という原理に体系的に従属させる。新たな国家からは、その住民のおよそ三分の一が「包摂的に排除される」。その住民たちは、例外状況にあることが公式に認知され、国際機関の特別な保護下に置かれる。だが国際機関は、国民主権の原理という名目のもとでは、この住民たちを尊重させることができない。なぜなら、まさしく国民主権の原理から、マイノリティの状態が生みだされているからだ。ヨーロッパの権力は現状を維持するために、他の方法と同じく現状を不可能にしてしまう方法を採用し、この不可能性をかつてないほど緊迫化させた。ヨーロッパの権力は、マイノリティの地位をヨーロッパの政治システムのなかで恒久化させ、東側に樹立された新しい諸国家のなかに、鎮静化しえない民族自決闘争の領域を開いた。また社会民主的で国家主義的な同盟国には、西側における労働闘争を弾圧する任務を負わせたのだが、これら同盟国が不十分であることがあきらかになると、今度は、この任務を成し遂げるために、ファシズム組織の手綱をゆるめる覚悟を決めたのだ。さらに、ヨーロッパの問題のなかに植民地主義的手法を導入し、手はじめに、植民地ですでに実験済みの服従義務と準市民権、すなわち、国籍を有するマイノリティには部分的な権利を、無国籍のマイノリティには恒久的な例外状態を、という手法を持ち込んだ。支配的な経済権力の利害をかためるべく形成された警察的-司法的空間によって、市民権のかりそめの構築物が粉砕されるのを目の当たりにしたドゥルーズ＝ガタリが、一九七七—一九七八年に憂慮していたように[8]、人民によるヨーロッパ市民権の構築があらたに挫折するそのたびごとに、こうした挫折はいずれも、ヨーロッパの国家が、隔離と抑圧の技術を再生産する準備を整えるための新たな手段として立ちあらわれうるのだ。国内の植民地化を行う複合体から継承したこの隔離と抑圧の技術によって、住民は、植民地化された人たちと追放された人たちとして、国民になったマイノリティと無国籍者として、国内移民や土地なき移民として順々に扱われることになる。

ドゥルーズ＝ガタリがマイノリティのうちに、現代の資本主義政治の結節点となる座標系を見いだすのはおそらく、まさしくこの座標系のなかで、多数多様な舞台が融合しているからだ。その裏面にあるのは、すでに見たように、マイノリティ戦略が、そしてマイノリティというシニフィアンの担う理論的－実践的な問題——政治的な主体化と意識化の問題、戦略的な組織化とプログラム化の問題——のベクトル化が、単純なひとつの政治戦線に還元しえない多数多様な戦線を凝縮している、という事態なのだ。ドゥルーズ＝ガタリは、ヨーロッパの国民国家システムによる「永続的制度」としてのマイノリティをめぐるH・アーレントの分析に接近しつつ、[9] ファシズムによる国民の「美学的」な構成をめぐるW・ベンヤミンの分析を再解釈し、より一般的な次元では、集団的主体化の操作としての〈国民（ネーション）〉の矛盾をはらむ歴史的な備給についての分析を再解釈し、[10] さらには、先進資本主義諸国のうちに持ち込まれる植民地支配のメカニズムを特定し、同時に、それが大陸内の力関係や敵対的主体化の諸様式に及ぼす効果を検討し、さらにはそれが「国内の周辺化」によって高まるミクロ・ファシズムと反マイノリティの痙攣に及ぼす効果の検討を開始する。そうしてドゥルーズ＝ガタリは、マイノリティへの生成変化が出現するに到った複数の系譜学的な道筋を圧縮して示す定式を提案するのだが、マイノリティへの生成変化が、逆説的なことに、解放闘争の主体化において支配的な（非支配的な？）様式となるのは、「人民の名」——〈国民〉、〈プロレタリアート〉、〈植民地化された人びと〉——が使用できないとまではいわないにせよ、浮遊するものとなった情況下でのことだ。すなわち、「人民が欠けている」のである。人民が欠けている、そして人民が欠けているという条件のもとでこそ、マイノリティは人民の立場を占めるか、あるいは人民のためにほかの立場を創出するよう決定されるのだ。そして今度は、この定式じたいが高度に重層決定され、異質で敵対的でさえある様々な意味をまというること、それゆえいかなる理論的な決定もア・プリオリに断定することはできないこと――多様体に棲みつきそれをドラマ化する数々の内的な舞台を、結論として手短に展開してみるなら、こうしたことに気づかされるだろう。

人民が欠けている……。なによりまず、この定式にはその反響と意義を増幅させる歴史がある。ドゥルーズ＝ガタリはときに、この定式をカフカに適用するが、これは、パウル・クレーの一九二四年一月のイエナでの講演から借り受けたものだ。この講演でクレーは、革命以後の時期にあたる一九一九―一九二二年のバウハウスを想起しつつ、なかでもとりわけ、綜合芸術における「芸術と人民の統一」というプロジェクトによって提起された問題にふれている。この定式はその日付と不可分であり、それが言表された情況と不可分である。当時の情況は、この定式のうちに、希望と血で彩られた歴史の舞台を刻印しているのだ。すなわち、一九一七年のロシア革命があり、この革命は、当時ヨーロッパで最も勢いのある労働運動が行われていた国へと拡大する見通しであった。またドイツ革命と、短命に終わった評議会政府があった。評議会政府は、義勇軍によって武装したドイツ社会民主党から暴力的な弾圧を受けたのだ。しかしそれによってこの定式は、すでに一九世紀全体を貫いていた、分かちがたく美学的で政治的な問題に関連づけられることになる。すなわちロマン主義であり、ワーグナーがアナーキストに共感し、*gemeinsame Kunstwerk der Zukunft* つまり未来の共有される芸術作品を最初に理論化した時期である。グロピウスは一九一九年の『バウハウス宣言』において、ワーグナーのこの模範的な言表を取り上げなおすが、まもなくして、今度はそれがドイツのファシストたちによって利用されることになる。つまり、人民が欠けているのは、革命的なプロレタリアートが血をもって弾圧されたというだけでなく、人民の概念をめぐるイデオロギー的‐政治的な様々な備給が敵対しあう歴史のなかで、人民じたいがあと戻りしえない仕方で分断されてきたからでもあるのだ。しかも、綜合芸術が集団的主体をまとめあげると想定され、集団的主体は綜合芸術のなかにおのれの未来の活動能力を予見すると目されていたにもかかわらず、綜合芸術は、大衆芸術を「全的な人間」のプロレタリア的でインターナショナリズム的な構築に奉仕させるという計画をほどなく放棄し、その計画を一国革命論、生存圏の共同体、人種の再生といったイデオロギー的な安穏さに舞い戻らせてしまうのだ[11]。

これだけですでに、当初の定式に深みのある両義性を与えるには十分であり、それが相当に異なるふたつの仕方で、政治的な主体化としてのマイノリティ的なものの承認を理解させることになる。「人民が欠けている」が意味しうるのは、人民に適合する特殊な審級によって、すなわち、人民がその名であるところの無条件的な平等や政治的な普遍性に適合する特殊な審級によって、はじめて人民が現前するということである。つまり、人民不在のなかでこの人民の場を占めるマイノリティによって、所与として与えられることのない人民に合致するマイノリティによって、無能力と弾圧のなかにあってさえ人民に現前性を与え、人民の欠如において人民の必要性を呼びかけるマイノリティによって、はじめて人民は現前するのだ。それゆえ、「支配者や植民者が「ここに人民などいたためしがない」と声高に主張するそのとき、欠けている人民が生成するのであり、スラム街や収容所のなかで、ゲットーのなかで、闘争の新たな条件のなかで、おのれを創出するのだ。そして必然的に政治的な芸術は、闘争の新たな条件に貢献しなければならない[12]」。だが、それが同時に意味しうるのは逆に、マイノリティ的なものはこの不在じたいの場を占めるものであり、欠けている人民ではなく、この欠如じたいを現前させるものだということである。そのことによってマイノリティ的なものは、この欠如そのものを抵抗行為に仕立てあげる。この抵抗行為は、現在の人民や来たるべき人民に、その存在のイメージを投影しようとする勢力に対抗するのだ。人民のまったき現前を主張しうるのは、マイノリティの抹消がすでにそこに含まれている場合だけである。こうして書物から書物への執拗な反復をとおして、「定式」がラカン的な意味で鳴り響き始めるのであり、この意味でドゥルーズはたとえば、バートルビーの*せずにすめばありがたいの*ですが（*I would prefer not to*）という一文のために、定式という語をもちいることになるだろう。人民が*欠けている*……。崩壊の縁で、災厄から救済される定式。この定式が執拗にあらわれるという事実が、それだけで、万人にあてはまる言表行為の主体を構成しようとする主張一切に、ふたたび決然と対抗するにちがいない。

欠けているものとしての〈人民〉、すなわち、それに同化することも、その名を横領することもなしに、その場を占める者によって再肯定されることで、はじめて存在し始める〈人民〉――マイノリティが、こうした〈人民〉を決定的審級とする政治的主体性の核心として知覚されうるという事実は、ガタリ＝ドゥルーズの観点によれば、おそらくマイノリティを、現代の政治的主体化をめぐる歴史的‐概念的な数々のアポリアの特権的な分析装置に変えるとともに、解放の政治の再編成の決定的な操作子に変えることにもなるだろう。ただしそれによって、マイノリティの形態と結末が、予見しやすくなるわけではむろんない。E・バリバールが、「反国家的な市民性のアンチノミー」と呼ぶ事態を生起させるものの枠組のなかで提案する、ガタリ＝ドゥルーズ的な「マイノリティ戦略」の読解は、この観点からすると、完全に妥当なものであるように思われる。[13]「客観的」かつ「主観的」な「極限的暴力」への上昇という問いが、その地平であり続けている。なぜなら、そこで問題となるのはいつも、政治的領野の有限性を問うことだからであり、その出発点となるのは、おのれ自身の不可能性の条件を同時にふくんでいる可能性の条件を、政治に割りふることの難しさなのだ。だからこそ私は本書で、「機械状プロセス」の唯物論を導きの糸としながら、『資本主義と分裂症』のなかに、暴力の無制限化へと、すなわち暴力の非経済的な諸形象への上昇へと到る、異なる道を弁別しようと試みたのだ。だがそれは、政治をめぐるガタリ＝ドゥルーズの思考の根本的な直観に合流することでもある。この直観によれば、政治の偶然性と有限性は還元しえないものであり、あるいはむしろ、たえず賭けにさらされるものである。なぜなら、政治は異質なものに従っているからであり、政治的実践が影響力を発揮しうる場所とは別の場所から出発し、政治をたえず偶然性じたいの偶然性にさらす審級に依存しているからだ。換言するならつまり、この審級は政治の条件をたえずずらしてゆくことで、それを変形しうるのであり、もっというなら、究極的には破壊することもできるのだ。だがこの審級を、それが効果を及ぼす政治的な合理性の次元に書き込むことはできない。またこの審級を、手段と目的からなる実践的な三段論法に翻訳することもできず、戦術的な計算や戦略的な予測につりあわせることもできず、権利と義務の制度のなかで公理化することもできなければ、歴史的な力関係を制御する道具のなかで公理化することもできない。

こうした審級を、理論的にも実践的にも問題化するために、ガタリ＝ドゥルーズはあるとき、「欲望するプロセス」（または分裂症的な欲望）の概念を、つぎに「マイノリティへの生成変化」の概念を提案したのだった。これらの概念はいずれも、歴史上のファシズムと、戦後の資本制国民国家において大衆のミクロ・ファシズムが引き起こす影響の恒常的なメカニズムを粘りづよく審問することで、鍛えあげられたものだ。本書全体をつうじて、政治と国家をめぐるガタリ＝ドゥルーズの思考における「両対戦間の趨勢」を重視しているのはそのためだ。ふたりは共同作業をつうじて、ファシズムのうちに、政治の結節点となるアポリアが凝縮されているのを見いだすだろう——大衆レベルでの無意識の操作によって特徴づけられる情況の緊迫のなかで、集団的同一化の無意識的な結晶化を制御する能力を獲得することができなかったがゆえに、政治的空間そのものが破壊されてしまった。ドゥルーズ＝ガタリはこの問題を、ライヒのフロイト＝マルクス主義の出発点となる不安のなかで指し示したのであり、この不安をめぐる試練によって、フロイト主義とマルクス主義双方の理論的かつ実践的な主張に、問いが突きつけられることになるだろう。つまり、集団的同一化のメカニズムの問題であり、最終的には、制度的で「歴史的－世界的」な同一化に作用する幻想の作業や想像的なものに対して、政治分析のなかで与えられようとしている立ち位置の問題である。そこには、この同一化が引き起こす人格剥奪の極限的な形態や、あるいは逆に、アイデンティティをめぐるヒステリー化と妄想の極限的な形態が含まれている（だがじつのところ、とりわけ国家同士、その住民同士、その領土同士の競争状態が激化する経済的で政治的な危機の時期には、極限的な形態は交流しあう）。けれどもそれは同時に、こうした問題の実践的な含意を深めることでもあるだろう。それによって、主体の自律性をあらかじめ措定し、この自律性を引き受ける解放の政治すべてをめぐる根本的な問題が、あらためて提起されるのである。すなわち、決しておのれ自身の条件を全面的に支配することのない、この政治じたいの他律性の問題である。もっというならそれは、この問題を「過剰な」限界にまでもたらすことにもなるだろう。つまり、政治化しえない異質な審級という限界であり、行為者たちを貫く袋小路と危機が兆候的に記入される無意識の他なる舞台である。「欲望する機械」として、つぎに「生成変化」として理論化されるこの兆候は、政治的戦略的な合理性にも、ヘーゲル的な人倫という意味での倫理－社会的な合理性にさえも統合しえない。だがこの兆候は、身体や言語活動との関係、芸術やセクシュアリティとの関係、空間や歴史との関係という次元にとつぜん回帰しうるのであり、その際に、政治的介入の主体のうちに自己自身に対する異質性の痕跡を刻みつけるのである。そしてそれが、凝固を手直しすることを可能にしつつ、主体に対する絶対的な影響力を獲得しようとする要求にたえずつきまとう災厄を祓いのける、独自の分析空間の構成を呼びかけるのである。まさにこの空間にこそ、ドゥルーズ＝ガタリはマイノリティ的なものの審級、すなわち「複合体」を関連づけねばならないだろう。この「複合体」のなかでこそ抵抗が、暴力との困惑させられるほどの親近性に直面しつつ、主体化され、集団化されるのだ。この複合体が深遠な仕方で表現されるのは、たとえば、フォークナー『墓地への侵入者』のつぎのような箇所である。そこで想起されるのは、南北戦争以後の南部の白人が置かれた状況であり、それは男性と女性、富裕者と貧者、都会人と田舎者の別を問わず、あらゆる白人に該当するものだ……。「私たちは一九三三年以降のドイツ人の状況に置かれている。そこにはナチか、ユダヤ人かという選択しか残されていなかった」――あるいは、「ファシストになりたくなければ、黒人になるという選択肢しかなかった[14]」。新たな「定式」は、もちろん額面どおり受け取る以外にない。だがこの定式はその本性によって、諸々の因子が鳴り響く舞台を開くのだ。これら諸因子は、こうした情況下で、同一化の可能性への否応なき還元と、強制的な脱同一化と、不可能な同一化を凝縮させ、矛盾に満ちたそれらの同時性へと導いてゆくのだ。こうした分析の舞台を、ドゥルーズ＝ガタリは「分裂分析」として、ついでマイノリティ的なものへの生成変化の「ミクロ政治学的」な分析として、主題化し始めたのだった。それによって彼らは、ジジェクを筆頭として、後続の人びとがこれまで真摯に直面しないよう警戒してきた最初の「ラカン＝マルクス主義者」になるばかりでなく、戦後のシークエンスにおける「非政治的なもの」の最初の思考者ともなるのである。この点をめぐるデリダやエスポジトやバリバールとの対話の大部分は、これから創出すべきものにとどまっている。

こうしたすべての意味において、マイノリティ的なものをめぐるドゥルーズの重要なテクスト二篇が、まさに芸術実践をめぐるものだという事態は、どちらでもよい瑣末なことではありえない。すなわち一九七五年以来、ガタリと共同でなされたカフカのエクリチュール機械があり、終焉を迎えつつあるオーストリア＝ハンガリー帝国におけるチェコのユダヤ人作家にとってのマイナー文学の問題がある。ついで一九八〇年代半ばには、『時間イメージ』で分析された第三世界の映画があり、それは脱植民地化闘争と「植民地以後（ポストコロニアル）」の闘争において、マイノリティ映画が遂行する政治の立ち位置をめぐるものだ[15]。それぞれの場合において、問題はまさにマイノリティ的なものを、政治問題の「美学化」を行う口実としてではなく、逆に、問題提起的な審級として規定することなのであり、この審級との関連で、芸術の力と手段に訴える一種のマイノリティ政治が定義されねばならない。そしてそれが、集団の同一性の様態を分析し（なぜならこうしたすべては、究極的には、またしても転移の問いだからである）、そこにいくばくかの「遊び」を、すなわち新たな脱同一化と同一化のための距離を導入するのである――政治的主体化の空間が自閉的におのれのうちに閉じこもり、政治的実践が内部から自滅しようとするその場所に。だからこそドゥルーズはたとえば、マイノリティ映画の分析において、創造的な「仮構作用」の観念に重要な位置を与えるのである。仮構作用は、「虚構」と「現実」が識別不可能になる契機に賭けること（「実在の」人びとが、自分たちに強制的に押しつけられたアイデンティティや拒絶されたアイデンティティを、みずから虚構し始めるとき）、想像的なものと現実的なものが反転可能になる契機、神話的なものと歴史的なものが結合する契機に賭けることをつうじて、ありうべき様々な同一化の再分配を遂行する。そしてそのことによって、演じられる一連の「状態」や、仮装される一連のアイデンティティのなかを経巡る循環の表面を再構築し、そのときまで妨げられていた政治的な主体化プロセスをふたたび開始するのである。これはひとつの賭けである。なぜなら、様々なアイデンティティの仮構作用をこうした主体化プロセスに包摂することは、それが開始させてしまいうる暴力と対抗暴力の連鎖の政治的な取り扱いにかかわる、決定不可能な効果をはらんでもいるからだ[16]。カフカとマイノリティの映画をめぐるこうした分析が、少なくとも示唆することを可能にしているのは、政治の主体をめぐるこうした他律性、すなわち、政治的実践の領野における同一化と脱同一化をめぐる想像力に現実的に働きかける異質な審級が、今度は、理論的実践そのものを、それ固有の他律性にかならず突きあたらせるという事態である。換言するならつまり、批判的な主体化プロセスは、集団的なアイデンティティの構築と変形にかかわる他律的な条件の探究に訴えかけるのだが、こうした主体化プロセスが哲学的に思考されうるには、今度は哲学的概念とその言説のほうが、それらに物質性を付与する他性に突きあたらねばならない。それゆえ理論にとって最も決定的な歩みは、此処でも他処でも、しばしば理論的でない舞台で――すなわち歴史の舞台にくわえ、芸術の、無意識の舞台でも行われうるのだ。だが、またもマクロ政治的な闘争の制約と緊急性のもとで、こうした舞台がそのたびごとに召喚され、これら「非政治的」な兆候を収集することを可能にする分析空間を開くのである。そこではすでに、革命的な主体化と、政治の可能性そのものの崩壊が同時に戯れている――顔と顔をあわせて、背中と背中をあわせて、背中と顔をあわせて……。

注

導入

（1）これと反対に、雑誌『シメール』グループによって継続されている重要な仕事を見よ。さらに以下も。*Multitudes*, n°34, 2008/3 : *L'effet-Guattari*.

（2）G. Deleuze, F. Guattari, *L'Anti-Œdipe*, Paris, Minuit, 1972 [*AŒ*].〔ジル・ドゥルーズ、フェリックス・ガタリ『アンチ・オイディプス』上下巻、宇野邦一訳、河出文庫、二〇〇六年〕。G. Deleuze, F. Guattari, *Mille plateaux*, Paris, Minuit, 1980 [*MP*].〔ジル・ドゥルーズ、フェリックス・ガタリ『千のプラトー』上中下巻、宇野邦一・小沢秋広・田中敏彦・豊崎光一・宮林寛・守中高明訳、河出文庫、二〇一〇年〕。

（3）I. Garo, *Foucault, Deleuze, Althusser & Marx — La politique dans la philosophie*, Paris, Editions Demopolis, 2011, chap. 1. ドゥルーズについては chap. 3.

（4）たとえば以下を見よ。S. Legrand, *Les Normes chez Foucault*, Paris, PUF, 2007 ; et A. Cavazzini, *Crise du marxisme et critique de l'État. Le dernier combat d'Althusser*, Reims, Le Clou dans le Fer, 2009.

（5）ドゥルーズ＝ガタリはこの点について早々と診断を行っていたといえる。以下を見よ。« Mai 68 n'a pas eu lieu » (1984), in G. Deleuze, *Deux régimes de fous. Textes et entretiens 1975-1995*, Paris, Minuit, 2003, pp. 215-216.〔「六八年五月［革命］は起こらなかった」杉村昌昭訳『狂人のふたつの体制 1983-1995』河出書房新社、二〇〇四年、五一―五三頁〕。

（6）I. Garo, *Foucault, Deleuze, Althusser & Marx*, *op. cit.*, pp. 49-58.

（7）この仮説は以下で始めて提示した。G. Sibertin-Blanc, « D'une conjoncture l'autre : Guattari et Deleuze après-coup », *Actuel Marx*, n°52 : Deleuze/Guattari, Paris, PUF, 2nd semestre 2012, pp. 28-47.

（8）以下を見よ。G. Duménil et G. Lévy, « Le coup de 1979 — Le choc de 2000 », *Cahiers de critique communiste*, 2003 : *Mondialisation et impérialisme*, pp. 15-19.

（9）本書第五章を見よ。また以下も参照のこと。*AE*, pp. 263-312.〔下巻・二〇―九三頁〕および *MP*, pp. 566-591.〔下巻・二〇九―二四五頁〕。

（10）本書第二章を見よ。

第一章

（1）*AE*, pp. 257-263.〔下巻・一一―二〇頁〕。

（2）一九六〇年代の初め以来、F・ガタリのこの概念がたどった発展については以下を参照のこと。*Psychanalyse et transversalité* (1972), Paris, La Découverte, 2003.〔フェリックス・ガタリ『精神分析と横断性』杉村昌昭・毬藻充訳、法政大学出版局、一九九四年〕。

（3）*AE*, pp. 244, 252, 262.〔上巻・三八九、四〇一頁、下巻・一八―一九頁〕。

（4）それが少なくとも以下で私が提案した読解だった。*Deleuze et l'Anti-Œdipe. La production du désir*, Paris, PUF, 2010.

（5）M. Sahlins, *Âge de pierre, Âge d'abondance. L'économie des sociétés primitives*, tr. fr. T. Jolas, Paris, Gallimard, 1976, Préface de P. Clastres, «L'économie primitive».〔マーシャル・サーリンズ『石器時代の経済学』山内昶訳、法政大学出版局、二〇一二年〕。

（6）P. Clastres, *La Société contre l'État*, Paris, Minuit, 1967.〔ピエール・クラストル『国家に抗する社会』渡辺公三訳、水声社、一九八九年〕。クラストルの人類学とそれが生み出そうとしたマルクス主義批判がじっさいに議論されるのは、一九八〇年の『千のプラトー』の第一二、第一三プラトーにおいてようやくのことであり、『アンチ・オイディプス』ではわきに置かれている。後者ではむしろアフリカ学の領域が、特に聖なる王権の問いとの関連から取り上げられた。この切片性の問いは、英国派政治人類学や、E・テレーのようにアルチュセール派の構造的問題系を踏まえたマルクス主義人類学では古典となっている。以下を見よ。A. Janvier, «De la réciprocité des échanges aux dettes d'alliance : *L'Anti-Œdipe* et l'économie politique des sociétés ‘primitives’», *Actuel Marx*, n°52, *op. cit.*, pp. 82-107. および I. Krtolica, «Note sur Althusser chez les ‘sauvages’», *Archives du GRM*, 27. 11. 2007 (http://www.europhilosophie.eu/recherche/IMG/pdf/Note_Igor_GRM.pdf).

（7）P. Clastres, *La Société contre l'État*, *op. cit.*, p. 167.〔クラストル『国家に抗する社会』前掲書、二四四頁〕。

（8） *MP*, pp. 443-445, 435.〔下巻・二七―二九頁〕。

（9） *MP*, pp. 532-535.〔下巻・一六一―一六三頁〕（強調引用者）。

（10） A. Leroi-Gourhan, *Le geste et la parole*, t. I, Paris, Albin Michel, 1964, p. 242.〔アンドレ・ルロワ＝グーラン『身ぶりと言葉』荒木亨訳、ちくま学芸文庫、二〇一二年、二八一―二八二頁〕。「原農業の極限まで遡るにつれて、しだいに古くなる半ば都市化した単位が見いだされることは考えられても、最初の都市を見いだすことはおそらく不可能だろう……」。

（11） F. Braudel, *Civilisation matérielle, économie et capitalisme*, t. 1 : *Les structures du quotidien*, Paris, Armand Colin, 2de éd., 1979, p. 553.〔フェルナン・ブローデル『物質文明・経済・資本主義Ｉ―１　日常性の構造２』村上光彦訳、みすず書房、一九八五年、二二八―二二九頁〕。また以下を見よ。J. Jacobs, *The Economy of the cities*, New York, Random House, 1969.〔ジェイン・ジェイコブズ『都市の原理』中江利忠・加賀谷洋一訳、鹿島出版会、二〇一一年〕。特にアナトリア発掘現場についてはジェームス・メラートによる以下の総括を見よ。J. Mellart, *Çatal Hüyük : Une des premières cités du monde* (1967), tr. fr. L. Frédéric, Paris, Tallandier, 1971. および *Villes primitives d'Asie Mineure*, tr. fr. A. Zundel-Bernard, Paris/Bruxelles, Sequoia-Elsevier, 1969.

（12） *MP*, p. 535.〔下巻・一六三頁〕。

（13） この点はＶ・ミリサベビックが、別の視点から、完璧に解明している。V. Milisavljevic, « Une violence qui se présuppose : la question de la violence de Benjamin à Deleuze et Guattari », *Actuel Marx*, n°52, *op. cit.*, pp. 78-91.

（14） *MP*, pp. 478 et 532.〔下巻・七九頁および一六〇―一六一頁〕。

（15）『アンチ・オイディプス』の背景にある人類学者とマルクス主義歴史家との理論的論争については以下を見よ。F. Tokeï, *Sur le mode de production asiatique*, tr. fr. Budapest, Akadémiai Kiadó, 1966, pp. 10-16 および M. Godelier, « La notion de 'mode de production asiatique' et les schémas marxistes d'évolution des sociétés », in C. E. R. M., *Sur le « mode de production asiatique »*, Paris, Éditions Sociales, 1969, pp. 47-100.

（16） K. Wittfogel, *Le Despotisme oriental* (1957), tr. fr. Paris, Minuit, 1964.〔カール・ウィットフォーゲル『オリエンタル・デスポティズム』湯浅赳男訳、新評論、一九九五年〕。

(17) *AŒ*, pp. 232-234.〔上巻・三七一―三七四頁〕。

(18) *AŒ*, p. 236.〔上巻・三七六頁〕。

(19) *AŒ*, p. 259.〔下巻・三七二頁〕。

(20) *AŒ*, pp. 163-164 et 179-180.〔上巻・二六三―二六五、二八六―二八八頁〕。

(21) *AŒ*, p. 234.〔上巻・三七四頁〕。

(22) *AŒ*, p. 261.〔下巻・一六―一七頁〕。

(23) ミュケナイの王宮制度の崩壊について以下を見よ。J.-P. Vernant, *Les Origines de la pensée grecque*, Paris, PUF, 1962, p. 31.〔J・P・ヴェルナン『ギリシャ思想の起原』吉田敦彦訳、みすず書房、一九七〇年、三二頁〕。

(24)「国家の出現は、〈野蛮人〉と〈文明人〉の類型の大区分を設立し、消去しえぬ断絶を刻印した。その断絶の向こう側では、すべてが変る。というのもそこでは、時は〈歴史〉となるのだから」(P. Clastres, *La Société contre l'État*, *op. cit.*, p. 170.〔クラストル『国家に抗する社会』前掲書、二四九頁〕)。

(25) *AŒ*, pp. 257-259.〔下巻・一一―一四頁〕。

(26) F. Nietzsche, *La Généalogie de la morale*, Deuxième dissertation, § 17, tr. fr. P. Wotling, Paris, Livre de Poche, p. 166.〔フリードリヒ・ニーチェ『道徳の系譜』『ニーチェ全集11』信太正三訳、ちくま学芸文庫、一九九三年、四六五―六頁〕。ニーチェを、マルクス主義のアジア的生産様式に異様にも比較したものとして、同じく以下を見よ。G. Deleuze, «Pensée nomade» (1973), *L'Île déserte et autres textes*, Paris, Minuit, 2002, p. 360.〔ジル・ドゥルーズ「ノマド的思考」立川健二訳『無人島 1969-1974』河出書房新社、二〇〇三年、二四二頁〕。

(27) 以下を見よ。G. Sibertin-Blanc, *Deleuze et l'Anti-Œdipe*, *op. cit.*, pp. 118-123.

(28) 本書第二章、四章、五章を見よ。

(29) 本書第五章、第六章を見よ。

(30) *AŒ*, pp. 227-236 et sqq.〔上巻・三六四―三七七頁以下〕。さらに以下を参照のこと。K. Marx, *Principes d'une critique de l'économie politique* (Manuscrits de 1857-1858), tr. fr. M. Rubel, *Œuvres. Économie II*, Paris, Gallimard, 1968, pp. 312-315.〔カール・マルクス「経済学批判要綱　第二分冊」『資本論草稿集　1857-1858 年の経済学草稿II』資本論草稿集翻訳委員会訳、大月書

店、一九九三年、一一七―一二二頁〕およびE. Canetti, *Masse et puissance* (1960), tr. fr. R. Rovini, Paris, Gallimard, 1986, pp. 437-450.〔エリアス・カネッティ『群衆と権力』下、岩田行一訳、法政大学出版局、二〇一〇年、二一五―二三五頁〕。社会的生産の領有の前資本的形式の分析のためにマルクスが導入した「自然的な、または天授の諸前提」という考えは、ドゥルーズ＝ガタリにおいては（なかんずくひとつの象徴的－想像的な審級化のみを形どるに過ぎない「専制君主の身体」を超えて）「社会的再生産の常数としてあらゆるタイプの社会に」（*AŒ*, p. 17〔上巻・三一頁〕）共通な審級となっている。その形象および社会関係におけるその可変的位置の分析は、E・バリバールがフェティシズムの構造的再理論化のために残した指示を引き継ぐものである。マルクス主義的伝統が特権化する商品フェティシズムのケースは、そのうちのひとつの特殊事例に過ぎない。É. Balibar, « Les concepts fondamentaux du matérialisme historique », in L. Althusser *et al*, *Lire le Capital* (1965), Paris, PUF, 1996, pp. 442-453 et 509-519.〔エティエンヌ・バリバール「史的唯物論の根本概念について」、ルイ・アルチュセール『資本論を読む』下、今村仁司訳、ちくま学芸文庫、一九九七年、五三―六八頁および一五〇―一六三頁〕。また以下も。G. Sibertin-Blanc, *Deleuze et l'Anti-Œdipe*, *op. cit.*, pp. 50-54.

（31） J. Derrida, *Force de loi*, Paris, Galilée, 1994.〔ジャック・デリダ『法の力』堅田研一訳、法政大学出版局、二〇一一年〕およびÉ. Balibar, *Violence et civilité*, Paris, Galilée, 2010.

（32） Ibn Battûta, *Voyages*, t. II, *De La Mecque aux steppes russes*, tr. fr. C. Defremery, B. R. Sanguinetti (1858), Paris, Maspero, 1982.〔イブン・バットゥータ『大旅行記5』イブン・ジュザイイ編、家島彦一訳注、平凡社、二〇〇〇年、一二七頁〕。Cf. E. Canetti, *Masse et puissance*, *op. cit.*, pp. 454-455.〔エリアス・カネッティ『群衆と権力』前掲書、二四〇―二四二頁〕。

（33） *MP*, p. 560.〔下巻・二〇〇―二〇一頁〕。

第二章

（1） *MP*, p. 445.〔下巻・三〇頁〕。

（2） ここでは脱コード化の概念に与えられた種別的意味に従っている。すなわち社会構造の再生産を調整する経済外的コードを免れるもの。さらにこれらコードを問いに付し、時に破壊さえするもの。

（3） この点には第三部で立ち戻る。

（4）じっさい、『哲学とは何か』の「地理哲学」の章で、その装置は、新たな調子で、以前よりもずっと簡潔に、取り上げられる。ただし第一三プラトーの命題一一、一二、一三で展開された概念構成に実質的変更は施されていない。

（5）*MP*, pp. 542-545.〔下巻・一七五―一七九頁〕。

（6）G. Deleuze, *Spinoza philosophie pratique*, Paris, Minuit, 1981, p. 123.〔ジル・ドゥルーズ『スピノザ――実践の哲学』鈴木雅大訳、平凡社ライブラリー、二〇〇二年、一七五頁〕。

（7）以下を見よ。*MP*, 12^{e} Plateau, Proposition IX（et ici chap. 4).〔下巻・第一二プラトー、命題九（および本書第四章）〕。

（8）以下を見よ。*MP*, 13^{e} Plateau, Propositions XIII et XIV（ci-dessous chap. 5).〔下巻・第一三プラトー、命題一三および一四（および本書第五章）〕。

（9）以下を見よ。*MP*, p. 535 note 12.〔下巻・三四九頁〕（「戦争のための専門家集団を持っている場合でも、原始人の戦争は祓いのけのメカニズムに従属するもので、自立したひとつの機械なのではない」）。および p. 536.〔下巻・一六六頁〕。

（10）*MP*, p. 445.〔下巻・三〇頁〕。（国家形成体との違いから見た）都市形成体の極化作用の力能について以下を見よ。*MP*, pp. 538-542.〔下巻・一六九―一七四頁〕。これらの分析に続き、資本とその都市的発展、国家的発展という問い、さらにそれが「包括化」形成体の力能を得る時の近代的な闘という問いが提起される。以下を見よ。*MP*, pp. 542-544, 566-570, 575 et suiv., et ci-dessous 3e partie.〔下巻・一七五―一七八、二〇九―二一五、二二二頁以下、および本書第三章〕。

（11）一五世紀から一八世紀にかけての資本主義的力能の発展のなかでの都市と国家の衝突（「速度競争」）について以下を見よ。F. Braudel, *La dynamique du capitalisme*, Paris, Garnier-Flammarion, pp. 20-21 et 34-37.〔ブローデル『歴史入門』金塚貞文訳、中公文庫、二〇〇九年、二五―二六、四四―四八頁〕および *Civilisation matérielle, économie et capitalisme*, t. 1, *op. cit.*, pp. 547-637.〔『日常性の構造2』前掲書、二一〇―三三三頁〕。ここからドゥルーズ＝ガタリは、都市形成体固有の力能カテゴリー（「極化作用」）の考えを引き出している。

（12）以下を見よ。J.-P. Vernant, *Les Origines de la pensée grecque*, *op. cit.*, p. 18.〔ヴェルナン『ギリシャ思想の起原』前掲書、

一八頁〕。

(13) F. Braudel, *La Dynamique du capitalisme*, *op. cit.*, pp. 34-35.〔ブローデル『歴史入門』前掲書、四四―四六頁〕。

(14) F. Braudel, *Civilisation matérielle et capitalisme*, t. I, *op. cit.*, p. 583.〔ブローデル『日常性の構造2』前掲書、二五四頁〕以下も見よ。F. Fourquet et L. Murard, *Les équipements du pouvoir*, Paris, U. G. E., 1973, pp. 79-106.

(15) F. Braudel, *Civilisation matérielle, économie et capitalisme*, t. I, *op. cit.*, p. 591.〔ブローデル『日常性の構造2』前掲書、二六八頁〕。

(16)『アンチ・オイディプス』における限界の概念、および「現実的」限界、「相対的」限界、「絶対的」限界の区別については以下を見よ。G. Sibertin-Blanc, *Deleuze et l'Anti-Œdipe*, *op. cit.*, pp. 61-77 et 88 sq.

(17)「遊牧的戦争機械」と「全世界的包括化」のふたつのプロセスは、限界のさらに他の働き方を示す〔限定された「平滑空間」における局所化、およびひとつの「公理系」の飽和〕。これらについてはそれぞれ、続くふたつの部で検討したい。

(18) *MP*, p. 558.〔下巻・一九七頁〕。

(19) *MP*, p. 537.〔下巻・一六八頁〕。

(20) *AŒ*, p. 231.〔上巻・三六八―三六九頁〕。「原始的システムの死は、常に外から到来するのである。歴史はもろもろの偶然と遭遇の歴史である。(……) しかし、外からやってくるこの死は、内から立ち現れてきた死でもある。(……) 当の原始共同体が、内因性の傾向を抑制する共同体なのか、それとも、外因性の恐るべき異変の後にもどうにか持ち直している共同体なのかを知ることは、必ずしも容易ではない」。この点からあらためて『アンチ・オイディプス』の普遍史における「野生」と「野蛮」の両カテゴリーのあいだの進化の不可能性が導かれよう。

(21) L. de Heusch, «L'inversion de la dette (propos sur les royautés sacrées africaines)», in M. Abensour (dir.), *L'esprit des lois sauvages*, Paris, Seuil, 1987, p. 41.

(22) *MP*, pp. 536-538.〔下巻・一六五―一六九頁〕。さらに以下 *MP*, pp. 256-259.〔中巻・一〇〇―一〇五頁〕。

(23) 以下を見よ。E. Viveiros de Castro, *Métaphysiques cannibales*, Paris, PUF, 2009, en particulier pp. 121-129 et 147-149,〔エドゥアルド・ヴィヴェイロス・デ・カストロ『食人の形而上学』檜垣立哉・山崎五郎訳、洛北出版、二〇一五年、二〇六―二一九、

二四八―二五二頁〕。ここでは、アメリカ先住民のシャーマニズムの二種の変形が区別されている。一方は、国家に逆らい預言者制に向かうしるしであり、他方はプロト国家的な司祭制へ向かうしるしである。著者はこの離接が第五プラトーと合流することを指摘している。

（24） *MP*, p. 522.〔下巻・一四三―一四四頁〕。

（25） ヌアー族の活動の時間・空間組織を分析することで、エヴァンズ＝プリチャードは、それぞれの切片を連続へと登記するセリー的巡歴が、共存しない各領土を維持し、異なる切片同士の直接的比較を妨げていることを強調している。*Les Nuer*（1937）, tr. fr. L. Evrard, Paris, Gallimard, 1968, pp. 125-127 sqq.〔E・E・エヴァンズ＝プリチャード『ヌアー族――ナイル系一民族の生業形態と政治制度の調査記録』向井元子訳、平凡社、一九九七年、一八六―一九〇頁以下〕。「連続変化」のコードに規定される活動について、同じく範例的なケースにかんしては以下を見よ。*MP*, pp.612-613.〔下巻・二八〇―二八一、三六三頁〕。ここでは再びM・サーリンズが参照されている。

（26） C・レヴィ＝ストロースが以下でまさしくこの点を指摘している。C. Lévi-Strauss, *Race et histoire*, rééd. Paris, Gallimard, 1987, pp. 51-54.〔レヴィ＝ストロース『人種と歴史』荒川幾男訳、みすず書房、一九七〇年、四四―四七頁〕。

（27） *MP*, p. 549.〔下巻・一八六頁〕。

（28） ここでの分析モデルは、土地所有の特殊性格に依拠した、マルクスの絶対地代の考えのうちに見出される。以下を見よ。*MP*, pp. 550-551 n. 28.〔下巻・三五二頁〕。今日、デヴィッド・ハーヴェイが「独占地代」の問いを再検討する際にも、ドゥルーズ＝ガタリのテーゼの延長が見出されるだろう（ただしハーヴェイがドゥルーズ＝ガタリに言及しているわけではない）。

（29） 以下を見よ。*MP*, p. 551.〔下巻・一八九頁〕。

（30） 『アンチ・オイディプス』における「有限的負債のブロック」理論では、贈与と対抗贈与の実践について、学問上慣例化していたレヴィ＝ストロース的な読解が逆向きに取り上げられている。そこでの着想は、モースをニーチェ的に解釈することにくわえ、カチン族についてのE・リーチの古典的研究に由来しており、そこからは、債務者‐債権者関係の様々な政治経済レジームに応じた、政治経済学批判のプログラムが開始されよう。これについては以下を参照のこと。A. Janvier, «De la réciprocité des échanges aux dettes d'alliance», *art. cit.*

（31）「この瞬間以前には、交換用の倉庫、交換される倉庫はあったが、正確な意味でのストックは存在していない。交換がそれに先行すべきストックを前提とするのではない。交換が前提にするのはひとつの「柔軟性」だけである」。*MP*, p. 548.〔下巻・一八五頁〕。

（32）M. Foucault, *Leçons sur la volonté de savoir. Cours au Collège de France 1970-1971*, Paris, Gallimard-Seuil, 2011, p. 127 et s.〔ミシェル・フーコー『〈知への意志〉講義』慎改康之・藤山真訳、筑摩書房、二〇一四年、一七八頁以下〕。これらの分析とドゥルーズ＝ガタリによるその検討は、ちょうど最近、ラッツァラートの以下の著作のおかげで、再び注目を集めている。M. Lazzarato, *La Fabrique de l'homme endetté. Essai sur la condition néolibérale*, Paris, Amsterdam, 2011, pp. 57-69.〔マウリツィオ・ラッツァラート『〈借金人間〉製造工場』杉村昌昭訳、作品社、二〇一二年、九五―一〇六頁〕。

（33）*MP*, pp. 552-553 note 30.〔下巻・三五三頁〕。また以下でもすでに。*ACE*, pp. 232-233.〔上巻・三七二―三七三頁〕。そこで参照されているのは以下。E. Will, *Korinthiaka : recherches sur l'histoire et la civilisation de Corinthe des origines aux guerres médiques*, Paris, Ed. de Boccard, 1955, p. 470 sqq.

（34）*MP*, p. 534.〔下巻・一六三頁〕。

（35）*ACE*, p. 233.〔下巻・三六九頁〕。そこではエティエンヌ・バラージュによる、唐王朝下の、極めて超コード化された通貨システムにおける帝政権力の役割をめぐる研究が参照されている。E.Balazs, *La Bureaucratie céleste*, Paris, Gallimard, 1968, chap. XIIII : «La naissance du capitalisme en Chine», pp. 299-300 sqq.

（36）*MP*, p. 554.〔下巻・一九一頁〕。

（37）*MP*, p. 557.〔下巻・一九六頁〕。

（38）第一二プラトーと第一三プラトーの対称をなす冒頭部を見よ。

（39）*MP*, pp. 532 et 575.〔下巻・一六〇、二二一頁〕（「力の組み合わせという意味において、ただひとつの契機が存在する。国家の契機となるのは、捕獲、縛め、結び目、ネクスム、魔術的な捕獲なのである。同盟や契約によって作用する第二の極について語るべきだろうか。それはむしろもう一方の力、組み合わせのための唯一の契機を形成する捕獲としての力について語るべきだろう」）。

（40）たとえばP・クラストルが分析した事例である（«Malheur du guerrier sauvage», in *Recherches d'anthropologie politique*, *op. cit.*）。そこでは、極限へと昇りつめるふたつの上昇線がひとつの力学において交錯する様が分析される。一方で、襲撃にかかるリスクの上昇。他方で成功によってもたらされる威光の上昇。この力学は、権力の座（閾）がだれかに永く占拠されるのを祓いのけることで、この座を識別可能にしている。つまり戦士がその威光を高めるのは、確実な死線（限界）へと身を晒すことによるほかないからだ。ドゥルーズ＝ガタリは、徒党の社会学で観察された装置との類似を指摘している。そこでは、リーダーへ昇りつめる際の規則は、選別や排除のメカニズム（年齢をとりグループを抜け悪事の専門家となるというかたちでの「昇格」、あるいはクラストルの分析例に似た、死をかけたエスカレートの論理）に捉えられている。*MP*, pp. 442-443.〔下巻・二六頁〕。

（41）*MP*, p. 562.〔下巻・二〇四頁〕。

（42）*MP*, p. 530.〔下巻・一五七頁〕。

（43）P. Noailles, *Fas et jus. Études de droit romain*, Paris, Belles Lettres, 1948, pp. 100-101, 114 et s.; G. Dumézil, *Mitra-Varuna. Essai sur deux représentations indo-européennes de la souveraineté*, Paris, Gallimard, 1948, pp. 118-124.〔ジョルジュ・デュメジル『ミトラ＝ヴァルナ』『デュメジル・コレクション1』丸山静・前田耕作編、ちくま学芸文庫、二〇〇一年、一三九―一四五頁〕; et L. Gernet, *Droit et pré-droit en Grèce ancienne*, Paris, Garnier-Flammarion, 1976 pp. 105, 115 et surtout 141-142. ドゥルーズ＝ガタリは以下でこれらの論争について示唆している。*MP*, pp. 533-534.〔下巻・三四八頁〕。

（44）G. Dumézil, *Mythes et Dieux des Indo-Européens*, Paris, Flammarion, 1992, pp. 147 et 183. 以下を見よ。*MP*, pp. 528-530.〔下巻・一五五―一五八頁〕。

（45）以下を見よ。L. Gernet, *Droit et pré-droit en Grèce archaïque*, *op. cit.*, pp. 132-133 et 141-142.

（46）デュメジルは以下でこの点を強調している。G. Dumézil, *Mitra-Varuna*, *op. cit.*, pp. 113-114, 150-151 et 202-203.〔『ミトラ＝ヴァルナ』前掲書、一三四―一三六、一七七―一八〇、二三八―二三九頁〕。ウラノスは「みずから戦ったり、武器を手にしたりすることはない。少なくともウラノスの生贄の一部は「大きさと力では比類ない」といわれているにもかかわらず、彼の暴力に対して抵抗したという記述は見出せない。つまり（……）ウラノスに抵抗することじたいが問題外とされているわけである。さらに、ウラノスが主導権を握っている場合、彼が行うのはただたんに「縛める」、それだけである」。

(47) この「絶対平和」の概念は、米国の外交政策が持ち出す「正戦」という考えをめぐる現在の論争との関連から検討する必要がある。さらに、二〇世紀の歴史の視点から最初にこれを問題として取り上げようとした一人、カール・シュミットによる分析とともに考えねばなるまい。「絶対平和」の観念は、ドゥルーズ＝ガタリにおいては、一九七〇年代末に、同時代の暴力の経済をめぐる考察のなかで再び現れる。この点は本書第二部で検討する。

(48) K. Marx, *Le Capital*, Livre I, in *Œuvres. Économie I*, tr. fr. M. Rübel, Paris, Gallimard, La Pléiade, 1968, p. 1213.〔カール・マルクス『マルクス＝エンゲルス全集　第23巻b　資本論　第1巻　第2分冊』大内兵衛・細川嘉六監訳、大月書店、一九六五年、九八〇頁〕。

(49)「〔資本家は〕「徴収し」または「盗奪する」ばかりでなく、剰余価値の生産を強制し、つまり徴収すべきものをまずもってつくりだすのを助ける（……）資本家の労働によらずに「構成された」価値のうちに、彼が「正当に」、すなわち商品交換に適合する権利を犯すことなしに領有しうる部分が含まれている（……）」（K.Marx, *Notes sur Adolph Wagner* (1880), in *Œuvres. Économie II*, *op. cit.*, pp. 1534-1535.〔カール・マルクス「アードルフ・ヴァーグナー著『経済学教科書』への傍注」杉本俊朗訳『マルクス＝エンゲルス全集　第19巻』大月書店、一九六八年、三五八―三五九頁〕）。

(50) *MP*, p. 558.〔下巻・一九八頁〕。

(51) *MP*, p. 559.〔下巻・一九八頁〕。

(52) *MP*, pp. 558-560.〔下巻・一九八―二〇〇頁〕。

(53) K. Marx, *Le Capital*, Livre I, s. 8, ch. XXVIII, *op. cit.*, pp. 1195-1196.〔カール・マルクス『マルクス＝エンゲルス全集　第23巻b　資本論　第1巻　第2分冊』前掲書、九六三―九六四頁〕。

(54) 以下を見よ。L. Althusser, «Marx dans ses limites» (1978), in *Ecrits philosophiques et politiques*, t. 1, Paris, Stock/IMEC, 1994, pp. 461-463.〔ルイ・アルチュセール「自らの限界にあるマルクス」『哲学・政治著作集Ⅰ』市田良彦・福井和美訳、藤原書店、一九九九年、四三二―四三四頁〕。また以下の評も見よ。J. Pallotta, «La violence dans la théorie de l'État de Louis Althusser», in G. Sibertin-Blanc (dir.), *Violences : Anthropologie, politique, philosophie*, Toulouse, Éditions EuroPhilosophie, 2009. この論文は、E・バリバールの以下の著作における、これらの問いの鋳直しに依拠している。E. Balibar dans *La*

Crainte des masses, Paris, Galilée, 1997, p. 408 sqq.

（55）これらの問いのすべてが、第一三プラトーの最後の部分（「命題一四：公理系と現状」）の対象である。本書第五章、第六章も見よ。

第三章

（1）*MP*, pp. 281, 445, 520, 530.〔中巻・一四一頁、下巻・三〇、一四〇、一五七―一五八頁〕。

（2）第一二プラトーで、「国家に抗する戦士」の機能をめぐって、クラストルおよびデュメジルがいかに再検討されているかの詳細については、以下を見よ。G. Sibertin-Blanc, « Mécanismes guerriers et généalogie de la guerre : l'hypothèse de la 'machine de guerre' de Deleuze et Guattari », *Asterion*, n° 3, Lyon, E. N. S. L-SH, septembre 2005, pp. 277-299. (http://asterion.revues.org/document425.html).

（3）「今日に至るまで（……）革命的な党が国家装置のようなものには還元できない戦争機械を建設する代わりに、国家装置の胎児として形成されてきたということです」。(G. Deleuze, *L'île déserte et autres textes*, Paris, Minuit, 2002, pp. 389-390.〔ジル・ドゥルーズ「精神分析に対する5つの提案」三脇康生訳『無人島 1969-1974』河出書房新社、二〇〇三年、二八九頁〕。

（4）*MP*, p. 590.〔下巻・二四三―二四四頁〕。

（5）R. Grousset, *L'Empire des steppes*, Paris, Payot, 1965, pp. 17-28, et chap. I.〔ルネ・グルセ『アジア遊牧民族史』後藤富男訳、原書房、一九七九年、一―一七頁および第一章〕。チンギス・ハーンについては以下。pp.243-316.〔二九四―三九一頁〕。

（6）M. Gryaznov, *Sibérie du Sud. Archeologia mundi*, tr. fr. M. Avril et J. Marcadé, Genève, Nagel, 1969.

（7）以下を見よ。J.-L. Amselle, *Rétrovolutions. Essais sur les primitivismes contemporains*, Paris, Stock, 2010.

（8）以下を見よ。M. Foucault, *La Pensée du dehors*, Fata Morgana, 1986, p. 22 sqq.〔ミシェル・フーコー「外の思考」豊崎光一訳『ミシェル・フーコー思考集成Ⅱ』筑摩書房、一九九九年、三四一頁以下〕。砂漠の空間については、特にユダヤ民族の遊牧時代にかんする以下のふたつのテクストを見よ。第五プラトーにその反響が見える。Blanchot, « La parole prophétique », in *Le Livre à venir*, Paris, Gallimard, 1959.〔モーリス・ブランショ「予言の言葉」『来るべき書物』粟津則雄訳、ちくま学芸文庫、二〇一三年〕; «Être juif», in *L'Entretien infini*, Paris, Gallimard, 1969, pp. 180-190.〔モーリス・ブランショ「ユダヤ人である事」『終わりなき対話Ⅱ　限界-経験』湯浅博雄・岩野卓司・上田和彦・大森晋輔・西山達也訳、筑摩書房、二〇一七年、八一―九四頁〕。

（9）しばしばこの点で彼らを咎めようとする気遣いが見られるが、それはまったくの無効である（J.-L. Amselle, *L'Occident décroché. Enquête sur les postcolonialisme*, Paris, Stock, 2008, pp. 21-22）。ドゥルーズ＝ガタリの「遊牧論」を、見通しよく、極めて厳密かつ発想豊かに文化人類学の平面で利用しているものとしては、バーバラ・グロチュスキの仕事を見よ。特に以下。B. Glowczewski, *Les Rêveurs du désert*（1989）, Arles, Actes Sud, 1996; «Guattari et l'anthropologie : aborigènes et territoires existentiels», *Multitudes*, 2008/3, n°34, pp. 84-94; B. Glowczewski et J. de Largy Healy, *Pistes de Rêves. Voyage en terres aborigènes*, Paris, Éditions Du Chêne, 2005.

（10）たとえば「子供の誘拐者としての遊牧民」という伝説上のテーマの扱い方を見よ。*MP*, pp. 488-489.〔下巻・九四頁〕。

（11）本書第一部を見よ。

（12）*MP*, p. 34.〔上巻・五六頁〕。

（13）*MP*, p. 438.〔下巻・一八頁〕。記号の使用について、および遊牧民の書字がもたらす諸問題については以下。*MP*, p. 500.〔下巻・一一〇―一一一頁〕。

（14）C. Schmitt, *Le Nomos de la terre*, *op. cit.*, pp. 83-85.〔カール・シュミット『大地のノモス』新田邦夫訳、慈学社、二〇〇七年、六九―七二頁〕。シュミットが記すには、「民族大移動」に、前者ふたつの形象の事例が結合しており（pp.61-62〔三五―三六頁〕）、そのため、ローマ帝国のノモスにもたらされた政治-領土的構造の大変動は、新たな呼び名を与えられねばならなかった。すなわち、たんに「大移住」ではなく、「一連の大土地取得」である。これが領土化された力能相互の新たな共存秩序を創設する。

（15）C. Schmitt, *Le Nomos de la terre*, *op. cit.*, p. 48.〔シュミット『大地のノモス』前掲書、一六頁〕。

（16）*MP*, p. 446.〔下巻・三一―三二頁〕。「外部と内部、変身する戦争機械と自己同一的国家装置、（……）これらは相互に独立しているのではなく、ひとつの絶えざる相互作用の場において、共存しかつ競合していると考えなくてはならない。この同じ相互作用の場が諸国家の内部に内部性を画定し、他方では国家の支配から逃れ去る、あるいは国家に対抗するものとして外部性を描き出すのだ」。

（17） *MP*, p. 526.〔下巻・一四九頁〕。

（18）『リグ・ヴェーダ』(VI, 47) を見よ。以下に引用されている。G. Dumézil, *Heur et malheur du guerrier*, *op. cit.*, p. 75.〔ジョルジュ・デュメジル『戦士の幸と不幸』『デュメジル・コレクション4』丸山静・前田耕作編、ちくま学芸文庫、二〇〇一年、二九八―二九九頁〕（「(……) 彼は最初の者たちに対する友情を捨て、代わって他の者たちと行く (……) 彼はあるときはひとつの形に、あるときは別の形に姿を合わせる。見つめると、彼の形はそのようになる。魔術によってインドラは多様な姿をとる。というのは、なん千頭もの鹿毛の馬が彼のためにつながれるからだ(……)」)。

（19） *MP*, p. 446.〔下巻・三一頁〕。

（20） *MP*, p. 523.〔下巻・一四五頁〕。

（21） G. Deleuze, *Pourparlers*, Paris, Minuit, 1990, p. 233.〔ドゥルーズ『記号と事件 1972-1990年の対話』宮林寛訳、河出文庫、二〇〇七年、三四五頁〕。

（22） *MP*, pp. 526-527.〔下巻・一五〇―一五一頁〕。ドゥルーズ＝ガタリの「遊牧論」においてチンギス・ハーン文明が原型として有する重要性は、選ばれた諸々の例の、常に多価的あるいは重層決定的な特徴を説明するものである。じっさいなぜ遊牧という哲学概念の「ドラマ化」は、つぎのふたつの特権的な歴史シークエンス（幾つかの点、少なくとも双方の効果の点で、そもそも互いに関連するシークエンス）を通過するのだろうか。すなわち十字軍、そしてチンギス・ハーンの侵攻からモンゴル文明の没落へ至るシークエンスのふたつである。それはなにより、この両者が、世界‐経済の歴史とそのヨーロッパ中心史観をめぐる論争に直接かかわっているからだ。つまり、スミスやマルクス以来、資本家ブルジョワ階級が台頭したことを説明するにあたって、伝統的にアメリカの発見、また東インド航路の発見が重視されてきた。しかしそこでは、一六世紀以前の支配的な「世界システム」や、中国の力能の衰退の問い、「モンゴル人の没落」以後の中国‐アラブ交易ネットワークの断片化、ヨーロッパとレヴァントのあいだの（特に十字軍による「占領」を機とする）新たな商業コネクションの発生が視野に入っていないのである。たとえば以下を見よ。J. Gernet, *Le Monde chinois*, Paris, Armand Colin, 1972, pp. 305-306 et s. さらに以下。J. Abu-Lughod, *Before European Hegemony. The World System A. D. 1250-1350*, New York, Oxford University Press, 1989.

(23) *MP*, p. 527.〔下巻・一五〇頁〕。

(24) G. Deleuze, *Différence et répétition*, *op. cit.*, pp. 53-55 et suiv.〔ドゥルーズ『差異と反復』財津理訳、河出文庫、二〇〇七年、上巻・一一〇頁〕(「そのようなタイプの分配は、「所有地」あるいは表象において限界づけられる領土と同一視されうる固定的かつ比例的な諸規定によって、ことにあたるのである。判断を、諸部分を区別する能力として組織する際に、土地問題が極めて重要であったということは、大いに考えられることである」)。

(25) *Ibid.*, p. 54.〔『差異と反復』前掲書、上巻・一一〇—一一一頁〕。

(26) E. Laroche, *Histoire de la racine NEM en Grec ancien*, Paris, Klincksieck, 1949. 以下を見よ。G. Deleuze, *Différence et répétition*, *op. cit.*, p. 54 n. 1.〔『差異と反復』前掲書、上巻・四四九頁〕。*MP*, p. 472 n. 44.〔下巻・三三三頁〕; et C. Schmitt, « Prendre/Partager/Paître (la question de l'ordre économique et social à partir du *nomos*) » (1953), tr. fr. in *La Guerre civile mondiale. Essais* (*1943-1978*), Paris, Éditions Ère, 2007.

(27) 以下を見よ。C. Schmitt, *Le nomos de la terre*, *op. cit.*, pp. 71-72.〔シュミット『大地のノモス』前掲書、五一—五三頁〕。ソロンの改革、土地分配と債務弁済についてのアリストテレス的解釈については以下を見よ。J. Rancière, *Aux bords du politique*, Paris, La Fabrique, 1998, pp. 26-36.

(28) *MP*, p. 510.〔下巻・一二六頁〕。

(29) ラロッシュによれば、それこそが、遊牧文化に由来する「ノモス」の蒼古的意味のひとつである。つまり「牧草を食む」。能動的意味で「牧草を食ませるもの、遊牧民の」。中動態で「牧草を食む者、流浪の」(E. Laroche, *Histoire de la racine NEM*, *op. cit.*, p. 121)。そこではふたつの意味値が対置されている。「分布」と「分配」である。後者は依然、シュミット的な「大地のノモス」の内的テロスに留まっている。ドゥルーズは反対に、ラロッシュに従いながら(E. Laroche, *ibid.*, p. 256)、分布という考えを重視する。ノモスとは、人間のために大地を分け、分配することではない(客観的な分割であり、捕獲による大地の客観化が想定されている)。そうではなく、人間、獣、物、出来事が、開かれた無制限の共有空間上に分布していることなのだ(客観化も授与もできないひとつの大地の上での分布である）。

（30）以下を見よ。*MP*, pp. 471-474 et 615-616.〔下巻・六九―七四、二八四―二八六頁〕。（ここでは以下の文献が参照されている。A. Milovanoff, «La seconde peau du nomade», in *Les Nouvelles littéraires*, 27 juillet 1978. アルジェリア・サハラ縁部の遊牧民ラルバアについての文献である）。

（31）C. Schmitt, «Prendre/Partager/Paître», *op. cit.*, pp. 52-56.

（32）『ヨシュア記』一一章二三節。以下で引用されている。C. Schmitt, *Le Nomos de la terre*, *op. cit.*, p. 84.〔シュミット『大地のノモス』前掲書、七〇頁〕。一九五〇年のこの著作の補論として、シュミットは一九六三年に、第七系論に当たるテクストを執筆しているが、そこでは、『ヨシュア記』への示唆にくわえ、『民数記』三四章一三節における、イスラエルの異なる部族間でのくじ引きによる分配が仄めかされている。

（33）「法的な知識と神話的起源との結びつきは、地理学との結びつきよりも一層密接である。（……）大地は、神話的な言語において、法の母と名付けられる。このことは、法と正義についての三重の根源を暗示している。（……）このようにして大地は、三重の様式で、法と結合されている。大地は法を、労働の報酬として、自己自身のなかに隠し持っている。大地は法を、確固たる境界として、自己自身において示している。大地は法を、秩序の公的なしるしとして、自己自身の上に担っている。法は大地具備的であり大地に関係する。詩人が完全に正義なる大地について、「もっとも正義なる大地」と述べる場合、その詩人は、このことを考えているのである」（C. Schmitt, *Le Nomos de la terre*, *op. cit.*, pp. 46-48.〔シュミット『大地のノモス』前掲書、五、一四―一五頁〕）。

（34）G. Deleuze, F. Guattari, *Qu'est-ce que la philosophie?*, Paris, Minuit, 1991, pp. 82-83 sqq.〔ドゥルーズ＝ガタリ『哲学とは何か』財津理訳、河出文庫、二〇一二年、一四八―一四九頁以降〕。

（35）C. Schmitt, *Le Nomos de la terre*, *op. cit.*, p. 48 sqq.〔シュミット『大地のノモス』前掲書、一五頁〕。

（36）C. Schmitt, *Théorie du partisan* (1963), in *La Notion de politique*, *op. cit.*, p. 277.〔カール・シュミット『パルチザンの理論』新田邦夫訳、ちくま学芸文庫、一九九五年、一四八頁〕。

（37）*MP*, p. 450.〔下巻・三七頁〕。

（38）いささか古びたライトモチーフである（たとえばフランス革命期のベルトラン・バレールの封鎖計画のうち

に、これが見出される）。B. Barère, *La Liberté des Mers ou le Gouvernement anglais dévoilé*（19 février 1798).

（39） 遠洋での知覚記号論の繊細さ、条里による外洋航海法の問いにくわえ、経験論的かつ複雑な遊牧的航海による「前天文学的」方策の問いについて以下を見よ。*MP*, pp. 597-602.〔下巻・二五六—二六四頁〕。またピエール・ショーニュへの言及も確認のこと。これらテーマが、一三から一七世紀に中国やアラブの航海の流れのグローバルヒストリーの中心問題と結ぶ関係については以下。*MP*, pp. 480-481.〔下巻・八一—八三頁〕。

（40） 以下を見よ。C. Schmitt, *Le Nomos de la terre, op. cit.*, pp. 54-55 et 305-320.〔シュミット『大地のノモス』前掲書、二三—二五、四〇六—四二六頁〕。*Théorie du partisan, op. cit.*, pp. 275-280.〔『パルチザンの理論』前掲書、一四六—一五二頁〕。«L'ordre du monde après la Deuxième Guerre mondiale»（1962), in *La Guerre civile mondiale, op. cit.*, pp. 66-70. また以下も参照のこと。*MP*, «Sur la Ritournelle»〔「リトルネロについて」中巻・三一七—四〇二頁〕。

（41） 「現存艦隊」という範例的事例を以下で確認せよ。*MP*, pp. 481.〔下巻・八三頁〕およびP・ヴィリリオからの引用。p. 481-482 n. 58.〔下巻・三六六—三六七頁〕（「いかなる時にもいかなる場所でも敵を攻撃しうる見えない艦隊が絶えず海上に現存しているということ（……）現存艦隊は時空の上での目的地を持たない移動という概念を発明したのである。（……）戦略的潜水艦はどこかへ行く必要はなく、ただ海を保持しつつ姿を隠していることで満足している」）。またおそらくさらに重要なもの（陸上空間の海洋的備給と、平滑空間の国家による技術捕獲について証言するもの）として、塹壕戦の行き詰まりにおいて発明された戦車の例を見よ。砲弾の穴が作戦戦場を通行不可能にするため、最初のあいだ機動砲兵に依拠していた機動戦は、完全な強制不動状態に陥る。英国のとった解決策は、「陸上に一種の海洋空間すなわち平滑空間を再構築」することであった（*MP*, p. 494.〔下巻・三四〇頁〕）。あるいは「陸上戦に海戦の戦術を導入」し、戦争を再機動化することであった（「陸上巡洋艦（ランドクルーザー）」の建造が、海軍設計局に任されることになる）。以下を見よ。J. F. C. Fuller, *L'influence de l'armement sur l'histoire*, tr. fr. L.-M. Chassin, Paris, Payot, 1948, p. 155 et suiv. さらに以下。W. McNeill, *La recherche de la puissance. Technique, force armée et société depuis l'an mil*（1982), Paris, Economica, 1992, pp. 369-371.〔ウィリアム・マクニール『戦争の世界史——技術と軍隊と社会』高橋均訳、刀水書房、二〇〇二年、四五一—四五六頁〕。

（42） *MP*, p. 480.〔下巻・八一頁〕。

(43) *MP*, p. 624.〔下巻・二九七頁〕(「空間はそこに行使される力に拘束されて、たえまなく条里化されるが、それはどのようにしてか。また同時に、空間が他の力を発展させ、条里化を通じて新しい平滑空間を出現させるのはどのようにしてか」)。

(44) ゲリラについては特に以下を見よ。*MP*, pp. 482, 518-519, 526-527.〔下巻・一三八、一五〇―一五一、三三七頁〕。だがこのテーマはさらに、多くの別の文脈、時に予期せぬ文脈にも散らばっている(たとえば水力の歴史における渦巻運動の問題。*MP*, pp. 610-611.〔下巻・二七七―二七八頁〕)。同じく『知恵の七柱』を見事に論じた以下のテクストも参照のこと。G. Deleuze, « La honte et la gloire », in *Critique et clinique*, *op. cit.*, pp. 144-157.〔ドゥルーズ「恥辱と栄光」『批評と臨床』守中高明・谷昌親訳、河出文庫、二〇一〇年、二三七―二五九頁〕。ドゥルーズ=ガタリによる考察の歴史的文脈に注意を払いつつ、マルコ・ランパッツォ・バザンは、ドイツ赤軍における「都市ゲリラ」の問題について平滑空間/条里空間の弁証法の観点から優れた解明を行っている。M. Rampazzo Bazzan, « La machine de guerre comme analyseur des théorisations de la guérilla urbaine en R. F. A. depuis le 2 juin 1967 », in V. Milisa-vljevic et G. Sibertin-Blanc (dir.), *Deleuze et la violence*, Toulouse/Belgrade, Europhilosophie-Institut de Philosophie et de Théorie sociale, 2012, pp. 79-100.

(45) 以下を見よ。B. Courmont, D. Ribnikar, *Les guerres asymétriques*, Paris, Iris/PUF, 2002, pp. 26-29 et 43 sqq. ここでは、不均衡的論理は、これら様々な相の下で「一般的に国家の事象である」と述べられている。

(46) 特に以下を見よ。(「反撃」概念について) *MP*, pp. 493-494.〔下巻・一〇一頁〕。また以下。p. 526.〔下巻・一四九頁〕。

(47) 「戦略平面上に延長された戦争」と「戦術作戦における激烈さ」の結合について以下を見よ。M. Zedong, « Problèmes stratégiques de la guerre révolutionnaire en Chine », Pékin, 1936, rééd. in G. Chaliand, *Stratégies de la guérilla, De la Longue Marche à nos jours*, 1ère édition 1974 ; nouvelle édition revue et augmentée, Paris, Éditions Payot, 1994, pp. 478-481.〔毛沢東「中国革命戦争の戦略問題」村井友秀編著『戦略論体系⑦毛沢東』芙蓉書房出版、二〇〇四年、四〇―四四頁〕。

(48) この教訓、すなわち防衛陣地の不在と、接触戦と離間戦の対置については、T・E・ロレンスの比類なき以下の記述を見よ。T. E. Lawrence, *Les Sept Piliers de la Sagesse*, tr. fr. J. Deleuze, Paris, Gallimard, 1992, pp. 272-273.〔T・

E・ロレンス『完全版 知恵の七柱2』J・ウィルソン編、田隅恒生訳、平凡社、八一頁〕。〔「攻撃の瞬間まで味方を表に出さず、広漠たる未知の荒野で無言の脅威に敵を封じ込める……」〕。また毛沢東における革命戦争の戦術の理由の秩序もみよ。M. Zedong, *op. cit.*, p. 494-497.〔毛沢東、前掲書、九三—九七頁〕。

(49)「重大な局面や攻撃の瞬間に優勢に立つべきこと」ではなく、たったひとつの重大局面で足りるように、諸々の重大局面を統制してなにが重大かの決定権を保つことの重要性については以下を見よ。T. E. Lawrence, *Les Sept pilliers de la sagesse*, *op. cit.*, p. 272.〔T・E・ロレンス『知恵の七柱2』前掲書、八〇—八一頁〕; et M. Zedong, *op. cit.*, pp. 490-491.〔毛沢東、前掲書、八五—八六頁〕。

(50) 反対に、ベトナム戦争期の大統領顧問が勧めた対抗蜂起の主だった方法を見よ。R. Thompson, *Defeat Communist Insurgency, Malaya and Vietnam*, Londres, Chatto and Windus, 1966. フランス語への抄訳は以下。G. Chaliand, *Stratégies de la guérilla*, *op. cit.*, p. 563 sqq.

(51) T. E. Lawrence, *Les Sept pilliers de la sagesse*, *op. cit.*, pp. 269-270.〔T・E・ロレンス『知恵の七柱2』前掲書、七六—七七頁〕。

(52) 皮肉なことに、イスラエル軍がドゥルーズ＝ガタリやシチュアシオニストの分析を「利用して」、占領領土への介入方法を再定義したらしいほどである。以下の驚くべき小著を見よ。E. Weizman, *À travers les murs. L'architecture de la nouvelle guerre urbaine*, Paris, La fabrique, 2008.

(53) 平滑空間は、ドゥルーズが一九八〇年代末、しばしば注釈されるテクストで「管理社会」として描写するものの主要特性となることを思い出そう（*Pourparlers*, *op. cit.*〔「追伸——管理社会について」『記号と事件』前掲書、三五六—三六六頁〕）。

(54) ロジェ・トランキエ大佐は、対抗蜂起の古典的教科書となった著作のなかで、インドシナ戦争とアルジェリア戦争の教訓を引き合いに、ゲリラを負かすには「ゲリラにゲリラの武器を向けさせること」、「ゲリラに対抗ゲリラをぶつけることで十分である」との考えに異議を唱えている（*La Guerre moderne*, Paris, La Table ronde, 1961, cité in G. Chaliand, *Stratégies de la guérilla*, *op. cit.*, pp. 549-550）。

(55) この点にかんするチェ・ゲバラと毛の対立については以下を見よ。B. Courmont, D. Ribnikar, *Les guerres*

asymétriques, op. cit., pp. 35-37. スペイン革命戦争期のこの問題については、以下で報告されているブエナヴェントゥラ・ドゥルティのテクストおよび講演を参照のこと。A. Prudhommeaux, *Catalogue 36-37* et *Cahiers de Terre libre* (1937), rééd. in D.Guérin, *Ni Dieu ni maître. Anthologie de l'anarchisme* (1970), Paris, La Découverte, 1999, t.II, pp. 320-334.

(56) T. E. Lawrence, *Les Sept pilliers de la sagesse, op. cit.*, pp. 134-135.〔T・E・ロレンス『知恵の七柱1』前掲書、二〇三―二〇四頁〕。

(57) G. Deleuze, F. Guattari, *Qu'est-ce que la philosophie?, op. cit.*, p. 82.〔『哲学とは何か』前掲書、一四八頁〕。

(58) 一九四三年の「大空間」の主題系について、および戦後の国際舞台については以下を見よ。J.-F. Kervégan, «Carl Schmitt et 'l'unité du monde'», *Revista de Filosofia*, n°13, Juillet-Décembre 1996, pp. 99-114.

(59) G. Deleuze, «Nietzsche et Saint-Paul, Lawrence et Jean de Patmos» (1978), in *Critique et clinique*, Paris, Minuit, 1993, p. 61.〔「ニーチェと聖パウロ、ロレンスとパトモスのヨハネ」『批評と臨床』前掲書、九九頁〕。

(60) この論理は、第一二プラトーの分析において、実践状態で作動している。しかし、種別的に主題化されるのは、命題八においてである（*MP*, pp. 502-517.〔下巻・一一四―一三六頁〕）。特にここで私が依拠するのは、そこでの綜合された類型学的説明である。pp. 471-472 et 509-510.〔下巻・六九―七一、一二四―一二六頁〕。

(61) この近さは「遊牧論」末尾において、人類学的‐歴史的平面における金属採掘および武器製作の主題のもとで、アジアの遊牧民族と冶金職人との密接な相互作用という点から説明される。*MP*, pp. 512-513 sqq.〔下巻・一二九―一三〇頁以下〕。

(62) *MP*, p. 471.〔下巻・六九―七〇頁〕。

(63) *Ibid.*〔同上〕。またドゥルーズ＝ガタリはすぐに以下のように付け足している。「遊牧民と移住者は多くの仕方で混交することもあるし、共通の集合を形成することもありうるが、やはりそれぞれ非常に異なった原因と条件を持つのである」。また、これら原因と条件は、ある集団、ないしある同じ一人の人物において、順番にか、同時にか、満たされる。そのとき、ふたつの異なる関係のもと、その同じものが移住者であり遊牧民となる。

(64) *MP*, pp. 509-510.〔下巻・一二五―一二六頁〕。

(65) *Ibid.*〔下巻・一二六―一二七頁〕。

(66) セリー的巡歴とそれが先取り‐祓いのけプロセスと有する関係については以下を見よ。*MP*, pp. 255 et 549-550.〔中巻・九九頁、下巻・一八七―一八八頁〕。
(67) *MP*, p. 510.〔下巻・一二六―一二七頁〕。
(68) *MP*, p. 510.〔下巻・一二六頁〕。
(69) 以下を見よ。G. Deleuze, *Critique et clinique*, *op. cit.*, p. 81.〔『批評と臨床』前掲書、一三二―一三三頁〕。
(70) *MP*, p. 472.〔下巻・七〇頁〕。
(71) *MP*, p. 479.〔下巻・八〇頁〕。
(72) *MP*, p. 479.〔下巻・八〇―八二頁〕。
(73) *MP*, p. 480.〔下巻・八一頁〕。
(74) なににもまして、こうした領土化論理を、D・ハーヴェイの地理唯物論の問題と突き合わせねばなるまい。そのためにはまず、権力の「資本主義的論理」と「領土的論理」というさらに二項的で、最終的には両義的な対置から出発すべきである。というのも資本の蓄積は、ハーヴェイみずから強調するとおり、常に領土化されており、ゆえに問題はむしろ資本主義的蓄積の様々な領土化の様相を規定することであるからだ。そのとき考慮すべきは、「資本」とは、異質な形式(産業、銀行、金融など)を横切る変形の関係であることだ。それぞれの形式は共約不可能であり、特別な制度化が介入しないかぎり相容れないものである。この制度化じたいは、ハーヴェイも示すように、領土化と脱領土化の異なる様式(国家、都市、地域、「大空間」……)に由来する諸々の力能形式へと帰着する。それらを、たったひとつの「権力の領土的ないし政治的論理」に包摂することはできない。

第四章

(1) C. von Clausewitz, *De la guerre* (1831-1832), tr. fr. L. Murawiek, Paris, Perrin, 1999, L. I, chap. 1, § 24, p. 46.〔クラウゼヴィッツ『戦争論』篠田英雄訳、岩波文庫、一九六八年、第一篇、第一章、第二四節、上巻・五八頁〕。
(2) *MP*, pp. 520-521.〔下巻・一四〇―一四二頁〕。
(3) *MP*, p. 523.〔下巻・一四四―一四五頁〕。『戦争論』第八篇において、クラウゼヴィッツは、戦争の純粋概念と現実の戦争との区別を取り上げなおし、この概念の政治的－歴史的な実現を条件づける要因、あるいは逆に、この実現を制約する要因という問題をあらためて提起する。頻繁に到達する極限では、この後者の要因が「優勢になることで、戦争は（……）武装中立となったり、あるいは（……）交渉を支援する威嚇的な姿勢となりうる」（*De la guerre, op. cit.*, p. 183.〔『戦争論』前掲書、上巻・三三五頁〕）――「ところで緊張が一挙に爆発するのを妨げる、さして重要ではない障壁とはいったいなんだろうか。なぜ哲学的概念は、じっさいの現実にぴたりと当てはまらないのだろうか。その障壁とは、戦争によって影響される国民生活のなかにある夥しい事物、力、要因である。いかなる論理的な因果関係であれ、これらの複雑な絡み合いを腑分けすることはできない。論理的な因果関係など、まるでふたつの前提から導き出される単純な結論にすぎないかのようだ。因果関係は絡み合いのなかで、おのれを見失ってしまう……」（*ibid.*, p. 295.〔『戦争論』前掲書、下巻・二六一頁〕）。

（4）C. von Clausewitz, *De la guerre, op. cit.*, L. VIII, pp. 302-308.〔クラウゼヴィッツ『戦争論』前掲書、第八篇、下巻・二七四―二八七頁〕。

（5）*Ibid.*, L. VIII, pp. 305-306.〔『戦争論』前掲書、第八篇、下巻・二八一―二八二頁〕。

（6）*Ibid.*, L. I, pp. 49-61 ; L. VIII, chap. 6A-B, pp. 321-329.〔『戦争論』前掲書、第一篇、上巻・六三―八八頁。第八篇、第六章A―B、下巻・三一二―三二八頁〕。

（7）*Ibid.*, L. I, p. 32.〔『戦争論』前掲書、第一篇、上巻・三〇―三一頁〕。

（8）*Ibid.*, L. VIII, p. 297.〔『戦争論』前掲書、第八篇、下巻・二六四頁〕。

（9）*MP*, pp. 438-439.〔下巻・一九―二〇頁〕。

（10）C. von Clausewitz, *De la guerre, op. cit.*, L. I, chap. 1 ; L. VIII, chap. 2, pp. 295-297, et chap. 6B, pp. 323-329.〔クラウゼヴィッツ『戦争論』前掲書、第一篇、第一章。第八篇、第二章、下巻・二六〇―二六六頁。さらには第六章B、下巻・三一六―三二八頁〕。同様に、戦略を主題とする第三篇、第一六章を見よ。

（11）*MP*, p. 525.〔下巻・一四七頁〕。

（12）*MP*, p. 438.〔下巻・一八頁〕。

（13）G. Deleuze, *Différence et répétition, op. cit.*, pp. 176-177, 200-201.〔ドゥルーズ『差異と反復』前掲書、上巻・三六一―三

六二、四一〇―四一一頁〕。

（14） C. von Clausewitz, *De la guerre*, *op. cit.*, L. I, p. 49.〔クラウゼヴィッツ『戦争論』前掲書、第一篇、上巻・六四頁〕。（「敵の戦力を殲滅すること」、それはこの戦力をして「もはや戦闘を継続しえない状況に」追い込むことである）。

（15） *Ibid.*, L. I, ch. 1, §§ 3-4.〔『戦争論』前掲書、第一篇、第一章、第三―四節〕。

（16） *MP*, p. 523.〔下巻・一四五頁〕。

（17） C. von Clausewitz, *De la guerre*, *op. cit.*, L. I, p. 46.〔クラウゼヴィッツ『戦争論』前掲書、第一篇、上巻・五九頁〕。

（18） *Ibid.*, L. IV, chap. 11 ; L. VIII, chap. 1.〔『戦争論』前掲書、第四篇、第一一章。第八篇、第一章〕。

（19） *MP*, pp. 518-519.〔下巻・一三六―一三八頁〕。

（20） それゆえ、「戦争機械」という表現を、「平滑空間機械」に置き換えることで、「戦争機械」という表現をそこなう多義性を除去するという、マイケル・ハートの提案に従うことはできない（M. Hardt, « Reading Notes on Deleuze and Guattari ― Capitalism and Schizophrenia », URL : http://www.duke.edu/~hardt/mp5.htm）。この身ぶりは純粋に言語上のものであるがゆえに、ドゥルーズ＝ガタリが維持した表現が現実に示している両義性を消去することはなく、ただたんに誤解を強めることにしかならない。すなわち、概念の問題提起的な理解を、ア・プリオリな価値論的高評価に置き換え、快適さにひたることを可能にしてしまうのだ。一方、ドゥルーズ＝ガタリは、戦争機械を解放プロセスと同一視し、平滑空間を解放の空間と同一視するという粗雑な同一化を、あらかじめ斥けておくために多くの配慮を行っており、第一二プラトーを、この点にかんする注意喚起で締めくくっているほどである。

（21） *MP*, p. 519.〔下巻・一三九頁〕。

（22） *MP*, p. 521.〔下巻・一四一頁〕。

（23） *MP*, p. 521.〔下巻・一四二頁〕。

（24） *MP*, p. 520.〔下巻・一四〇―一四一頁〕。

（25） R. Grousset, *L'Empire des steppes*, *op. cit.*, pp. 495-496.〔ルネ・グルセ『アジア遊牧民族史』後藤富男訳、原書房、一九七九年、下巻・六六八―六七一頁〕。

(26) *MP*, pp. 434-436, 528-531.〔下巻・一三—一五、一五五—一五九頁〕。戦争機械を鞘（カースト）に納めて組み込むことと、戦争機械の領有との区別について、*MP*, pp. 522 et 529.〔下巻・一四三—一四四、一五六頁〕を見よ。

(27) 本書、第一部「原 - 暴力」参照。

(28) *Armées et fiscalité dans le monde antique*, Paris, CNRS, 1977、とりわけ E. Van't Dack, «Sur l'évolution des institutions militaires lagides» にくわえ、G. Cardascia, «Armée et fiscalité dans la Babylonie achéménide»（ハトルの制度にかんして）を見よ。同様に *AŒ*, pp. 232-234.〔上巻・三七一—三七四頁〕、*MP*, pp. 552-553.〔下巻・一八九—一九一頁〕を見よ。

(29) N. Elias, *La Société de Cour* (1933), tr. fr. J. Étoré, Paris, Flammarion, 1985, ch. 5, en particulier pp. 160-176.〔ノルベルト・エリアス『宮廷社会』波田節夫・中埜芳之・吉田正勝訳、法政大学出版局、一九八一年、第七章、とりわけ二四六—二六四頁〕。

(30) 本書、第二章を参照のこと。

(31) C. von Clausewitz, *De la guerre*, *op. cit.*, L. VIII, ch. 3B, pp. 304-308.〔クラウゼヴィッツ『戦争論』前掲書、第八篇、第三章B、下巻・二七九—二八七頁〕。

(32) *AŒ*, pp. 261-263 et 299-309.〔下巻・一六—二〇、七二—八八頁〕。

(33) *MP*, p. 522.〔下巻・一四四頁〕。

(34) *MP*, p. 456.〔下巻・四五頁〕。Cf. M. Foucault, *Surveiller et punir*, Paris, Gallimard, 1975,〔coll. «tel»〕pp. 166-175, 190-199, 230.〔ミシェル・フーコー『監獄の誕生——監視と処罰』田村俶訳、新潮社、一九七七年、一四七—一五四、一六五—一七一、一九九—二〇〇頁〕。

(35) *MP*, p. 525.〔下巻・一四八頁〕。

(36) E. von Ludendorff, *Der totale Krieg*, München, Ludendorffs Verlag, 1935 ; tr. fr., *La Guerre totale*, Paris, Flammarion, 1937.〔エーリヒ・ルーデンドルフ『ルーデンドルフ総力戦』伊藤智央訳、原書房、二〇一五年〕。

(37) 『総力戦』が、来たるべき紛争を警告する考察の集成であると同時に、第一次世界大戦中のドイツ当局が採用した政治的かつ軍事的な戦略の批判的分析として、提示されていることを思い起こしておこう。

(38) W. Benjamin, «Théorie du fascisme allemand. À propos de l'ouvrage collectif *Guerre et Guerriers*, publié sous la direction d'Ernst Jünger» (1930), tr. fr. P. Rusch, in *Œuvres*, Paris, Gallimard, 2000, t. II, p. 200.〔ヴァルター・ベンヤミン「ドイ

ツ・ファシズムの理論　エルンスト・ユンガー編の論集『戦争と戦士』について」岡本和子訳、『ベンヤミン・コレクション4　批評の瞬間』所収、浅井健二郎編訳、ちくま学芸文庫、二〇〇七年、五六七―五六八頁〕。（これら「国防軍の補給担当士官たち」にとって、「制服こそが最高の目標であり、彼らは全身全霊でそれを熱望するのだが、制服がのちに幅をきかせるようになる状況の考察のほうは、影をひそめてしまう……」）。

（39）*Ibid.*, pp. 199-200.〔「ドイツ・ファシズムの理論」、『ベンヤミン・コレクション4』前掲書、五六六―五六八頁〕。

（40）部分的動員と、絶対君主制の遺産であり主権者の決断へと集権化される「特殊な国家理性」との相関関係について、E. Jünger, *La Mobilisation totale* (1930), tr. fr. de H. Plard et M. de Launay, *Recherches*, n° 32/33, sept. 1978, rééd. Paris, Gallimard, 1990, pp. 102-107.〔エルンスト・ユンガー「総動員」、『ユンガー政治評論選』所収、川合全弘編訳、月曜社、二〇一六年、八四―八七頁〕。ユンガーは、反対推論によって、総動員へと向かう傾向のなかで結合される、いくつもの異なるプロセスをあきらかにしている。たとえば、全住民を徴兵すること、「機械を作動させ続けるために」あらゆる貸付を最大限活用し無際限に搾取すること、「巨大な労働過程というより大きな［戦争の］表象」のなかに「武装行動」を吸収することである。「これほどの規模のエネルギーを展開することは（……）、きわめて内密なやり取りまで、きわめて繊細な運動神経まで、この観点のもとに再組織化することを必要とする（……）。たったひとつの身ぶりで分業構造を変えてしまう［総動員］は、多種多様な結合を経ることですでに複雑化し、著しく細分化している現代生活の網目を、軍事活動という高電位の線に接続するのである」〔八六―八七頁〕。ドゥルーズ＝ガタリはユンガーに明瞭な関心を抱いており、とりわけ *Der Arbeiter, Herrschaft und Gestalt* (1932)〔『労働者――支配と形態』川合全弘訳、月曜社、二〇一三年〕の参照をうながしている。*MP*, pp. 501-502 et 530.〔下巻・一一三、一五七―一五八、三四一頁〕を見よ。

（41）W. Benjamin, «Théorie du fascisme allemand», *op. cit.*, p. 213.〔W・ベンヤミン「ドイツ・ファシズムの理論」、『ベンヤミン・コレクション4』前掲書、五八五頁〕。

（42）C. von Clausewitz, *De la guerre*, *op. cit.*, pp. 184-185.〔クラウゼヴィッツ『戦争論』前掲書、上巻・三三九―三四〇頁〕を見よ。「ナポレオンの幸運と勇敢な行動によって、伝統的な手段はすべて葬り去られ、一流の諸国家が一撃で打ち負かされた。また、スペイン人の執拗な戦いは、武装した国民と大規模な叛乱の力をまざまざと見せつけた

（……）。これらすべての出来事は、国家の、戦争を遂行するその潜在能力の、その軍隊の力が、国民の勇気と精神の有する途方もない役割に負うことを示したのだ。これらの道具の力が証明されたとなれば、国家の存続にかんしてであれ、征服の渇望にかんしてであれ、将来の政府がそれを道具置きにしまっておくはずがない」。

（43） E. von Ludendorff, *La Guerre totale, op. cit.*, p. 58 et suiv.〔ルーデンドルフ『ルーデンドルフ総力戦』前掲書〕。とくにこの問いをめぐって、ルーデンドルフとレーニンを対峙させるR・アロンを見よ。R. Aron, *Penser la guerre, Clausewitz*, t. II : *L'âge planétaire*, Paris, Gallimard, 1976, pp. 57-68.〔レイモン・アロン『戦争を考える――クラウゼヴィッツと現代の戦略』佐藤毅夫・中村五雄監訳、政治広報センター、一九七八年、七三―八九頁〕。

（44） *MP*, p. 524.〔下巻・一四六頁〕。

（45） R. Aron, *Penser la guerre, Clausewitz. II, op. cit.*, pp. 58-61, 128.〔アロン『戦争を考える――クラウゼヴィッツと現代の戦略』前掲書、七四―七八、一七三―一七四頁〕。

（46） たとえば、T. Lindenmann, « Ludendorff et la guerre totale. Une approche 'perceptuelle' », in F. Gere, T. Widemann (dir.), *La guerre totale*, Paris, Economica, 2001, pp. 24-29. 参照。

（47） *MP*, p. 281.〔中巻・一四一頁〕。また *MP*, p. 261.〔中巻・一〇八―一〇九頁〕を見よ。

（48） J. Chapoutot, *Le National-socialisme et l'Antiquité*, Paris, PUF, 2008 参照。

（49） *MP*, p. 583.〔下巻・二三三頁〕。自殺的国家としての国家社会主義国家をめぐるテーゼについて、P. Virilio, *L'insécurité du territoire* (1976), Paris, Galilée, 1993, pp. 25-52. 同様に、M. Foucault, « *Il faut défendre la société* ». *Cours au Collège de France*, 1976, Paris, Hautes Études/Gallimard-Seuil, 1997, pp. 231-232.〔ミシェル・フーコー『社会は防衛しなければならない――コレージュ・ド・フランス講義 1975-1976年度』石田英敬・小野正嗣訳、筑摩書房、二〇〇七年、二五七―二五九頁〕を参照のこと。

（50） H. Arendt, *Le système totalitaire* (1951), Paris, Seuil, 1995, pp. 48-50, 123-130, 140-143.〔ハンナ・アーレント『全体主義の起原3　全体主義〔新版〕』大久保和郎・大島かおり訳、みすず書房、二〇一七年、四二―四五、一五七―一六八、一七七―一八八頁〕、制限なきプロセスとしての「運動」について、pp. 207-210.〔二八九―二九五頁〕。

（51） ドゥルーズ＝ガタリはつぎの点を強調する。ナチスの戦争機械と、自己破壊にまで到るその破壊は、見えざるものであるどころか、体制の高官やイデオローグたちによって、あからさまに予期され、さらにはドイツ国民に「約束され」てさえいた（*MP*, pp. 281-282.〔中巻・一四一―一四三頁〕）。J. Fest, *Les derniers jours de Hitler*, tr. fr., Paris, Perrin, 2003.〔ヨアヒム・フェスト『ヒトラー 最期の12日間』鈴木直訳、岩波書店、二〇〇四年〕を参照のこと。

（52） *MP*, p. 525.〔下巻・一四七―一四八頁〕。

（53） *MP*, p. 583.〔下巻・二三三頁〕。

（54） *MP*, pp. 577-582.〔下巻・二二四―二三一頁〕。同様に、本書第五章を参照のこと。

（55） *MP*, p. 582.〔下巻・二三一―二三二頁〕。こうした新しい条件のもと、国家の警察的および軍事的な暴力の民営化（あるいは、そうした暴力を営利企業に委託する部分的な外注）が可能になり必然となる。

（56） K. Marx, *Le Capital*, L. III, s. 3, Conclusion.〔マルクス『資本論』第三巻、第三篇、第一五章〕。*AŒ*, p. 274 et suiv.〔下巻・三三頁以下〕、*MP*, pp. 578-579.〔下巻・二二四―二二八頁〕を参照のこと。

（57） *MP*, p. 614.〔下巻・二八二―二八三頁〕。

（58） *MP*, pp. 426-427.〔中巻・三九〇―三九一頁〕。

（59） *MP*, p. 582.〔下巻・二三二頁〕。

（60） *MP*, p. 583.〔下巻・二三三頁〕。

（61） G. Deleuze, J.-P. Bamberger, « Le pacifisme aujourd'hui » (1983), in *Deux régimes de fous*, *op. cit.*〔ジル・ドゥルーズ、ジャン＝ピエール・バンベルジェ「今日の平和主義」笹田恭史訳、『狂人の二つの体制 1983-1995』前掲書〕を参照のこと。

（62） P. Virilio, *L'Insécurité du territoire*, *op. cit.*, p. 99.

（63） *Ibid.*, pp. 238-239.

（64） *Ibid.*, pp. 231-232.（ヴィリリオが依拠しているのは、フランソワ・モラン将軍による予測である。François Maurin, «Pérennité et nécessité de la défense», *Revue de la défense nationale*, n°7, juillet 1973）。

（65） M. Hardt, T. Negri, *Multitude. Guerre et démocratie à l'âge de l'Empire*, tr. fr. N. Guilhot, Paris, La Découverte, 2004, pp. 28-32.〔アントニオ・ネグリ、マイケル・ハート『マルチチュード――〈帝国〉時代の戦争と民主主義』幾島幸子訳、水嶋一憲・市田良彦監修、日本放送出版協会、二〇〇五年、上巻・四六―五二頁〕を参照のこと。シュミットとガタリ＝ドゥルーズから着想を得ながら、彼らはこう記している。「テロとの戦争」や「貧困との戦争」などといった表現は、「メタファーやレトリックとしての戦争の呼びかけから、不明確で実体のない相手を敵とする本物の戦争へと」私たちを移行させる——それは、ドゥルーズ＝ガタリが、「公理系」と形容する支配体制に合致する事態なのだ。ハートとネグリは、戦争の空間的かつ時間的な境界が不確かになっていること、国際関係と国内政治がますます緊密に絡み合い、その諸領域が混交しつつあること、戦闘員や敵対行為の概念が変容していること、「正戦」という概念が蘇ってきていることを、公理系的な支配体制に関連づけている。

（66） *MP*, pp. 526, 584.〔下巻・一四八—一四九、二三四頁〕。G. Deleuze, *Critique et clinique*, *op. cit.*, pp. 61-62.〔ドゥルーズ『批評と臨床』前掲書、九八—一〇〇頁〕。

（67） G. Brossollet, *Essai sur la non-bataille*, Paris, Belin, 1975, p. 15.

（68） G. Deleuze, «Les gêneurs» (1978), rééd. in *Deux régimes de fous*, *op. cit.*, p. 148.〔G・ドゥルーズ「厄介者」笹田恭史訳、『狂人の二つの体制 1975-1982』前掲書、二二七頁〕。

（69） この問いについて以下のものを見よ。a／G. Deleuze, F. Guattari, «Le pire moyen de faire l'Europe», *Le Monde*, nov. 1977, in G. Deleuze, *Deux régimes de fous*, *op. cit.*, pp. 135-137.〔G・ドゥルーズ、F・ガタリ「ヨーロッパを統一する最悪の手段」杉村昌昭訳、『狂人の二つの体制 1975-1982』前掲書、二〇七頁〕。同論攷は、クラウス・クロワッサン事件に際して、「ヨーロッパ全体が、ドイツの要求するタイプの管理のもとに置かれるという見通し」を示し、「司法的、警察的、「情報的」なモデル」が、テロリズムとの闘いという名目のもと、例外法とセットで敷設されるという事態に向きあっている（*ibid.*, p. 136.〔同書、二〇七頁〕）。b／G. Deleuze, *Cinema 2. L'image-temps*, Paris, Minuit, 1985, pp. 282-283.〔G・ドゥルーズ『シネマ2＊時間イメージ』宇野邦一・石原陽一郎・江澤健一郎・大原理志・岡村民夫訳、法政大学出版局、二〇〇六年、三〇〇—三〇一頁〕。ラングの『ドクトル・マブゼ』からS・ルメットやR・アルトマンにかけての、「情報」権力やメディア権力の変貌について。〔言及される映画作家からいって、原著者が参照しているのは『シネマ2』ではなく、『シネマ1』の可能性がある。G. Deleuze, *Cinéma 1. L'image-mouvement*, Paris, Minuit, 1983, pp. 282-283.〔ジル・ドゥルーズ『シネマ1＊運動イメージ』財津理・齋藤範訳、法政大学出版局、二〇〇八年、三六二—三六四頁〕〕。c／G. Deleuze, «Post-scriptum aux sociétés de contrôle», *Pourparlers*, *op. cit.*〔ドゥルーズ「追伸——管理社会について」、『記号と事件』前掲書〕。

(70)『千のプラトー』を、一九七六―一九八四年の情況への介入と交叉させながら、私が作成した地勢図を参照されたい。*Politique et clinique. Recherche sur la philosophie pratique de Gilles Deleuze*, Thèse de doctorat, décembre 2006, Université Lille 3, pp. 898-917 (http://documents.univ-lille3.fr/files/pub/www/recherche/theses/SIBERTIN_BLANC_GUILLAUME.pdf).

(71) M. Foucault, «*Il faut défendre la société*». *Cours au Collège de France, 1976*, Paris, Hautes Études/Gallimard-Seuil, 1997, Leçons des 7 et 21 janvier 1976〔ミシェル・フーコー『社会は防衛しなければならない』前掲書、一九七六年一月七日と二一日の講義〕。そしてそれより前の時点の、*Surveiller et punir*, Paris, Gallimard, 1975,〔coll. «tel»〕pp. 197-198.〔ミシェル・フーコー『監獄の誕生――監視と処罰』前掲書、一七〇―一七一頁〕。

(72) C. Schmitt, *op. cit.*, pp. 76-77.〔カール・シュミット『政治的なものの概念』前掲書、七七頁〕。

(73) Voir É. Balibar, «Le moment philosophique déterminé par la guerre dans la politique : Lénine 1914-1916», in Ph. Soulez (dir.), *Les Philosophes et la guerre de 14*, Saint-Denis, Presses Universitaires de Vincennes, 1988, pp. 105-120 ; «Fin de la politique ou politique sans fin ? Marx et l'aporie de la 'politique communiste'», intervention dans le groupe de travail de P. Macherey «La philosophie au sens large», Univ. Lille 3, 17 décembre 2008 ; et *Violence et civilité*, *op. cit.*, chap. «Gewalt» et «Variations post-clausewitziennes».

(74)「力能」の形式的な観点から見た「遊牧的戦争機械」の規定とは、以下のようなものである。「戦争機械は変身の力能を有する。この力能のせいで戦争機械は確かに国家によって捕獲されるのだが、同時に、この力能によって捕獲に抵抗し、他の形態をまとって生まれ変わるのだ」。(*MP*, p. 545.〔下巻・一七九頁〕)――だからこそ、「戦争機械は戦争じたいときわめて変わりやすい関係を持つ〔……それゆえ〕戦争機械は画一的に定義されないのである」(*MP*, p. 526.〔下巻・一四九頁〕)。換言するなら、戦争機械と戦争との関係は、最終審級において、情況に依存するということである。

(75) 神聖連合と結託する社会主義‐愛国主義者たちに対抗し、平和主義者に対抗する一九一五―一九一七年にかけてのレーニンの二重の闘争について、G.Haupt, «Guerre et révolution chez Lénine», in *Revue française de science politique*, 21e année, n°2, 1971 を参照のこと。

（76）*MP*, p. 590.〔下巻・二四三―二四四頁〕。

第五章

（1）Voir G. Sibertin-Blanc, *Deleuze et l'Anti-Œdipe*, *op. cit.*, pp. 62-67.

（2）*AŒ*, pp. 164 et 179-180.〔上巻・二六四―二六五、二八六―二八八頁〕。

（3）一九六〇年代のガタリによって着手された批判（『精神分析と横断性』所収の「機械と構造」参照）を継続しながら行われた、『アンチ・オイディプス』の構造主義批判は、レヴィ＝ストロースの人類学とラカンの精神分析というふたつの正統派を標的とするものだが、そうした批判を、経済学批判と資本主義的生産様式分析のあらゆる構造的な問題化の破産と混同してはならない。

（4）『アンチ・オイディプス』第三章、とりわけ第一、五、九、一〇、一一節を見よ。

（5）*AŒ*, pp. 162-164, 172, 180, 265-268 sqq., 291 et sqq.〔上巻・二六二―二六三、二七六―二七七、二八六―二八八頁、下巻・二二―二七頁以下、五九頁以下〕を見よ。そこでは、L・アルチュセールらの『資本論を読む』への言及がなされている。とりわけ、É. Balibar, « les concepts fondamentaux du matérialisme historique », pp. 520-534 sqq.〔エティエンヌ・バリバール「史的唯物論の根本概念について」、『資本論を読む』前掲書、下巻・一六四―一八五頁〕。

（6）「器官の私有化〔＝強奪〕」や「器官への集団的備給」の解消による身体の脱コード化――こうした集団的備給を破壊するだけで、「生産的」身体のようななにかが物質的に可能になる――について、*AŒ*, pp. 166-170, 249-250, 295.〔上巻・二六七―二七三、三九六―三九九頁、下巻・六五―六六頁〕。労働力の基体としての「私的な人間」の出現――私的な人間は、労働力の所有者として、その使用者として、その使用を別の人へと譲渡する者として、労働力に関係しうる――は、身体との関係や、身体の力と部分の使用価値の脱社会化を行う一連の過程を前提している。

（7）「私有財産の、つぎに商品生産の威力によって、国家は衰退に陥る。土地が、私有財産と商品の領域に参入してゆく。諸階級が出現するのは、支配階級が国家装置と一体化するのではなく、この変貌した国家装置に奉仕する別個の規定因子になるときである。私有財産はまず、共有財産に隣接するものであり、ついで共有財産を構成したり条件づけたりするものとなり、そののち徐々にそれを規定するものとなる。そうすることで私有財産は、債権者‐債務者関係を、敵対的な階級関係のなかへと組み込んでゆくのである……」(*AŒ*, pp. 257-258.〔下巻・一一二頁〕)。

(8) *AŒ*, pp. 257-258, 263-264.〔下巻・一一一―一三、二〇―二一頁〕を見よ。彼らはとりわけK・マルクス「ミハイロフスキーへの返答」(一八八七年一一月)を参照している〔『オテーチェストヴェンヌィエ・ザピスキ』編集部への手紙」平田清明訳、『マルクス＝エンゲルス全集』大月書店、第19巻所収、一九六八年〕。一九八〇年の『千のプラトー』pp. 564-566.〔下巻・二〇七―二〇九頁〕では、あらためてつぎのように述べている。「つまり流れの圧力が、影絵として資本主義を描きだすのだが、しかし資本主義を実現するには、脱コード化した諸々の流れの積分すべてが、先行する諸装置をあふれだし転覆する全般化した結合すべてが必要なのだ(……)。脱コード化した諸々の流れの一般公理系」。

(9) *AŒ*, pp. 264-265.〔下巻・二一―二二頁〕。

(10) *AŒ*, p. 291.〔下巻・二一―二二頁〕。「文明は、資本主義的生産における流れの脱コード化と脱領土化によって定義される。この普遍的な脱コード化を保証するあらゆる手法は良きものである。それはすなわち、財や生産手段ばかりでなく、「私的な人間」自身の器官をも対象とする私有化であり、貨幣量ばかりでなく、労働量をも対象とする抽象化である」(強調引用者)。

(11) *AŒ*, p. 306.〔下巻・八四頁〕。

(12) *AŒ*, pp. 294-301 sqq.〔六四―七六頁以下〕。

(13) *AŒ*, p. 208.〔上巻・三三三頁〕、それにp. 296.〔下巻・六七―六八頁〕参照。引用されているのは、L. et P. Bohannan, *The Tiv of Central Nigeria*, Londres, International African Institute, 1953 である。これと似た意味で、M. Godelier, *Rationalité et irrationalité en économie*, Paris, Maspero, 1966, pp. 274-275.〔モーリス・ゴドリエ『経済における合理性と非合理性――経済人類学への道』今村仁司訳、国文社、一九八四年、四一七―四二〇頁〕を見よ。同書は、シアン族の「通貨」システムを、財を交換不可能にするカテゴリー化のシステムのなかで分析している。

(14) *AŒ*, pp. 294-295.〔下巻・六五―六六頁〕。同箇所では、É. Balibar, «Les concepts fondamentaux du matérialisme historique», *op. cit.*, pp. 442-453.〔バリバール「史的唯物論の根本概念について」、『資本論を読む』前掲書、下巻・五三―六八頁〕への言及が

なされている。しかしドゥルーズ＝ガタリは、ひとつの同じ定式のなかで、ふたつの異なる形象の事例を節合しようとしている。すなわち、一方には「資本主義的生産に先行する諸形態」においてマルクスによって示唆された事例がある（「原始共同体」にくわえ、「アジア的」生産にかんする事例）。そこでは、剰余労働の搾取の条件によって、生産物が「ただちに」第三審級に領有されるものとなる（そこから生じるのが、本書第一章末尾ですでに記しておいたように、「自然的な、または天授の諸前提」として潜伏するフェティシズムの構造的な再問題化という着想であり、それは大地の身体／専制君主の身体／資本の身体という概念系列に従う）。他方には、封建的農奴制にかんしてマルクスが『資本論』第三巻、第六篇、第二四章〔ドイツ語版第四七章〕で喚起する事例がある。そこでは、労働と剰余労働とのあいだの質的かつ時間的な差異が、「名目的土地所有者のための剰余労働の実行を強いるべく、経済外的強制をどんな形態であろうが」課してくるのである（*Œuvres. Économie II, op. cit.*, p. 1400.〔マルクス『マルクス＝エンゲルス全集　資本論Ⅲb』前掲書、九八八頁〕）。

(15) ここには、「『資本論』の対象」をめぐるアルチュセールの分析からの間接的な影響が認められるだろう（*Lire le Capital, op. cit.*, pp. 272-273, 346-371.〔『資本論を読む』前掲書、中巻・五二―五五、一六五―二〇五頁〕）。アルチュセールは、マルクスの剰余価値概念の反経済主義的な読解を構築する。その出発点となるのが、古典派経済学の言説には、剰余価値という名が不在であると喝破する兆候的な分析である。剰余価値は、その経済的な「存在形態」にすぎないもの（「派生形態」としての利潤、利子、地代）と同一視されることで、認識されつつ－誤認されるのである。

(16) ドゥルーズ＝ガタリは、微分的な関係（とその一七世紀的な解釈）から以下のものを借り受けている。a／関係の概念は、その項の可変的な値に依存するどころか、むしろ逆に、おのれが関係づける項をみずから構成し、その値が取りうる変化の限界を規定する（資本と労働、「不変資本」と「可変資本」は、それらを微分的に規定する両者の結合の外では存在しない）。b／関係は、制限のない内的傾向を持つ。すなわちその傾向には、解として規定可能な商がない。この傾向に起こりうる振舞いのひとつは、項のひとつを「無限小」の量へと回収することである（たとえば、利潤率の傾向的低下、すなわちマルクスみずから、微分的関係のモデルに託して表現するパラメータのひとつを見てみることにしよう――生産性と資本の有機的構成の発展の観点からするなら、

「個人の労働が有する価値増殖力は、無限小の要因として消え去るのである」(K. Marx, *Principes d'une critique de l'économie politique*, *Œuvres. Économie II*, *op. cit.*, p. 299. 〔カール・マルクス『経済学批判要綱』高木幸二郎監訳、大月書店、一九六一年、第3分冊、六四六頁〕。c／最後に、関係は、考察されるふたつの大きさのあいだの力能〔＝累乗〕の微分法を有する。この微分法は、問われるふたつの大きさを事実上、通約不可能にするのである。たとえば、貨幣に内在する交換貨幣と信用貨幣のあいだの、収入の再分配機能と蓄積の融資機能のあいだの通約不可能性のようにである(それゆえ労働と資本のあいだの力関係を抽象しながら、商品形態の通約可能性だけをもちいて、資本主義的な無制限化を定義するだけでは不十分なのだ)。これらすべての論点は、*AŒ*, pp. 269-274. 〔下巻・二七一—三四頁〕で展開されている。

(17) *AŒ*, pp. 270-274, 292, 309. 〔下巻・二九—三四、六一—六二、八七—八八頁〕。

(18) K. Marx, *Le Capital*, L. III, *op. cit.*, pp. 1024-1027 et 1031-1032. 〔マルクス『マルクス＝エンゲルス全集 資本論Ⅲa』前掲書、三〇三—三〇七、三一二—三一四頁〕。

(19) *AŒ*, p. 274. 〔下巻・三四頁〕。

(20) *AŒ*, pp. 299-301. 〔下巻・七二—七六頁〕。「特殊な商品」たる労働力と貨幣の再生産において国家が果たす役割をめぐって、ドゥルーズ＝ガタリはとりわけ、S・ド・ブリュノフの仕事に依拠している。その論点は、一般的等価物の再生産と貨幣の兌換性の問題にくわえ、保険システムの発展と国家による相対的過剰人口の管理である。そこから生ずる資本主義国家の二重の性格、すなわち「外部にありながら内在的である」その性格については、S. de Brunhoff, *État et capital*, Paris, PUF, 1973 における綜合を参照のこと。

(21) *AŒ*, pp. 279-280. 〔下巻・四〇—四三頁〕を見よ。ここで彼らは、市民政府と軍事政権による余剰の吸収において、国家の非生産的な浪費が果たす役割をめぐって、P. Baran, P. Sweezy, *Le Capitalisme monopoliste* (1966), tr. fr., Paris, Maspero, 1968, chap. 7 et 8 〔ポール・バラン、ポール・スウィージー『独占資本——アメリカの経済・社会秩序にかんする試論』小原敬士訳、岩波書店、一九六七年、第七、八章〕を参照している。

(22) *MP*, pp. 542-544, 566-570, 575-591. 〔下巻・一七五—一七八、二〇九—二一五、二二一—二四五頁〕参照。「われわれは、社会形成体を生産様式ではなく、機械状プロセスによって定義する(生産様式はむしろプロセスに依存する)」(*MP*, p. 542.〔下巻・一七五頁〕)。

(23) この論争を後年になって取り上げなおし、その争点をあとから明確化するものとして、「移行の理論」を特集する論集 *Sociologie et société*, vol. XXII/1, avril 1990 と、それを受けて行なわれたグンダー・フランクとウォーラーステインとの対話を参照のこと(A. Gunder Frank, «De quelles transitions et de quels modes de production s'agit-il dans le système mondial réel? Commentaire sur l'article de Wallerstein»; et I. Wallerstein, «Système mondial contre système-monde : le dérapage conceptuel de Frank», in *Sociologie et société*, vol. XXII/2, octobre 1990, pp. 207-222)。

(24) ここから、グンダー・フランクが最終的に擁護する連続主義的なテーゼの可能性が生じる(「歴史が垣間見させてくれるように、世界的で、経済的で、間国家的なひとつの同じ歴史システムが、少なくとも五千年前から存在している……」)。その基礎となるのは、「封建制」ヨーロッパの末期に見られる「資本主義の原型的」要素すべて(資本、貨幣、利潤、商品、賃労働、企業家気質、投資、技術など)にくわえ、さらには構造的で「システム上の」性格(資本の集中化構造、中心-周辺に二極化されたシステムの形成など)さえもが、「古代世界や太古の世界の経済や、政治システムを同じように特徴づけていた」という事実の確認である(A. Gunder Frank, «De quelles transitions et de quels modes de production s'agit-il dans le système mondial réel?», *art. cit.*, pp. 210 sqq)。

(25) *MP*, pp. 542-543.〔下巻・一七五頁〕。

(26) *MP*, p. 543.〔下巻・一七六―一七七頁〕。

(27) *MP*, p. 567.〔下巻・二一〇頁〕。包括のふたつの形式の区別は、ウォーラーステインが提起した区別を思い起こさせずにはいない。彼が区別するのは、〔1〕多かれ少なかれ集中的で規則的な商業的交易によって結びつく「諸々のミニシステム」のモザイク、あるいは相対的に共有される部分的統合と経済的リズムのサイクルのなかにある「諸々の世界-帝国」のモザイクと、〔2〕様々な経済的リズムの同期や、国家同士の関係総体の体系的な構造化を示す「世界システム」であり、「現代の世界システム」(「資本主義的な世界-経済」)の場合、強固に統合された生産過程に依拠する、基軸的な分業にもとづく商業網の再分節化を示している。

(28) D. Harvey, *Le Nouvel impérialisme* (2003), tr. fr. Paris, Les Prairies Ordinaires, 2010, pp. 56-57.〔デヴィッド・ハーヴェイ『ニュー・インペリアリズム』本橋哲也訳、青木書店、二〇〇五年、五〇―五二頁〕を参照のこと。

(29) *MP*, pp. 567-568.〔下巻・二一〇―二一一頁〕。

(30) *MP*, pp. 559, 576-577, n. 48 et 54-55.〔下巻・一九八―二〇〇、二二二―二二四頁、第一三プラトー注四八、五四、五五〕。

(31) *MP*, p. 568.〔下巻・二一二頁〕。科学の領野に内在する政治の問題は、七〇年代のガタリの仕事において中心的なものであった（とりわけ、*La Révolution moléculaire*, Paris, Recherches, 1976.〔フェリックス・ガタリ『分子革命――欲望社会のミクロ分析』杉村昌昭訳、法政大学出版局、一九八八年〕を参照）。「定理的」方法と「問題提起的」方法、法論理的方法と実験的方法、さらには公理論的方法と直観主義的方法といった、方法同士のあいだの分割線に沿って行われる、科学的実践に内在する政治的係争について、*MP*, pp. 446-464.〔下巻・三二一―五八頁〕と、第四プラトー「言語学の公準」を参照のこと。同プラトーは、F. Guattari, *L'Inconscient machinique*, Paris, Recherches, 1979.〔フェリックス・ガタリ『機械状無意識――スキゾ分析』高岡幸一訳、法政大学出版局、一九九〇年〕の第二、三章の議論の大部分を取り上げなおしている。

(32) *MP*, p. 576.〔下巻・二二三頁〕。

(33) *MP*, pp. 568-569.〔下巻・二一二―二一三頁〕。ここで彼らは、R. Blanché, *L'axiomatique*, Paris, PUF, 1955. を参照している。同じひとつの公理系にとって、「異なる現実化」が複数あること、「異なる現実化を、当初の領域とはかけ離れた思考領域から借りることもありうること」については、第一二節。同じひとつの公理系について、「異なる諸解釈」を生みだす様々な実現モデル同士の同形性の定義については、p. 47 sqq. 飽和していない体系における実現モデルの多形性（「なぜなら非飽和が意味するのはまさに、ひとつないし複数の分岐の可能性なのである」）については、第一五節。飽和した公理系においてさえ存在する様々な多形的モデルの可能性については、第二六節。

(34) *MP*, pp. 569, 582.〔下巻・二一三、二三一―二三二頁〕。同様に、*Qu'est-ce que la philosophie?*, *op. cit.*, p. 103.〔ドゥルーズ、ガタリ『哲学とは何か』前掲書、一八四―一八六頁〕。

(35) *MP*, p. 577 sqq.〔下巻・二二四頁以下〕。

(36) 「資本主義が公理系を構成するかぎりにおいて（市場のための生産）、すべての国家とすべての社会形成体は、〔公理系の〕実現モデルとして同形的になっていく傾向がある。というのも、中心化された世界市場がたったひとつだけ存在するからだ（……）。それゆえ世界的組織は、異質な社会形成体同士の「あいだ」を移動することをやめる。なぜなら、世界的組織が保証するのは、社会形成体同士の同形性だからである」（*MP*, pp. 543-544.〔下巻・一七七―一七八頁〕）。

（37）*MP*, p. 543.〔下巻・一七七頁〕。

（38）*MP*, p. 568.〔下巻・二一二頁〕。

（39）*MP*, p. 565.〔下巻・二〇八頁〕。K. Marx, *Le Capital*, L. I, section VIII, ch. XXXI.〔マルクス『資本論』第一巻、第七篇、第二四章〕（第六節「産業資本家の形成」）。「高利貸と商業というふたつの手段によって形成された貨幣資本は、農村では封建制度によって、都市では同職組合組織によって、産業資本への転化を妨げられた。これらの制限は、封建家臣団が解体され、農村民が収奪されその一部が追放されると同時に、崩れおちた（……）」〔『マルクス＝エンゲルス全集　資本論Ⅰb』前掲書、九八〇頁〕。

（40）*MP*, 570.〔下巻・二一四―二一五頁〕。

（41）*MP*, pp. 577-579.〔下巻・二二四―二二七頁〕。

（42）*MP*, p. 577.〔下巻・二二四―二二五頁〕。

（43）*MP*, pp. 577-578.〔下巻・二二四―二二六頁〕。

（44）「国内の周辺化」の問題については、これ以降の本書の記述を参照のこと。これは、ヨーロッパの今後についてのガタリ＝ドゥルーズの直観であった。

（45）*MP*, p. 580.〔下巻・二二八―二二九頁〕。

（46）*MP*, p. 578.〔下巻・二二五―二二六頁〕。

（47）*MP*, p. 569.〔下巻・二一三頁〕。

（48）ここから同時に生まれるのは、全体主義的な資本主義国家――ラテン・アメリカの独裁制という新自由主義の実験場で試験された国家――と、国家社会主義的な「ファシズム」国家との区別である。*MP*, p. 578.〔下巻・二二五―二二六頁〕。

（49）*MP*, p. 579.〔下巻・二二七頁〕。

（50）S. Amin, *L'Accumulation à l'echelle mondiale*, Dakar-Paris, IFAN/Anthropos, 1970, p. 365.〔サミール・アミン『世界的規模における資本蓄積　第2分冊　周辺資本主義構成体論』原田金一郎訳、柘植書房、一九七九年、二三一―二三二頁〕。
（51）*MP*, p. 579.〔下巻・二二六―二二七頁〕。
（52）本書第二章「捕獲と主権――暴力をめぐる国家的経済と国家的非経済」参照。
（53）*MP*, p. 585.〔下巻・二三六頁〕。
（54）*MP*, p. 579.〔下巻・二二七頁〕。本書第七章を参照のこと。
（55）*MP*, p. 580.〔下巻・二二九頁〕。
（56）*MP*, p. 580.〔下巻・二二九頁〕。
（57）É. Balibar, «De la lutte des classes à la lutte sans classes ?», in É. Balibar, I. Wallerstein, *Race, nation, classe. Les identités ambiguës*, Paris, La Découverte, 1988, p. 237.〔エティエンヌ・バリバール「階級闘争から階級なき闘争へ?」須田文明訳、エティエンヌ・バリバール、イマニュエル・ウォーラーステイン『人種・国民・階級――「民族」という曖昧なアイデンティティ』所収、若森章孝・岡田光正・須田文明・奥西達也訳、唯学書房、二〇一四年、二六六頁〕。（「成長の幻想――それによるなら、不均等はたんに、徐々に解消されてゆく遅れをあらわしているにすぎない――とは逆に、世界‐経済における資本の価値増殖は、実際問題として、歴史上のあらゆる搾取形態が同時に利用されることを前提している（……）」。
（58）S. Amin, *L'Accumulation à l'echelle mondiale, op. cit.*, p. 373.〔アミン『世界的規模における資本蓄積　第2分冊　周辺資本主義構成体論』前掲書、二四〇―二四一頁〕。
（59）*Ibid.*, pp. 373-374.〔アミン『世界的規模における資本蓄積　第2分冊　周辺資本主義構成体論』前掲書、二四一―二四二頁〕（こうした肥大は、中心において「発達した独占段階に内在する剰余価値の実現をめぐる困難」を示す一方で、周辺において「蓄積への制約」をみずから生みだす）。
（60）*Ibid.*, p. 375.〔アミン『世界的規模における資本蓄積　第2分冊　周辺資本主義構成体論』前掲書、二四二―二四三頁〕。
（61）*AŒ*, p. 275.〔下巻・三五頁〕。
（62）*MP*, p. 581.〔下巻・二三〇―二三一頁〕。ドゥルーズ＝ガタリは、のちに新自由主義の信条となるP・クルーグマンの「国際的なニュー・エコノミー」を、あらかじめ失墜せしめている。クルーグマンは、資本と金融の流れの規制緩和を、新たな国際分業によって正当化しようと努力する。新たな国際分業は、質の低い雇用による〈南〉の成長と、脱工業化のせいで失われた〈北〉の雇用を、「認知経済」と「サービス経済」の質の高い雇用の発展によって肩代わりすることを、好循環として結びつけていた。

（63） *MP*, p. 581.〔下巻・二三〇頁〕。

（64） *MP*, p. 584.〔下巻・二三五頁〕。

（65） *MP*, p. 582.〔下巻・二三二頁〕。

（66） *MP*, p. 582.〔下巻・二三二頁〕。

（67） とりわけ *MP*, pp. 263-264, 584-585.〔中巻・一一一―一一四、下巻・二三五―二三七頁〕を見よ。

（68） G. Deleuze, «Nietzsche et Saint-Paul, Lawrence et Jean de Patmos»（1978）, *op. cit.*〔ドゥルーズ「ニーチェと聖パウロ、ロレンスとパトモスのヨハネ」、『批評と臨床』前掲書〕にくわえ、パレスチナ問題への一連の介入を参照のこと。«Les gêneurs»（1978）, in G. Deleuze, *Deux régimes de fous, op. cit.*, pp. 147-149, «Les Indiens de Palestine»（1982）, *ibid.*, pp. 179-184, «Grandeur de Yasser Arafat»（1984）, *ibid.*, pp. 221-225, et «Les pierres»（1988）, *ibid.*, pp. 311-312.〔「厄介者」、「パレスチナのインディアン」笹田恭史訳、『狂人の二つの体制 1975-1982』前掲書、二二五―二二八、二七七―二八六頁。「ヤーセル・アラファトの偉大」、「石たち」笹田恭史訳、『狂人の二つの体制 1983-1995』前掲書、六三―六九、二〇九―二一一頁〕。

（69） *MP*, p. 584.〔下巻・二三四頁〕。

（70） É. Balibar, *Violence et civilité, op. cit.*, p. 135 sqq.（「資本主義が地理的世界の征服、分割、植民地化をひとたび成し遂げるなら（そうすることで「地球規模」に広がるなら）、この地理的世界をふたたび植民地化し始める。すなわち、おのれ自身の「中心」を植民地化し始めるのである……」）。同様に、É. Balibar, «Réflexions sur la crise européenne en cours», URL : http://www.gauchemip.org/spip.php?article13620（non paginé）、さらには P. Sauvêtre, «Minoriser l'Europe pour sortir du postcolonialisme intérieur», in *Lignes*, n°34, février 2011, pp. 145-160 を見よ。後者の論文は、「全般化される植民地の仮説」を取り上げなおし、バリバールとドゥルーズ＝ガタリの分析を交叉させながら、ヨーロッパにおけるロマの人たちの状況の事例をもとに、この仮説のアクチュアリティを示している。

（71） *MP*, p. 585〔下巻・二三六―二三七頁〕。一九七二年時点での *AŒ*, p. 275.〔下巻・三六―三七頁〕参照。国内の周辺

化の象徴的な事例として、「その場での非局在化」という用語をもちいて、ヨーロッパの移民労働者の過剰搾取を論じたE・テレーの分析を見よ。過剰搾取は、非合法活動の管理に依存するものだが、必要とあらばそれは、社会民主主義的な公理によって実行される階級分断と結びつくのである。«Le travail des étrangers en situation irrégulière ou la délocalisation sur place», in E. Terray *et al.*, *Sans-papiers : l'archaïsme fatal*, Paris, La Découverte, 1999, pp. 9-34. A・フランソワは、テレーの分析を取り上げなおしながら、第一三プラトーにおける資本主義公理系の叙述はすでに、その後の二〇年間に体系化されることになる新自由主義秩序と関係していることを示している（A. François, «Capitalisme et sans-papiers», in A. Pickels *et al.*, *À la lumière des sans-papiers*, Bruxelles, Éd. Complexe, 2001, pp. 109-125）。

（72）一九七三年の〔石油〕危機によって始まった「略奪による蓄積」という新たな循環を、ここ四〇年にわたって支え続けてきた新自由主義的政策の様々な原動力について、D. Harvey, *Le Nouvel impérialisme*, *op. cit.*, p. 165 sqq.〔ハーヴェイ『ニュー・インペリアリズム』前掲書、一四七頁以下〕参照。

第五章

第六章

（1）É. Balibar, «Droit au territoire», Préface à Enrica Rigo, *Europa di confine. Trasformazioni della cittadinanza nell'Unione allargata*, Meltemi Editore, Roma, 2007.

（2）一九七〇年代末のアルチュセールの文章を参照のこと（「やっと、マルクス主義の危機！」、「「有限」な理論としてのマルクス主義」など〔いずれも『マキャヴェリの孤独』所収、福井和美訳、藤原書店、二〇〇一年〕）。同様に、A. Cavazzini, *Crise du marxisme et critique de l'État. Le dernier combat d'Althusser*, Reims, Le Clou dans le Fer, 2009. の分析を見よ。

（3）「以前はプロレタリアートとしての自覚を持ちさえすればよかった。しかしいまの私たちには、そんなプロレタリアート像は無縁なものとなってしまいました」（G. Deleuze, «Contrôle et devenir»（1990）, in *Pourparlers*, *op. cit.*, p. 234.〔ドゥルーズ「管理と生成変化」、『記号と事件』前掲書、三四六頁〕）。

（4）*MP*, p. 587.〔下巻・二三九頁〕。

（5）G. Deleuze, C. Parnet, *Dialogues*, Paris, Flammarion, 1977, reed. 1996, pp. 175-176.〔ジル・ドゥルーズ、クレール・

パルネ『ディアローグ——ドゥルーズの思想』河出文庫、江川隆男・増田靖彦訳、二〇一一年、二四三—二四五頁〕。

（6） Voir G. Sibertin-Blanc, «D'une conjoncture l'autre : Guattari et Deleuze après-coup», *art. cit.*

（7） *MP*, p. 363.〔中巻・二八四頁〕。「歴史をつくるのは、歴史にあらがう者だけだ（歴史に組み込まれる者たちでもなければ、歴史を手直しする者たちですらない）（……）。それはつねに〈歴史〉に回収されるが、それが〈歴史〉から到来したことなどかつて一度たりともない」。

（8） G. Deleuze, *Pourparlers*, *op. cit.*, pp. 238-239.〔ドゥルーズ『記号と事件』前掲書、三五三—三五五頁〕、G. Deleuze, F. Guattari, *Qu'est-ce que la philosophie ?*, *op. cit.*, pp. 107-108.〔ドゥルーズ、ガタリ『哲学とは何か』前掲書、一九二—一九六頁〕を参照のこと。

（9） G. Deleuze, « Philosophie et minorité », *Critique*, n° 369, fév. 1978, pp. 154-155（修正のうえ、*MP*, pp. 133-134.〔上巻・二一九—二二二頁〕に再録）。同様に、*MP*, pp. 356-358 et 586〔中巻・二七三—二七八頁、下巻・二三七頁〕、G. Deleuze, «Un manifeste de moins», in C. Bene, G. Deleuze, *Superpositions*, Paris, Minuit, 1979, pp. 124-125.〔ドゥルーズ「マイナー宣言」、『重合』所収、江口修訳、法政大学出版局、一九九六年、一五七—一五九頁〕を参照のこと。

（10） この点にかんして、ドゥルーズ＝ガタリはその一〇年後に、苦々しい肖像を描き出している。*Qu'est-ce que la philosophie?*, *op. cit.*, pp. 101-103.〔ドゥルーズ、ガタリ『哲学とは何か』前掲書、一八二—一八五頁〕。また、コンセンサスにもとづくマジョリティの構成においてオピニオンが果たす機能について、pp.137-139.〔二四二—二四七頁〕。（「オピニオンとは本質的にマジョリティの意志であり、すでにマジョリティの名において語っているのである……」）。

（11） *MP*, p. 358.〔中巻・二七七—二七八頁〕。

（12） *MP*, p. 588.〔下巻・二四〇—二四一頁〕。

（13） *MP*, p. 586.〔下巻・二三七—二三八頁〕。

（14）『アンチ・オイディプス』は、こうした操作を、「移行の偽推理」と呼んでいた（*AŒ*, pp. 135-137.〔上巻・二一八—二二二頁〕）。

（15） この意味で、E・ラクラウによって提起されたランシエールの「分け前なき者たち」の再解釈を参照のこと。この再解釈は、（その政治的含意を反転させるというより変形する）「ヘゲモニーの論理」の枠内でなされている。*La Raison populiste*, 2005, tr. fr., Paris, Seuil, 2008. また、示唆的なラクラウ読解として、S. Žižek, *Le Sujet qui fâche*, tr. fr. S. Kouvélakis, Paris, Flammarion, 2007, pp. 233-240.〔スラヴォイ・ジジェク『厄介なる主体——政治的存在論の空虚な中心1』鈴木俊弘・増田久美子訳、青土社、二〇〇五年、三二五—三三四頁〕。

(16) 「二項機械」について、F. Guattari, *L'inconscient machinique*, *op. cit.*, notamment p. 84 sqq.〔ガタリ『機械状無意識』前掲書、とりわけ八七頁以下〕、『千のプラトー』第七、九、一〇プラトー参照。

(17) カフカのドイツ語に内在する多言語性、それが有する領土的で、政治的で、地政学的でさえある次元と、意味論的で統辞論的な特徴について、G. Deleuze, F. Guattari, *Kafka. Pour une littérature mineure*, Paris, Minuit, 1975, pp. 43-50.〔ジル・ドゥルーズ、フェリックス・ガタリ『カフカ——マイナー文学のために〈新訳〉』宇野邦一訳、法政大学出版局、二〇一七年、四四—五二頁〕と、*MP*, p. 128 sqq.〔上巻・二一二頁以下〕を参照のこと。

(18) これらの問いにかんして、以下を参照のこと。J.-J. Lecercle, *Une Philosophie marxiste du langage*, Paris, PUF, 2004 ; A. Janvier et J. Pieron, « 'Postulats de la linguistique' et politique de la langue : Benveniste, Labov, Ducrot », *Dissensus*, n° 3, fév. 2010, pp. 138-163 ; et G. Sibertin-Blanc, « Politique du style et minoration : de la sociolinguistique à la pragmatique de l'expression », in A. Jdey (dir.), *Les Styles de Deleuze*, Bruxelles, Les Impressions Nouvelles, 2011.

(19) G. Deleuze, F. Guattari, *Kafka. Pour une littérature mineure*, *op. cit.*, p. 35.〔ドゥルーズ、ガタリ『カフカ——マイナー文学のために〈新訳〉』前掲書、三四—三五頁〕。

(20) ギィ・オッカンガム『牧神たちの五月後』へのドゥルーズの序文を参照のこと。*L'Île déserte et autres textes*, *op. cit.*, pp. 395-400.〔『無人島』前掲書、二九九—三〇七頁〕。

(21) 「どんなことでも問題になりうる。だが、問題であることは、それだけですでに政治的である。マイノリティへの生成変化は(……)、力能のあらゆる作用に、活発なミクロ政治学に訴えかける。これはマクロ政治学、さらには〈歴史〉の対極にある。〈歴史〉においてはむしろ、いかにしてマジョリティを獲得し、手中に収めるかをみきわめることが重要だからだ」(*MP*, p. 357.〔中巻・二七六頁〕)。

(22) Voir É. Balibar, *Violence et civilité*, *op. cit.*, 3e Conférence ; et E. Viveiros de Castro, *Métaphysiques cannibales*, *op. cit.*〔エドゥアルド・ヴィヴェイロス・デ・カストロ『食人の形而上学』前掲書〕。

（23） J. Rancière, *La Mésentente*, Paris, Galilée, 1995, pp. 89-90.〔ジャック・ランシエール『不和あるいは了解なき了解——政治の哲学は可能か』松葉祥一・大森秀臣・藤江成夫訳、インスクリプト、二〇〇五年、一〇五—一〇七頁〕を見よ。くわえてとりわけ、« La cause de l'autre », *Lignes*, n° 30, fév. 1997 : *Algérie-France : Regards croisés*, pp. 41-42. を参照のこと。カフカの「表現の問題」を、様々な言語学的な不可能性（これは同時に、主体的かつ政治的に維持不可能な同一化の拠点でもある）から出発して再構築すること——この不可能性から出発して、文学的プロセスの創造的な出口が文体的にも、政治的にも規定される——について、以下のものを見よ。*Kafka. Pour une littérature mineure*, *op. cit.*, pp. 29-35.〔『カフカ——マイナー文学のために〈新訳〉』前掲書、二七—三四頁〕。*Cinéma 2. L'image-temps*, *op. cit.*, chap. 8 section 3.〔『シネマ2＊時間イメージ』前掲書、第八章、第三節〕。G. Sibertin-Blanc, « Politique du style et minoration chez Deleuze », *op. cit.*, pp. 193-198.

（24） *MP*, p. 357.〔中巻・二七四—二七五頁〕。

（25） *MP*, pp. 585-586.〔下巻・二三六—二三七頁〕。

（26） *MP*, pp. 587-588.〔下巻・二三八—二四〇頁〕。

（27） *MP*, p. 589.〔下巻・二四二頁〕。

（28） *MP*, pp. 584-586.〔下巻・二三五—二三七頁〕。

（29） É. Balibar, *La Crainte des masses*, Paris, Galilée, 1997, p. 223.

（30） *MP*, p. 577.〔下巻・二二四—二二五頁〕。

（31） *MP*, pp. 578-579.〔下巻・二二六—二二八頁〕。

（32） *AŒ*, pp. 306-307.〔下巻・八三—八六頁〕。

（33） Voir B. Ogilvie, *L'Homme jetable. Essai sur l'exterminisme et la violence extrême*, Paris, Amsterdam, 2012.

（34） *MP*, pp. 589-590.〔下巻・二四三頁〕。

（35） 本書第二章「捕獲と主権——暴力をめぐる国家的経済と国家的非経済」を見よ。

（36） K. Marx, *Le Capital*, L. I, *op. cit.*, pp. 1152-1156, 1229-1235.〔マルクス『マルクス＝エンゲルス全集　資本論Ｉb』前掲書、八二八—八三四、一〇〇一—一〇一〇頁〕。

（37）*MP*, pp. 587-588.〔下巻・二三八―二四一頁〕。

（38）*MP*, pp. 558-560.〔下巻・一九八―二〇〇頁〕。本書第二章を参照のこと。

（39）*AŒ*, pp. 267, 283-284, 320.〔下巻・二五、四七―四八、一〇五―一〇六頁〕を見よ。

（40）*MP*, p. 589.〔下巻・二四二頁〕。

（41）K. Marx, *Le Capital*, L. I, *op. cit.*, p. 1361 sqq, p. 1383.〔マルクス『マルクス＝エンゲルス全集 資本論Ⅰｂ』前掲書、八七八頁以下、九〇四―九〇五頁〕。「都市へのたえまない移住、農村における相対的過剰人口のたえざる形成――農地集約、機械の利用、耕地の牧場への転化などによる――、小屋の取り壊しによる農業人口のたえざる追い立ては、すべて同時に進行する。都市や町における人間の群れの過密状態は、地方の表面で暴力的に進展する過疎化に対応している」。

（42）これは北米のインディアンの事例であり、エリアス・サンバールはパレスチナとのアナロジーに注意をうながしている。G. Deleuze, «Grandeur de Yasser Arafat», *op. cit.*, p. 223.〔ドゥルーズ「ヤーセル・アラファトの偉大」、『狂人の二つの体制 1983-1995』前掲書、六六頁〕、G. Deleuze, E. Sanbar, «Les Indiens de Palestine», *op. cit.*, pp. 182-183.〔ドゥルーズ、サンバール「パレスチナのインディアン」、『狂人の二つの体制 1975-1982』前掲書、二八一―二八二頁〕。「［エリアス・サンバール］シオニズム運動は、ユダヤ人共同体をパレスチナに動員したのですが、それはパレスチナ人がいつか出て行くだろうという考えではなく、この国家はもともと「空き地」だったという考えにもとづいていました。（……）この消去を成功させるには、消去がはじめからすでに起こっていたかのように、ことを運ぶ必要がありました。すなわち、いままさに目の前に現前している他者の存在を、決して「見ない」ようにすることによって。首尾よく空き地であったことにするためには、植民者自身の頭のなかから、「他者」を一掃することから始めなければならなかった」。

（43）*MP*, pp. 426-427.〔中巻・三九一―三九二頁〕。

（44）K. Marx, F. Engels, *Manifeste du parti communiste*, tr. fr. L. Lafargue, Paris, Éditions sociales, 1967, p. 29.〔カール・マルクス、フリードリヒ・エンゲルス『共産党宣言』村田陽一訳、『マルクス＝エンゲルス全集 第4巻』所収、大月書店、一九六〇年、四七六頁〕。

(45) これらの問いにかんして、É. Balibar, *La Crainte des masses*, *op. cit.*, chap. «La relève de l'idéalisme» et «Le prolétariat insaisissable»を参照のこと。

(46) G. Deleuze, C. Parnet, *Dialogues*, *op. cit.*, p. 174.〔ドゥルーズ、パルネ『ディアローグ』前掲書、二四二頁〕。ガタリにおける組織と制度論的な創造性の問題について、«La causalité, la subjectivité, l'histoire» (1966-1968), in F. Guattari, *Psychanalyse et transversalité* (1972), Paris, La Découverte, 2002.〔ガタリ「因果性、主観性、歴史」(一九六六―一九六八年)、『精神分析と横断性――制度分析の試み』杉村昌昭・毬藻充訳、法政大学出版局、一九九四年〕。

(47) *AŒ*, pp. 303-305 et s.〔下巻・七八―八二頁以下〕参照。

(48) *MP*, pp. 589-590.〔下巻・二四二―二四四頁〕。同様に、G. Deleuze, *Foucault*, *op. cit.*, p. 96〔ドゥルーズ『フーコー』前掲書、一六六―一六八頁〕。É. Balibar, «La lutte des classes sans classes?», in É. Balibar, I. Wallerstein, *Race, nation, classe*, *op. cit.*, en particulier pp. 231-233, 239-244.〔バリバール「階級闘争から階級なき闘争へ?」、『人種・国民・階級』前掲書、とりわけ二五九―二六二、二六八―二七三頁〕を参照のこと。

(49) *MP*, pp. 587-588.〔下巻・二三八―二四一頁〕。

(50) *MP*, p. 588.〔下巻・二四〇頁〕。

(51) *MP*, p. 579.〔下巻・二二七―二二八頁〕、G. Deleuze, C. Parnet, *Dialogues*, *op. cit.*, pp. 174-175.〔ドゥルーズ、パルネ『ディアローグ』前掲書、二四一―二四三頁〕を見よ。

(52) *MP*, pp. 579-580.〔下巻・二二七―二二八頁〕。

(53) *MP*, p. 580-581.〔下巻・二二九―二三〇頁〕。

(54) *MP*, p. 588.〔下巻・二四〇頁〕。

(55) G. Sibertin-Blanc, «D'une conjoncture l'autre : Guattari et Deleuze après-coup», *Actuel Marx*, n°52, *op. cit.*, pp. 28-47を見よ。

(56) G. Deleuze, *Foucault*, Paris, Minuit, 1986, p. 123.〔ドゥルーズ『フーコー』前掲書、二一六―二一九頁〕。

(57) G. Deleuze, F. Guattari, «Mai 68 n'a pas eu lieu» (1984), *op. cit.*, pp. 215-216.〔ドゥルーズ、ガタリ「六八年五月〔革命〕は起こらなかった」、『狂人の二つの体制 1983-1995』前掲書、五一―五四頁〕。

(58) *MP*, p. 588.〔下巻・二四〇—二四一頁〕。
(59) *MP*, p. 570.〔下巻・二一四頁〕。
(60) ドゥルーズ＝ガタリが『カフカ』で記すところによれば、マイノリティ的なものは、とりわけ困難で矛盾に満ちた条件に置かれなければ、こうした分割を内面化することができない、という不可能性によって示される。たとえば、個人／集団の切断がそうである。なぜなら、「メジャー」な主体の生の条件や権利に比べると、マイノリティ的なものは不安定で、周縁的で、一時的な状況に置かれている。メジャーな主体の目からすると、「個人的な問題（家族、結婚生活など）」に思えるすべては、「同じく個人的な別の問題と合流する傾向があるのであり、このとき社会階層は、環境と背景としての役割に甘んじる」。こうした個人的な問題は、マイノリティ的なものにとっては逆に、ただちに集団的で、社会的で、政治的な射程を帯びる。（*Kafka. Pour une littérature mineure, op. cit.*, pp. 30-33.〔『カフカ——マイナー文学のために〈新訳〉』前掲書、二八—三二頁〕）。一九七四年の時点で、ドゥルーズは類似する問題を、ギィ・オッカンガム『牧神たちの五月後』への序文で取り上げている。*L'île déserte et autres textes, op. cit.*, pp. 397-399.〔『無人島 1964-1974』前掲書、三〇一—三〇五頁〕。これらふたつの分析は、『アンチ・オイディプス』pp. 313-317 et s.〔下巻・九三—一〇一頁以下〕で練りあげられた「折りたたみの偽推理」の概念を活用している。G. Sibertin-Blanc, *Deleuze et l'Anti-Œdipe, op. cit.*, pp. 96-103. を見よ。
(61) *MP*, pp. 134-135.〔上巻・二二一—二二二頁〕。
(62) *MP*, p. 590.〔下巻・二四四頁〕。
(63) C・モーハンティーやJ・バトラーといった思想家が、「フェミニズムの国際的な連帯の可能性の条件」の問題を再提起する際に、抑圧の条件と権利要求をめぐって西洋のフェミニストたちが生みだしてきた「まがいものの等質性の概念」から距離を置くその仕方を参照のこと。バトラーは、問題の定立そのものにかかわる不安定性に注意をうながしている。すなわち一方では、「私たちは、近代の地位や性質にかんして意見を異にするかもしれないが、健康、生殖技術、相応の賃金、身体的保護、文化的権利、集会の自由などにかんする先住民女性の権利擁護を主張するために、連帯することができる」。こうした「普遍的」な権利要求は、以下のような事実にふれたところで、変節することはない。すなわち「フェミニズムの活動家や思想家の国際的連帯は（……）、私たちをアクティヴィズムに導く無数の認識論的信念や政治的信念、行動（エージェンシー）の様式や手段が豊かに繁茂し、ときには通約不可能なものとなることを受け容れなければならない」。（J. Butler, *Vie précaire. Les pouvoirs du deuil et de la violence après le 11 septembre 2001* (2004), tr. fr. J. Rosanvallon et J. Vidal, Paris, Éditions Amsterdam, 2005, pp. 75-78.〔ジュディス・バトラー『生のあやうさ――哀悼と暴力の政治学』本橋哲也訳、以文社、二〇〇七年、九一―九五頁。引用箇所は九三頁〕）。

(64) G. Deleuze, C. Parnet, *Dialogues*, *op. cit.*, pp. 174-175.〔ドゥルーズ、パルネ『ディアローグ』前掲書、二四一―二四三頁〕。*MP*, pp. 579 et 588.〔下巻・二二六―二二八、二四〇―二四一頁〕。

(65) この問いが、当時の新たな「権力の劇作法」の核心に存在している。たとえば、M・ドイチュ、F・X・クレッツ、M・ヴェンツェル、それにR・W・ファスビンダーの場合はとりわけいたるところで、マリールイーズ・フライサーが下方への圧力（*druck nach unten*）と呼んだものを、作品の主要な動機のひとつとしている。この一連のシークエンスについて、A. Talbot, *Théâtres du pouvoir, théâtres du quotidien. Retour sur les dramaturgies des années 1970*, Louvain-La-Neuve, Études théâtrales, n°43, 2008, notamment pp. 83-90. を参照のこと。

(66) *MP*, p. 357.〔中巻・二七五頁〕。

(67) *Ibid.*〔中巻・二七五頁〕。

(68) *MP*, p. 249.〔中巻・八八頁〕。

(69) *MP*, pp. 134-135.〔上巻・二二二―二二三頁〕。

結論

(1) *MP*, 570.〔下巻・二一四頁〕。

(2) *MP*, 570.〔下巻・二一四頁〕。

(3) Voir G. Sibertin-Blanc, «Peuple et territoire : Deleuze lecteur de la *Revue d'Études Palestiniennes*», in C. Mayaux (dir.), *Écrivains et intellectuels français face au monde arabe*, Paris, Honoré Champion, 2011, pp. 251-260.

(4) *MP*, p. 587.〔下巻・二三九頁〕。「われわれはいたるところに、世界的運動の予兆を見いだす。マイノリティは、国民国家が制御し圧殺しようとする「民族自決」の現象をふたたびつくりだしている……」。

（5） G. Deleuze, F. Guattari, *Kafka. Pour une littérature mineure*, *op. cit.*, pp. 45 sqq, 74-76, 104-105, 147-150…〔ドゥルーズ、ガタリ『カフカ――マイナー文学のために〈新訳〉』前掲書、四六頁以下、八二―八五、一一五―一一七、一六七―一七一頁〕。

（6） H. Arendt, *L'Impérialisme* (1951), tr. fr. M. Leiris, Paris, Seuil, 1997, p. 239 sqq.〔ハンナ・アーレント『全体主義の起原2　帝国主義〔新版〕』大島通義・大島かおり訳、みすず書房、二〇一七年、二六七頁以下〕。

（7） *Ibid.*, p. 246.〔アーレント『全体主義の起原2　帝国主義〔新版〕』前掲書、二七七頁。ただし、英語版を底本とする仏語訳からの引用文は、ドイツ語版を主要な底本とする日本語訳とは原文が異なる〕。

（8） G. Deleuze, F. Guattari, «Le pire moyen de faire l'Europe», *op. cit.*〔ドゥルーズ、ガタリ「ヨーロッパを統一する最悪の手段」、『狂人の二つの体制　1975-1982』前掲書〕。

（9） H. Arendt, *L'Impérialisme*, *op. cit.*, p. 243 sqq.〔アーレント『全体主義の起原2　帝国主義〔新版〕』前掲書、二七三頁以下。本文中の引用は二八一頁〕。

（10） *MP*, p. 570.〔下巻・二一四―二一五頁〕。G. Deleuze, *Cinéma 2. L'image-temps*, *op. cit.*, pp. 195-200, 203-225, 281-291.〔ドゥルーズ『シネマ2＊時間イメージ』前掲書、二〇八―二一五、二一八―二四二、二九九―三一〇頁〕。

（11） ロマン主義以降、分かちがたく美学的で政治的な問題となった全体化、土地／人民のあいだの裂け目をめぐる異なる運命、ワーグナー的契機とそれ固有の両義性、パウル・クレー自身の進展といった問題すべてについて、*MP*, pp. 417-422 sqq.〔中巻・三七六―三八五頁以下〕参照。大衆芸術としての革命芸術の計画の歴史的な危機について、ドゥルーズ『シネマ2＊時間イメージ』第七章第一節と第一〇章第一節における、W・ベンヤミンとS・クラカウアーのテーゼをめぐる議論を参照のこと。

（12） G.Deleuze, *Cinéma 2. L'image-temps*, *op. cit.*, p.283.〔ドゥルーズ『シネマ2＊時間イメージ』前掲書、三〇一―三〇二頁〕。

（13） É. Balibar, *Violence et civilité*, *op. cit.*, p. 187.

（14） *MP*, p. 358, n. 65.〔中巻・二七七頁にくわえ、第一〇プラトー注六五〕に引用。

（15） G. Deleuze, *Cinéma 2. L'image-temps*, *op. cit.*, pp. 195-200.〔ドゥルーズ『シネマ2＊時間イメージ』前掲書、二〇八―二一五頁〕を見よ。

（16） 『シネマ2＊時間イメージ』第八章、第三節における、グラウベル・ローシャの映画の分析とフランツ・ファノンへの間接的言及を参照のこと。

訳者解説

本書は、Guillaume Sibertin-Blanc, *Politique et État chez Deleuze et Guattari : Essai sur le matérialisme historico-machinique*, PUF, 2013 の全訳である。著者ギヨーム・シベルタン＝ブランは、一九七七年生まれのフランスの政治哲学者であり、とりわけドゥルーズ＝ガタリの政治哲学の専門家として国際的にもその名を知られ、本書もすでに英訳が出版されている（*State and Politics. Deleuze and Guattari on Marx*, Translated by Ames Hodges, Semiotext(e), 2016）。また現在、『アクチュエル・マルクス』誌の編集に名を連ねており、本書は同誌のシリーズの一環として刊行されたものである。

著者の経歴を簡単に振り返っておくことにしよう。二〇〇六年に、ピエール・マシュレの指導のもと、およそ千頁にわたる浩瀚な博士論文「政治と臨床――ジル・ドゥルーズの実践哲学に関する研究」（*Politique et clinique : Recherche sur la philosophie pratique de Gilles Deleuze*）を提出し、以降現在まで、精力的にドゥルーズ＝ガタリの政治哲学をめぐる論文を多数執筆している。また二〇一〇年には、本書の原国家論や資本主義論とも関係の深い『ドゥルーズと「アンチ・オイディプス」――欲望の生産』（*Deleuze et l'Anti-Œdipe. La production du désir*, PUF, 2010）を刊行しているのに加え、それに先立って、二〇〇八年には、『政治哲学（一九―二〇世紀）』（*Philosophie politique (XIXe-XXe siècles)*, PUF, 2008）を出版している。『政治哲学』は、近代国家の系譜学であり、ルソーの契約論とバークの保守主義にはじまり、レーニンの革命政党論とフーコーの権力論で締めくくられる大学生向けの優れた国家論の入門書である。様々な思想家の手際よく的確な紹介と並行しながら、フランス革命以降の人民、主権、法、領土、国民(ネーション)といった国家論の基礎概念を提示し、歴史学、経済学、社会学が近代国家において果たす役割を示し、自由主義国家、社会国家、官僚制国家という三つの国家類型を示し、最後に国家概念の極限としての自殺的な全体国家と、革命下の国家を概観するという構成をとる。本書とも交叉する主題や思想家たちにもたびたび言及しながら、国家論の視座から、ドゥルーズ＝ガタリの戦争論にも一節が割かれている（第三部、第一章、第一節）。

ところで、ドゥルーズはかつてあるインタビューで、「フェリックス・ガタリと私は、それぞれ流儀が違うだろうとはいえ、ふたりともマルクス主義者であり続けていると思います。私たちには、資本主義とその発展の分析に焦点をしぼらないような政治哲学が信じられないのです」、と述べていた。（「管理と生成変化」、『記号と事件』所収）。とはいえ、ドゥルーズ＝ガタリは、むろん資本主義のみを論じていたわけではなく、本書において著者は、ドゥルーズ＝ガタリの政治哲学の核心を、「国家」、「戦争」、「資本主義」をめぐる唯物論的分析に見出している。これらはあとで見るように、それぞれ独立した「力能」でありながら、しかし同時に、深く互いに絡まりあっており、歴史的プロセスのなかで、互いを変質させてゆくというのである。先述の『政治哲学』における簡潔な言葉を見ておくことにするなら、「戦争の諸形態の進化は、資本主義の進化と切り離せない。だが資本主義じたいの進化は、国家の近代史と緊密に結びついている。そして国家はといえば、軍事能力の組織化、その政治的行政、その利用のうちに、おのれの政治的かつ市民的な機能を進化させる強力な要因を見出す」（p.211）。三対のあいだの循環関係を見定めるこうした立場によるなら、現代の資本主義分析は、必然的に、国家論と戦争論を含まねばならず、また、現代の国家論は戦争論と資本主義論を、現代の戦争論は国家論と資本主義論を含まねばならないということになるだろう。「政治哲学」は、それらが絡み合う複合的な情況下における「暴力」の変質や強化をつぶさにあきらかにし、その大局的な史的構造を視座に収めることを焦眉の課題のひとつとするのであり、まさしくそれこそ著者が目指すところでもある。本書もまた、こうしたドゥルーズ＝ガタリの政治哲学は、こうしてきわめて大きな射程を見出すこととなる。ドゥルーズ＝ガタリの思想におけるマクロ政治学の可能性に焦点を当てたものなのである。

さて、このような試みがなされる背景として、ドゥルーズ＝ガタリの仕事がしばしば位置付けられる時代的文脈、すなわち七〇年代以降の、いわば脱政治化的な政治哲学とでもいうべき逆説的文脈を指摘できるだろう。それは一般に主体性のミクロ政治学への傾向と呼びうるものである。この時代、一方で六八年学生叛乱の終息に伴う革命的政治の意気消沈を背負いつつ、他方では新自由主義的資本主義の新たな台頭を展望しながら、政治の場面は、個人へ、局所的集団へ、あるいは来たるべき共同体へと囲い込まれていくことになる。「個人的なことは政治的である」とは、六〇年代の第二波フェミニズムが主張した有名なスローガンであったが、じっさいそのようにして、かつて労働者と資本の間、あるいは植民地と帝国主義国家の間に大きく引かれていた単一的戦線は、近代的市民社会の空間のなかで複数化し拡大していくこととなった。政治をめぐる哲学も概ねこれに答えるように振舞ってきたように見える。知られるとおり、ドゥルーズ＝ガタリ自身もまた、『千のプラトー』で、このミクロ政治の哲学的言説領域を開くことに貢献している（ただし彼らにとってミクロとマクロの不可分性こそ政治を論ずることの賭け金そのものであった。本書第六章も参照のこと）。あるいは後期フーコーの権力論や主体論が与えた影響を考えてもよい。だが、こうした流れに即して登場し始める政治哲学の試みにおいては、しばしば、惑星規模で確立し始めた国民国家秩序の内部の民主主義的共同体こそが、不可触の政治的地平としてあらかじめ設定されることとなった。そしてそのとき哲学は、こうした共同体の包摂と排除の操作に追加される倫理学を提供する役にとどまりかねなかった。

おそらくその背後で問題にすべきことのひとつこそは、著者も指摘するとおり、マルクス主義からの哲学の撤退であったろう。構造主義／ポスト構造主義の思想が、アルチュセールはもとより、レヴィ＝ストロースからラカン、フーコー、ドゥルーズ、ガタリと、深くマルクス主義の磁場の中で思考を触発されてきたことは、今日では忘れられがちである。特に一九八〇年代以降には、労働と資本の妥協からなるポスト階級社会の成立という現状認識の中で、マルクス主義的議論はすでに時代遅れになってしまったとの主張が現れはじめた。九〇年代にはソ連・東欧社会主義諸国の崩壊が、この主張をいよいよ裏付けたと考えられた。そうしたなか、フランス現代思想もまた、マルクスの影を厄介払いされながら、現代的で芸術家然とした主体性の称揚者たちとして迎えられ、むしろかえって新たな資本主義を準備したとして非難の対象にさえなるしまつである（例えばボルタンスキー＆シャペロ『資本主義の新たな精神』を参照）。

こうしたなか、近年のフランス政治思想のひとつの流れとして、六八年五月を中心に、かつての政治運動と思想のつながりを、歴史的にいっそう明確化しようとする試みが生まれている（例えば著者も序文で紹介しているイザベル・ガロの著作。I. Garo, *Foucault, Deleuze, Althusser & Marx — La politique dans la philosophie*, Démopolis, 2011）。そこでは半世紀前のマルクス主義や社会運動の曲折を捉え直しながら、現在の政治哲学のうちに、もう一度、批判の足場を形成することが試みられている。「構造主義」、「ポスト構造主義」が知的な商品フェティッシュとなった現状から、あえてする反時代的な読解の試みを通じて、批判的思想を解放しようとする作業が始まっているのだ。本書の貢献の一つもその点にあるだろう。ドゥルーズ＝ガタリのマクロ政治を取り上げることは、いわば民主主義の政治哲学のうちで不問にされている基盤そのものを揺るがす点を探ることである。

ひるがえってこの貢献は、現代のアクチュアルな政治課題の分析へと乗り出すための手がかりを提供してくれるだろう。二〇世紀のあいだ近代の拡張として捉えられてきたグローバル化は、二一世紀にひとつの閾を超えて、新たな政治的景色を生み出したと見える。そのゆゆしき兆候は、国家と資本の結びつきの強化、あるいは、国家 - 形式が世界規模の資本主義の中で果たす従属的役割、また戦争と世界経済の接続、移民・難民として流動化する人口と新たなナショナリズムの勃興、領域内植民地と戦争機械の暴力的呼応といった諸々の問いとして、地上のいたるところに噴出しているところである。こうした中、ドゥルーズ＝ガタリの哲学に依拠することは、スケールの大きな分析を可能にするであろう。本書はそうした試みへの最良の導入である。

それでは以下、各章の内容を概観してゆくことにしよう。

第一部は「原‐暴力」と題されており、そこではドゥルーズ＝ガタリの二つの著作、『アンチ・オイディプス』と『千のプラトー』における国家概念が再検討されている。

第一章では、ドゥルーズ＝ガタリの国家概念が、人類学や考古学による起源探求が行き詰まるアポリアにおいて出現する仕方が強調される。そのとき著者は、ドゥルーズ＝ガタリの分裂分析を、哲学的に真正面から捉えようとしている、とも言えるだろう。歴史的客観性の平面と、主観的（主体的）欲望の平面とを分割することなく、両者が共に生産され構成される地平で国家を捉えようとするのである。というのも国家とは、そのいずれかへ還元することの不可能性においてこそ、その姿を表すからだ。国家は確かにその物質的装置によらずにはありえない。しかし、その歴史的な発生を問うなら、必ずその成立の条件のうちですでに国家が前提とされているかのごとく考えねばならない。文明の地平線上に「前提」として、〈原国家〉が出現する。国家とは、おのれを前提として起源に措定する、この自己前提の構造そのものである。

『アンチ・オイディプス』の第三章では、この構造が、超コード化によって動く「専制君主機械」として論じられていた。著者は、このドゥルーズ＝ガタリの仕事の背景に、マルクス主義における「アジア的生産様式」の特異的重要性という問題の引き受けがあることを指摘している。ここでの検討は、国家を、唯物論にも観念論にも回収されない過剰として描き出す。最後に著者は、この過剰の現れるさまを、起源的幻想としてのみならず、迫害的妄想として論じている。その自己前提構造から逃げさるものを、国家は、おのれを脅かすものとして抱え込まずにはいないのだ。この国家パラノイアの構造にこそ、国家暴力は深く結びつくのである。

続く第二章では『千のプラトー』における国家論、特に第一二、第一三プラトーに登場する「捕獲装置」としての国家の理論が検討されている。ここで著者はまず、ドゥルーズ＝ガタリの共著の一冊目から二冊目へと至るあいだに、カテゴリー化の閾が超えられていることを指摘する。S・アミンやA・グンダー・フランクの従属理論、またF・ブローデルの世界システム論からの影響を受けつつ、普遍史からグローバルヒストリーへの転回が成し遂げられたとするのである。この新しく得られた史的唯物論を、著者は機械状‐史的唯物論と名付ける。ドゥルーズのスピノザ主義の反映をそこに認めながら、著者は、おのれを肯定するそれぞれ異質な諸力能プロセスの類型学を析出する。すなわち、先取り‐祓いのけメカニズム、捕獲装置、戦争機械、極化作用、包括化である。さらにこれらの力能の共存のトポロジーを、社会形成体の分析のために準備するのである。

ここでは国家‐形式に主要に属するとされる「捕獲装置」の力能が、未開社会の特徴とみなされる「先取り‐祓いのけメカニズム」に対して、「限界」の働きの点から比較されることで、詳細な検討に付される。先取り‐祓いのけメカニズムにおいて、限界とはセリー的かつ序数的である。つまり、交換の秩序は、連続的に生起する交換の再生産を破壊してしまう究極の項、いわば来たるべからざる項を祓いのけるために、それを超えないように限界を先取りするという仕方で組織される。他方で、国家捕獲装置では、限界は集合論的であり基数的に働く。著者は、この議論を、第一三プラトーでのドゥルーズ＝ガタリによるマルクス『資本論』読解、特に「〈地代〉〈利益〉〈税〉」の三位一体についての彼らによる解釈に依拠しながら進めていく。そのそれぞれに関して、限界は、比較の尺度そのものを可能にする零度の点として設定される。そしてこの設定を生み出すものこそ、国家の独占なのである。著者はさらに同じ形式を、法治国家における暴力の独占の問題へとつなげつつ、資本の本源的蓄積と、国家独占のあいだに理論的な架橋を試みるのである。

第二部「外‐暴力」は、二章で導入された力能プロセスのひとつである「戦争機械」の検討に捧げられている。

第三章では『千のプラトー』第一三プラトーが中心的に取り上げられ、戦争機械の「遊牧」的特徴を明確化することが試みられている。著者はまず、ドゥルーズ＝ガタリが、戦争は国家や社会による暴力行使に還元されない自律性を持つという仮説を段階的に発展させた様を跡づけている。それは、シュミットやクラウゼヴィッツによる戦争概念、近代国家の主権性を前提にした戦争の概念を根本的に問いに付す企てであった。

そのような戦争機械にドゥルーズ＝ガタリが結びつけたのが、知られるように「遊牧」の主題である。これまで様々なところで、定住社会にとって抑圧し飼いならさねばならない起源として考えられてきた遊牧だが、これはさらに定住者の妄想において「外」から回帰するものでもある。このとき遊牧モチーフは、国家の自己前提構造に、単なる破壊的力としてではなく、「形式的な外部性」として対立する。国家的思考は、国家の内部性の形式を領土内、さらに領土外の国家間関係へと拡張する。こうした思考の内から眺めるとき、遊牧そのものは、いつも儚い暴力の突発としてしか現れない。しかし、著者が提起する機械状‐史的唯物論の視座によれば、戦争機械それ自体を力能プロセスとして肯定し、国家の側から眺めた欠如態以外の仕方で記述することができるのである。

じっさい戦争機械の力能とは、国家の領土的な捕獲を挫くため、空間を占拠し、保持すること、すなわち「新しい時空間を作り出す方式」にある。ドゥルーズ＝ガタリのこの見方を、著者は、二人と由々しき近さを示す政治思想家C・シュミットとの対決をつうじて明らかにしていく。シュミットが、法秩序の根源にある空間の分配として「大地のノモス」を提示するのなら、ドゥルーズ＝ガタリはこれをまったく逆しまに読み替えて、ノモスを空間の分配秩序の瓦解のプロセスとして描く。ノモスは平滑空間を生産する。みずからの上で生じる出来事に触発され、方向や位置を変動させることで、おのれを無制限化する空間である。これが国家による空間の不動化、条里化に対立する。そのような仕方で戦争機械は、政治が国家化されてある仕方そのものに対立するのである。このような概念パラダイムをつうじて、ドゥルーズ＝ガタリは、国家の内的矛盾の分析の視座を提示し、その批判の遂行を促すのだ。

第四章では、「戦争とは政治の継続である」というクラウゼヴィッツの有名な仮説とその反転のありようを再検討しながら、ルーデンドルフ、ユンガー、ベンヤミン、レーニン、フーコーらを参照しつつ、ドゥルーズ＝ガタリが、いかに戦争論を組み換えてゆくのかが論じられる。中心的に議論されるのは、国家と戦争機械の分離にくわえ、政治と国家の分離であり、そこから、国家による戦争ではない新たな戦争の諸形態と、国家による政治ではない新たな政治の諸形態が抽出され、また、戦争と政治の絶対的主体ではなくなった国家がまとう新たな諸機能が分析される。

国家と戦争機械の分離（「問題系列Ⅰ」）からは、では、いかにして国家が戦争機械をわがものとし、国家固有の軍事制度に変えるのかを論ずる「問題系列Ⅱ」が導き出される。著者によれば、それは、第二章でも論じられた国家の三つの捕獲力能（戦士の「領土化」と相関する「労働」の組織化、「税制」の発展）によるものであり、こうして国家－戦争－資本が緊密に手をとりあうことになるのである。このとき資本を経由する戦争機械の捕獲にともなって、今度は、国家じたいが変貌を遂げてゆくことになるだろう。すなわち、社会／国家の区分がぼやけ、国家が社会の隅々にまで入りこんでゆき、軍事由来の諸制度やそれが要求する生産関係が社会にもちこまれてゆく。とりわけ、現実の総力戦は、こうした国家の社会化を著しく推進し、人口全体と社会の全部門を戦争に巻き込んでゆくだろう。近代国家において総力戦はもちろん、資本主義と切り離すことができない。

だが、一切の外的な制約を受けつけない世界規模の資本蓄積過程の拡大が、国家に対する大きな自律性を獲得し、むしろ国家をおのれに従属させるようになるとき、ある閾が越えられることになる。無制限な資本蓄積過程にともなって、みずから無制限的なものとなった戦争機械（世界規模の資本主義－戦争機械）は、国家による政治の統制から離れてゆく。この戦争機械は、軍産金融複合体を生みだしながら、あるときは国家の保存という目的さえかなぐり捨てる「自殺的な国家」として実現され（ファシズム）、あるときはおのれが浸透してゆく社会野そのものを、世界的な規模で、戦争機械の実現の場へと書き換えてゆき――飢餓の生産、住民追放、エネルギー資源収奪、端的な生と生活の破壊など、いわゆる「戦闘」の形態をまとわない場合もある――、地球全体を居住不可能にすることを視野におさめる（核抑止力を背景とするポスト・ファシズム）。つまり、戦争が世界規模で社会化され、社会に内在するものとなるのである。ただし、空間に応じて戦争の様式や強度が異なる点には注意が必要だろう。社会野の隅々への戦争の浸透にともなって、戦争の様態も、敵の規定も、国家が戦争において果たす役割も変更されるだろう。本章が大きな筆致で描きだすのは、国家、戦争機械、資本主義のかかわりの変遷をとおして、戦争がまとう新しい姿である。
第三部「内＝暴力」では、「国家」、「戦争」につづき、「資本主義」が主題となり（第五章）、資本主義下での現代の闘争の主体として「マイノリティ」が論じられる（第六章）。

第五章はまず、『アンチ・オイディプス』における資本主義論の骨格を明確化してゆく。それによるなら、資本主義とは経済外的な価値を破壊することによって、非経済的な社会関係を駆逐してゆく、社会変革の暴力的な力学である。資本主義に先行する社会における「コード」が、様々な価値系列同士の相互的な異質性を担保するものであったとするなら、資本の「公理系」とは、様々な価値の価値そのものを、経済的な意味によって独占するのである。こうして経済的でない諸価値が破壊されるか、従属的なものとなることによって、原理上、資本を外側から抑制する制約が取り払われ、資本の価値増殖のみが唯一至高の目的となる。いまや資本はこの目的のために、経済外的な制約なしに、おのれのなしうるかぎりのことを行う。そしてこの資本のなしうることが内側からおのれの能力の限界に突き当たるにしても、その限界は、たえず乗り越えられ、拡大再生産されてゆくのである（資本の「内在的な限界」）。

ところで、経済外的な価値の破壊とともに遂行される、社会的な生の全領域の根底からの組み換えには、国家の力添えが不可欠である。つまり、資本主義的循環の導入を可能にする「暴力」として、マルクスが名指した「本源的蓄積」のことだが、この暴力は一度かぎりで終わるものではなく、資本が駆動するかぎり、それと並走して恒久的に活動しつづけるだろう。国家は、資本主義の進展とともに消滅するのではなく、資本主義を実現するための暴力をふるいつづける機械へとそのかたちを変えるのである。ドゥルーズ＝ガタリの「国家」＝「捕獲装置」論を、マルクスの「本源的蓄積」論と緊密に結びつけるのは、第二章にも見られるように、本書の大きな特徴のひとつをなしている。

著者は、ドゥルーズ＝ガタリの『資本論』読解が、上記の資本の「内在的な限界」と「本源的蓄積」をめぐる議論へと収斂してゆくという点を明記するとともに、『アンチ・オイディプス』から『千のプラトー』にかけての、議論の重心の移動をきわめて的確に指摘する。『千のプラトー』において強調されるのは、資本の不平等な分布（中心－周辺、北－南）を構造的に生みだす、世界システムとしての資本主義の性格である。すなわち、地球を包括する資本主義システムによって、ある特定の地域に、悲惨な状況があたかも自然に生じたかのように、人為的につくりだされているという、剥奪の地理的かつ政治的な機制であり、いわば世界規模の本源的蓄積である。また、彼らは、資本主義の〈中心〉じたいのうちに低開発の〈周辺〉が生みだされるという事態を示すことをとおして、〈中心〉における資本主義暴力と国家暴力の結びつきを改めて浮彫りにしてゆく。こうした点に加え、『千のプラトー』においては、国家の有する社会民主主義的傾向と新自由主義的傾向が、資本主義の継続的な発展のために、相互補完的に機能すると指摘されているのも重要な点だろう。そして「全体主義」という言葉の濫用に注意を促しつつ、新自由主義の資本主義国家こそ、「全体主義国家」の名にふさわしいと強調されるのである。

第六章では、「マイノリティ」が、現代の様々な政治哲学者によって論じられる結節点となり、政治闘争の主体化の主要な形象のひとつとなっているという現状を確認しつつ、その背景には何があるのかが叙述される。まず、グローバル資本主義の進展が新たな段階を迎えるなか、様々なる主体同士の不均質性が剥き出しになっていったということがあるだろう。またマルクス主義の退潮があり、労働運動が保証してきた主体の統一（プロレタリアート）が、有効性を失ってゆくという事態もあるだろう。こうして革命の主体が空白化する情況のなかで（「人民が欠けている」）、著者はマイノリティこそが、プロレタリアートを引き継ぐものだと位置づけるのである。ここには、マイノリティの闘争と労働者の闘争との不毛な路線不一致を強調するのではなく、むしろ、統一した基盤が見出しにくいなかで、同盟の軸となる節合点を見出し、自然発生によらない新たな革命の主体を立て直すべきだという著者の方向性が示されている。そこには同時に、おのれの特殊性に立てこもり、非政治化しうるマイノリティに、脱資本主義化と脱国家化の政治を再導入するという意味も含まれている。こうして資本主義と国家との闘争の観点から、マイノリティとプロレタリアート、あるいは様々なマイノリティ同士が、互いにとって異質な問題を連結しあうことで、「同盟」を結成し、ひいては「マイノリティ的普遍」を、「新たなインターナショナリズム」を形成するという革命組織の形成過程として、『千のプラトー』の「生成変化」論が読解されてゆくことになる。そのなかで著者が強調するのは、過度の理論主義への戒めであり、生成変化や同盟の結成を、つねに具体的な情況下において思考することである。そしてマイノリティや生成変化には、様々な両義性やアポリアがありうることも、忘れずに指摘される。

また、ドゥルーズ＝ガタリが「マジョリティ／マイノリティ」を区分したことはよく知られているが、著者はこの区分を、『千のプラトー』のテクストに沿って、より緻密に腑分けしてゆく。すなわち、権力と支配を前提とするヘゲモニー的な規範としてのマジョリティ、下方へと投げ出されることではじめて包摂される下位システムとしてのマイノリティ、端的にシステム外に捨てられるマイノリティ、マイナーなものへの革命的な生成変化、である（マイノリティの位置づけのために、マルクスの過剰人口論が導入されていることにも注意されたい）。マイノリティとプロレタリアートの結合を踏まえつつ、この区分けを経ることで、闘争の主体も、マイノリティ同士の同盟も、この同盟とともになされる生成変化（ないし生成変化とともに生みだされる同盟）も、いっそう具体的な輪郭を帯びてくることになるだろう。すなわち、マジョリティであることから脱同一化し、支配システムによって制度化される分断を無効化し、様々な下位システムとシステム外への包摂‐排除を産出する資本主義‐国家暴力そのものを標的とし、社会野へと浸透した様々な形態の戦争を廃棄し、カテゴリー化しえないものの逃走線の先行性を際立たせ、資本主義的社会関係も、国家的組織も経由しない連帯を生みだすことなどが、その戦略的指針であるだろう。

こうした論点は、結論にも引き継がれてゆく。ドゥルーズ＝ガタリにおいて「人民が欠けている」とされるのは、それがたえず情況下でマイノリティによって創造されなおすべき人民として定立されるからであり、さらには、いかなるアイデンティティもこの「人民」の名を横領することなどできないからなのである。むろん具体的な情況下において、政治は外部へと開かれたものとならざるをえない。第六章と結論は、とりわけバリバールの『大衆の恐怖』中のたとえば「政治の三概念――解放、変革、市民性」（『思想』一九九九年一〇月号・一一月号）や、『暴力と市民性』*Violence et civilité*, Galilée, 2010, pp. 177-191 の議論を踏まえたものである。

また本書全体をとおして、マルクスはもちろん、フロイト、レーニン、シュミット、ブローデル、アミン、アーレント、アルチュセール、フーコー、クラストル、トロンティ、デリダ、ランシエール、ハーヴェイ、バトラーといった名が、対話相手として呼び込まれている。フランス哲学の歴史においてきわめて特殊な文体と思想的射程を有するドゥルーズ＝ガタリの哲学を、マルクス主義、精神分析、人類学、経済学などにまたがる重要な対話相手との再対決をつうじて解明する本書の仕事は、その哲学を政治や臨床といった広い射程へと開いていく点、また構造主義以降のフランス思想を現在の地平において真剣に再読解するよう誘う点において、見逃すことのできないものであろう。本書が、唯物論者ドゥルーズ＝ガタリを、文字どおり様々な場へと連れ出し、新たな同盟を生みだすことになれば、訳者としてこれに勝る歓びはない。

最後に翻訳の分担について触れておく。翻訳は、導入から第三章までを上尾が、第四章から結論までを堀がそれぞれ担当し、出来上がった訳稿を交換しながら、相互に指摘を行い、必要な訳語の統一を行った。文意を取り易くすることにできるかぎり心を配ったが、必ずしも明瞭ではない箇所もあるかと思われる。読者諸賢のご教示を乞いたい。最後になるが、偶然のようにして訳者二人を本書の翻訳に引き合わせてくださった佐藤嘉幸氏、何度も遅れた翻訳の作業を見守って下さった書肆心水の清藤洋氏に心より御礼申し上げたい。

著者紹介

Guillaume Sibertin-Blanc（ギヨーム・シベルタン＝ブラン） 1977年生まれ。パリ第八大学教授。ドゥルーズ＝ガタリの政治哲学の専門家として国際的に知られる政治哲学者。本書以外の著書に『ドゥルーズと「アンチ・オイディプス」——欲望の生産』、『政治哲学（19-20世紀）』（共に未邦訳）がある。

訳者紹介（五十音順）

上尾真道（うえお・まさみち） 1979年生まれ。京都大学大学院人間・環境学研究科博士後期課程単位取得退学。博士（人間・環境学）。現在、京都大学ほか非常勤講師。専攻、精神分析理論、精神医療史、フランス現代思想。主な著作に『ラカン 真理のパトス』（人文書院）、編著に『発達障害の時代とラカン派精神分析』（牧瀬英幹と共編、晃洋書房）、論文に「フロイトの冥界めぐり——『夢解釈』の銘の読解」（『人文学報』109号）など。

堀千晶（ほり・ちあき） 1981年生まれ。早稲田大学大学院文学研究科人文科学専攻博士課程単位取得退学。現在、早稲田大学、立教大学ほか非常勤講師。専攻、フランス文学。主な著作に『ドゥルーズ　キーワード89』（共著、せりか書房）、訳書にジル・ドゥルーズ『ザッヘル＝マゾッホ紹介——冷淡なものと残酷なもの』（河出文庫）、ダヴィッド・ラプジャード『ドゥルーズ　常軌を逸脱する運動』（河出書房新社）など。

ドゥルーズ＝ガタリにおける政治と国家
国家・戦争・資本主義

刊　行　2018年3月
著　者　ギヨーム・シベルタン＝ブラン
訳　者　上尾真道・堀千晶
刊行者　清藤　洋
刊行所　書肆心水

135-0016 東京都江東区東陽 6-2-27-1308
www.shoshi-shinsui.com
電話 03-6677-0101

ISBN978-4-906917-77-8 C0010

—既刊書—

フロイトの矛盾

フロイト精神分析の精神分析と精神分析の再生
ニコラス・ランド＋マリア・トローク著

精神分析は創始者のトラウマから誕生したのか。——フロイトの行なう理論化には内的なさまざまの矛盾や断裂が生じており、本書が明るみにもたらすその矛盾は、フロイトの思考方法の核心から生じている。精神分析に内在するさまざまな可能性を実りあるものにしたいという思いから提起されたフロイトへの問い。贋金事件で有罪となったフロイトの叔父のトラウマがフロイトの精神分析理論に与えた根本的な影響を分析する。（大西雅一郎訳）　4900円＋税

オネイログラフィア

夢、精神分析家、芸術家
ヴィクトル・マージン著

ロシア現代芸術と精神分析の出会い。——全てがメディア的になりゆく今、自分の夢が個人性の最後の砦だ！ 精神分析を理論に閉じ込めるのではなく、生の実践とするための、ロシア人精神分析家·美術キュレーター、ソ連アンダーグラウンド芸術の証言者である著者による夢と視覚芸術を通したフロイトとラカンへのユニークな手引き。（斉藤毅訳）3600円＋税

終わりなき不安夢

夢話 1941-1967
ルイ・アルチュセール著

イデオロギー批判の契機としての夢、哲学者の「自己への関係」。——20年以上にわたるアルチュセール遺稿編集出版の最後において、妻殺害事件の核心がついに明かされる。夢の記録と夢をめぐる手紙や考察、そして1985年に書かれた主治医作を騙るアルチュセールの手記「二人で行われた一つの殺人」を集成。市田良彦による解説「エレーヌとそのライバルたち」「アルチュセールにおける精神分析の理論と実践」長編論考「夢を読む」を加えた日本語版オリジナル編集。年表および死後出版著作リストを併録。（市田良彦訳）　3600円＋税

最後の人間からの手紙

ネオテニーと愛、そしてヒトの運命について
ダニ＝ロベール・デュフール著

遺伝子工学時代のモラリスト、D-R・デュフール、初の邦訳。——性器と脳、それはどのようにしてヒトであることの、この上ないしるしである器官となったのか。知識と快楽を結び合わせる秘密の糸とはどんなものか…。哲学風の掌編物語とエッセイの中間を行く本書は、いま何が世界の将来を深刻に脅かしているのかを問うために、ヒトというあり方の歴史全体を今一度訪ねなおし、死にうることの幸福と、人間が脆弱な動物として生まれることの尊さを語る。（福井和美訳）　2700円＋税